英语新闻采编播一体化系列教材
NEWS INTERVIEWING AND EDITING

国际新闻编译

编著：尚京华 李新宇

中国传媒大学出版社
·北京·

序 一

人们常说“十年磨一剑”,从我2004年开始教授新闻编译课到现在,已经整整12年。

从12年前忐忑不安地登上讲台,到现在可以在讲台上侃侃而谈,这12年见证了我的成长,也见证了反恐、海啸、金融风暴等一系列国际大事。

这是一本从无到有的书。12年前我刚接手新闻编译课时,市面上没有一本专门的新闻编译教材,大部分相关的内容都分散在新闻翻译或者新闻写作教材之中,而我自己也只是有些在央视做国际新闻编译的经验。或许正是因为我在硕士就读期间,在没有太多准备的情况下就开始了国际新闻编译的工作,所以对这门课所需要的能力和技巧有比较深的体会,也比较了解一个对新闻编译一无所知或者所知甚少的人,在突然面对这项工作时,心底那一丝慌张。所以,我决定从头构建一本适合的讲义,而且不从那些琐碎的新闻标题、导语、正文怎么编译开始,而是直奔整体篇章的编译——因为在现实工作中,你首先面对的就是一整篇直接放到你面前的英文新闻稿,而你必须要加工出来的就是一篇包含所有要素的完整的中文新闻稿。

在本书的编撰过程中,耗时最多、工作量最大的部分是材料的搜集,也就是本书中所使用的这些编译实例的搜集。12年中,我每次看到一条好的新闻,不管是英文的还是中文的,第一反应就是存下来,然后去寻找相对应的中文新闻或者英文新闻。我电脑里存的新闻量,多到我自己都整理不清楚。在讲授国际新闻编译课的过程中,我搜集到的一些材料用过一两次,然后就淘汰了;另一些材料,反复使用,历久弥新,保留了下来。最后呈现在本书中的材料,都是经过检验、去伪存真的结果。当然,现在书里的有些材料,或许依然不够完美,但它们之所以还留在书里,是因为目前还没有更好的替代材料——要找到单独的一篇英文或者中文写得很好的新闻是很容易的,但是要找到中英文都写得好而且还能对应上的新闻,其难度不亚于大海捞针。

其实,在将这12年间上课所用的材料和讲义集结成书的过程中,我也有过纠结的时候。对于一个有些完美主义倾向的人来说,当我看着要放到书里的新闻,已经是“明日黄花”,会有一种想要将这些材料全部替换掉重新再来的冲动。但是,一旦我开始这样做,这本书可能就永远也无法面市了,因为新闻天天发生,再怎么更新,留在书里的都始终是旧闻。而且,如前所述,更新所有的材料将是一项庞大而系统的工程,或许还需要经过下一个十年才能完成。所以,经过和本书另一位作者的讨论,最后我们决定就用过去12年的这些材料来完成这本书,因为“今天的新闻就是明天的历史”,而本书也正好可以总结一下过去12年发生的大事件。

这本书本是为国际新闻专业的学生编撰的一本教材,但它同时也适用于从事国际新闻编译实践的记者和编辑,以及想要从事国际新闻编译工作的自学者。使用者在使用本书时,可以首先研读书中参考范例所使用的编译方法，领会其中的新闻编译原理，对其进行消化吸收，然后结合最新的英文时事报道，将同样的方法运用到对其的编译之中，这样才可以活学活用，真正掌握新闻编译的实际技能。

需要说明的是，本书虽然采用了大量的编译实例，并对这些例子进行了归类处理，但在实际的编译工作中，需要处理的稿件类型远远多于书中所提到的这些。本书也只是尽量多地选取常见的新闻编译类型，远远无法与实践的多样性相匹配。但是不管怎样，书中所提到的编译方法和原则，也适用于其他未能囊括在书中的其他类型国际新闻的编译。希望使用本书的人可以举一反三，融会贯通。

本书能够得以完成，首先要感谢我的同事李新宇。她是和我一起在国际新闻编译教学一线并肩作战的“战友”，也是本书的另一位作者。她完成了本书体育新闻的部分，并与我共同完成了科技新闻的部分。她不厌其烦地与我讨论教学和写作，促进了我的成长与进步，也促进了本书的写作。

此外，本书的写作还得到了许多其他人的帮助和支持，他们中有支持我们的新老学院领导，有发现材料问题的学生，还有通过书和著作给我们启发的学者和新闻从业人员。在这里，我们要一并感谢所有曾经给予过我们帮助和支持的人们：感谢你们，让这本书有了付印的机会！我们也真心希望，这本书没有让你们失望。

12 年，听起来似乎很长，但在我看来，不过弹指一挥间。我和新宇教了 12 年的新闻编译课，是时候对我们的教学工作进行总结和汇报了。所以，请检阅我们的成果吧！

希望每一位看这本书的人，都觉得这是本有用的书！

尚京华

2016 年 10 月

序 二

我与新闻编译结缘,是北京街头跑满黄色小面的上世纪最后一年。清晨四点,那时的我,会拦住一辆大发微型面包车,从定福庄出发,横穿长安街,奔向中央电视台圆楼二层的办公室,为早上八点开播的《中国新闻》做国际新闻。

第一天当班时的惶恐和忙乱,至今难忘。

报哪些题?选哪些内容翻译?这个名字对应哪位大神?在新闻播出前的三个小时里,我的脑海里迸发出无数个问题,个个都需要当机立断,给出答案。

如果有一本编译指南,告诉当年的我,怎样选题,怎样快速处理以巴冲突新闻,怎样处理译名,怎样写出让主播念起来毫不费力的导语,该少些忙乱吧?

这本书,首先是为像我一样,初入国际新闻编译行当的新手编写。书中不仅有编译方法介绍,更有各类典型新闻的编译要点。全书录有70篇英语新闻稿件,配有相应的汉语编译稿,既有原稿内容分析,又有编译稿点评和编译要点总结。刚刚开始编译工作的同行,如果时间有限,可先看第一章和第二章,其中内容可以让你上手,按图索骥,编出的新闻会更像样子。其他各章,或政治、或经济、或软性、或科技、或体育,诸君可按所事媒体报道类别,各取所需。

这本书,还为国际新闻专业学生所作。中国传媒大学的国际新闻专业,始于上世纪80年代初。专业初建招来第一批学生时,老师们告诉学生,做国际新闻工作,要能文能武,文能采访写稿,武能开车开飞机!但是,在实际工作中,我们发现,在中国做国际新闻报道,编译稿件是最基本的工作内容。培养学生判断稿件二次传播的新闻价值,训练学生编写新闻稿件的能力,是国际新闻教育的题中应有之义。所以,国际新闻编译,作为一门专业课,已经训练了数百名国际新闻专业学生。本书以最近十年讲义为基础写成,共七章二十七个小节。按照每小节用时两小时,每周安排四小时教学,这本书恰好可供学生一学期之用。

在本书写作过程中,我扮演守门角色。我与京华共用办公桌,常常跟她讨论,这个题材的例子太多了,我们删掉吧?那篇编译稿有些不妥,改改吧?我这里有篇稿子,看看能用吗?幸而京华能干而且意志坚定,在我不断的"骚扰"下,顽强地把书写完。蒙她不弃,我分担了科技和体育部分。

初学游泳者可能会遇到两类教练。一类教练会直接把你推到池中,任你扑腾。另一类会让你在岸上先练"收、翻、蹬、夹",再扔给你一块浮板,让你慢慢熟悉漂浮的感觉。这本书,就是一块浮板,现在,我们把它扔给还在国际新闻编译泳池中扑腾的你。

祝你早日找到泳池中自由的感觉。

李新宇

2016年10月

目　录

导 言

明代思想家顾宪成号召国人“家事国事天下事，事事关心”，在现代社会中，新闻媒体是人们了解“国事”“天下事”乃至某些“家事”的重要工具。这里的“天下事”或许可以用媒体的“国际新闻”概念来代替。鉴于本书主要是讲授国际新闻编译的基本方法，我们有必要先对本书所指的“国际新闻”进行界定。

目前，国内普遍接受的新闻定义是“新闻是新近或正在发生的事实的报道”。这个定义是在陆定一的定义的基础上修改而来的，国际新闻显然是“新闻”这个母项中的一个子项。对于国际新闻，不同的学者和业界人士从不同的角度出发，给出了不同的定义。例如，新华社前副社长马胜荣就曾经这样定义国际新闻：

> 国际新闻，简单地说就是通讯社、报纸、电台和电视台将所在国以外的世界其他地方的不同类型的信息，通过不同载体的传播，使受众接收到预先不知道的新闻，也就是一种国际间信息的传播。①

显然，这个定义是从地域的角度来划分新闻的，把发生在所在国以外的信息传播称为国际新闻，也就是我们通常所说的国际报道。这个国际新闻的定义，和一般国内媒体对国际新闻的界定基本一致。在实践中，国内的新闻媒体也基本上以国家领土为界，将新闻分为国内新闻和国际新闻。报纸上的国际版，广播电视的国际新闻部分，以及新闻网站的国际页面，都是刊登或者播发这个意义上的“国际新闻”。

当然，还有学者从更广泛的意义上给出了“国际新闻”的定义，如已故中国传媒大学博士生导师刘洪潮教授就这样定义国际新闻：

> 国际新闻，是国内媒体关于国际政治、经济、文化、社会、国际关系的报道与评论，及中国新闻的对外报道和外国媒体关于中国的报道。

刘洪潮教授主要是从国际新闻工作所涵盖的主要领域来定义国际新闻的，实际上是认为“国际新闻=国际报道+对外报道+参考消息”。这三个领域的记者和编辑，实际工作都涉及发生在中国和外国的新闻事实的报道，汉语和外语两种语言的转换，以及面对中国和外国两部分受众的信息传播。从这一点上看，这是一个更为宽泛的国际新闻的定义，我们可以将其称为广义的国际新闻；而前面马胜荣的定义，我们可以将其称为狭义的国际新闻。

本书主要关注国际新闻的英-汉编译，所以主要采用狭义的国际新闻的定义。

---

① 马胜荣：《通讯社国际新闻报道的发展趋势》，载于马胜荣主编《走向世界的新华社国际报道 70 年(1931—2001)》，新华出版社 2001 年版。

国际新闻报道既可以由记者采写完成，也可以由记者或者编辑采用编译的方式完成。要了解如何做国际新闻编译，首先要弄清楚什么是编译。

一、新闻编译的定义

顾名思义，编译=编辑+翻译。编译的概念和翻译的概念密切相关。对于翻译的概念，学者们是仁者见仁，智者见智，莫衷一是。但从传播学的角度看，翻译其实是一种双语互动环境下不同文化之间的传播现象，或者说，"翻译是把一种语言承载的信息用另一种语言表达出来，是旨在传递信息的解码与重新编码的活动"①。因为翻译不仅仅是语言的转换，而且包括复杂而生动的社会文化信息，所以往往会受到诸如原作信息内容的难易程度、译者水平、传播媒体乃至受众的民族文化背景、接受习惯等因素的影响。而编译工作的基础之一就是翻译，所以从传播学的角度来看，编译也是一种旨在传递信息的解码与重新编码的活动，只是这种编码并不是对原文信息的一对一的编码，而是有着特殊的规律。

对于什么是编译，国内的学者根据自己的研究，提出了一些有代表性的定义。如刘丽芬、黄忠廉认为：

> 所谓编译，指编辑和翻译的结合，是夹杂着编辑的翻译活动，是先编后译的过程，是根据翻译对象的特殊要求对一篇或几篇原作加工整理后再进行翻译的变译活动。加工指将原作制成新作以达到翻译的特定要求，另一层意思是使原文更完善，更能为译文读者所接受；整理则指使原文更加条理化，或根据译者（或读者）的要求更具针对性，调整秩序，使之有序化。②

王涛则认为：

> 编译是一种特殊的翻译形式，其过程包括"编辑"和"翻译"。具体地说，它是编译者紧扣原作的主题思想，从原作中选取最有价值的内容，遵循篇章构建的一般规律，基本按照原作的时间先后和逻辑顺序组织行文，再按照翻译的一般原则，将其译成目的语的过程。③

以上定义的表述虽然不尽相同，但都指出了编译包括编辑和翻译这两部分的工作，而且指出了其中的"编辑"部分包括：对原作进行加工整理、从原作中筛选材料或者增删材料、调整原文，等等。总结起来，我们可以这样定义编译：

编译是一种夹杂着编辑的特殊翻译活动。

编译是一种国际交流中常见的信息传播方式。例如，我们所看到的一些外国文学作品的中文简写本，实际上就是编译过来的；我们看到的一些外国文件或者文书的中文摘编本，也是编译后的版本；我们所看到的国际新闻，在很大程度上也是编译而来的。

把编译的方法应用到新闻传播领域就成了新闻编译。因此，我们可以这样定义新闻编译：

---

① 童之侠：《国际传播的语言问题》，载于《全球化视野中国际传播》，五洲传播出版社 2003 年版，第 83 页。

② 刘丽芬、黄忠廉：《编译的基本原则——变译方法研究》，载于《中国科技翻译》2001 年第 2 期。

③ 王涛：《编译标准初探》，载于《上海科技翻译》2000 年第 4 期。

新闻编译是编译在新闻传播领域的应用，是指对新闻进行编辑和翻译的活动，一般是根据新闻传播的需要，将原作(新闻稿)编辑和翻译为适合目标受众的新作。

这里所说的编辑，是指将原作制成符合读者阅读兴趣，达到规范的行为，也就是将原作在译语中重新包装，包括根据译文潜在读者的信息需求和接受习惯对原作的内容进行筛选；根据译语语篇的要求调整结构；以及提供必要的解释性背景材料，使之为目标受众喜闻乐见。翻译则是指将原作从一种语言转换成另一种语言。

在我国的新闻实践中，新闻编译既包括将外语新闻编译成汉语新闻，也包括将汉语新闻编译成外语新闻。本书只探讨英-汉新闻编译，其他语言转换为汉语的新闻编译，与英-汉新闻编译类似，只不过源语言不同而已。

二、新闻编译的特点

从新闻编译的定义中，我们可以看出，新闻编译不同于一般的编译，它有自己的特点。我们可以从以下两方面来进行分析：

1.编译与翻译(全译)的区别

编译是一种夹杂着编辑的特殊翻译活动，它不同于一般的翻译。与一般的翻译或者说全译相比，编译具有以下特点：

(1) 编译是编辑和翻译的有机结合，是一个译中有编、编中有译的过程，因此不能只顾“译”而忽视了“编”。

(2) 编译可以根据需要对原文内容进行增删取舍，可以“欠额”，也可以“超额”。

(3) 编译可以根据需要对原文结构进行调整，可以改变原文的风格。

(4) 编译者的主观能动性较大，译作的目标文化适应性也较强。

可以说，与翻译相比，编译的自由度更大，目的性也更强。为了达到良好的传播效果，编译者甚至可以脱离原文的限制，根据需要在一定程度上改变原文。而翻译者则必须严格地遵照原文，不能随意改变原文。

不过，需要提醒的是，虽然编译可以对原文进行加工，但编译不是对原文的任意阉割、篡改和删节。正因为编译具有灵活性，也就有人因此为所欲为，胡乱编译，只图方便与偷懒。比如有些人在进行编译时，只译读得懂的，不懂就删，导致内容残缺不全。这与其说是编译方法的问题，不如说是译者的责任心问题。编译者在进行编译，尤其是进行新闻编译时，必须增强责任心，杜绝对原文的任意增减和胡乱更改。

2.新闻编译与其他编译的区别

新闻编译处理的内容是新闻，因此还必须符合新闻传播的规律。新闻传播的特点决定了新闻编译的特点。具体来说，新闻编译与其他编译相比，具有以下一些特点：

(1)新闻编译要求事实必须准确

新闻不同于文学作品的特点之一就是新闻报道的都是真实发生的事情，真实性是新闻的生命。文学作品是虚构的，是“源于生活，而高于生活”的，具有想象的成分。在文学编译中出现一点合理的想象是可以的，而在新闻编译中是不允许出现想象的，原文中没有的东西，不能凭空添加或者捏造。虽然在编译中，编译者可以“超额”，但这些“超额”的部分也必须是真实存在的，而不是编译者凭空想象出来的。比如，编译者在编译时，有时会增加一些原文没有的背景，而这些背景或者是以前发生过的事实，或者是与新闻事实相关的解释，但它们都是真实存在的。如果在编译过程中编译者不注意核对事实，或者随心所欲地篡改事实，新闻就会失实，就会失去传播价值，而传播新闻的媒体也会失去公信力，这将带来严重的后果。所以，从事编译的编辑一定要仔细核对新闻事实，保证新闻事实的准确性。

(2)新闻编译对时效性的要求高

时效性是新闻最重要的价值要素之一。新闻报道的都是新近或者正在发生的事实，这些事实一旦没有被及时报道，就会成为"明日黄花"，从而失去传播价值。从这个意义上来说，新闻是"易碎品"。新闻编译的对象是新闻，新闻"易碎"的特点决定了新闻编译与其他的编译不同，它不给编译者充分的时间来反复推敲和修改，要求其"快工不出糙活"。[①] 在现在国际国内新闻竞争日趋激烈的情况下，对新闻时效性的要求已经以"分"甚至是"秒"来计算了。遇到"9·11"这种大事件，各种报道铺天盖地，可能刚编译出来的新闻就成了旧闻。所以，从事新闻编译的记者和编辑都必须是"快手"。

(3)新闻编译的责任重大，对编辑的要求高

新闻面向社会大众传播，其影响力是巨大的。新闻编译是建立在事实基础上的，必须做到准确，甚至是精确。因为新闻编译处理的新闻稿经常涉及国家大事，不准确的报道一经刊发，轻则误导受众，重则引起外交纷争。这就要求编译者在遣词造句上格外仔细，不能出现半点差错。新华社译审徐成时曾经这样说过：

> 在外事报道中，如报道某方对某一评论感到"不快"，那就决不能译成"恼怒"。新闻报道中还经常出现某方"破坏"了某一协议的说法，其实"破坏"是一个非常宽泛的词，可以是较小程度的"破坏"，也可以是彻底的"破坏"，在翻译时必须弄清楚，因为在英文中，通用的至少有五六个词组可以表达不同程度的"破坏"。[②]

新华社译审刘炳章也曾举"acknowledge"一词的翻译的例子，说明编译工作对准确性的要求很高。"acknowledge"一词在字典中最常用的两个意思，一是"to accept or admit (as)"，即"接受、承认"；二是"recognize the fact or existence (of)"，即"知道……事实或知道……存在"。在中美三个联合公报中都出现了"acknowledge"这个词，但在不同的时代背景下，这个词的翻译也有所不同。例如，在1972年2月28日的《中美联合公报》(即"上海公报")中，关于台湾问题，公报的英语原文和汉语文本是这样的：[③]

> The United States acknowledges that all Chinese on either side of the Taiwan Strait maintain there is but one China and that Taiwan is a part of China. The United States Government does not challenge that position.
>
> 美国认识到，在台湾海峡两边的所有中国人都认为只有一个中国，台湾是中国的一部分。美国政府对这一立场不提出异议。

从当时的情况来看，"acknowledge"更多的是"recognize the fact or existence (of)"的意

---

①② 徐成时：《略谈新闻编译工作》，载于刘洪潮主编《怎样做新闻翻译》，中国传媒大学出版社2005年版，第50~51页。

③ 英文：Document N°203, http://history.state.gov/historicaldocument/frus1969-76V17/d203.
中文：http://history.huanqin.com/txt/2012-02/2453155_2.html.

思，因为当时美国才刚刚开始和中国接触，“acknowledge”只表示美国认识到了中国的立场，但并不含有赞同的意思，所以公报才紧接着说美国对这一立场不提出异议，因此汉语稿翻译成“认识到”更准确一些。

在1979年1月1日《中美建交公报》和1982年8月17日《中美联合公报》中，提到台湾问题时，“acknowledge”一词再次出现，而且美方的英文措辞也发生了变化，公报的原文和汉语翻译如下：

The government of the United States of America acknowledges that Chinese position that there is but one China and Taiwan is part of China.

美利坚合众国政府承认中国的立场，即只有一个中国，台湾是中国的一部分。

此时，美国已经和中国建立了正式的外交关系，美国在台湾问题的立场也比较明确了，汉语稿将“acknowledge”一词翻译成“承认”也就水到渠成，更加准确了。

三、新闻编译的作用

新闻编译既不同于一般的翻译，也不同于一般的编译，它是对新闻的一种夹杂着编辑的翻译活动。那么，新闻为什么要经过编译，而不是直接翻译后才能传播呢？或者说，新闻编译究竟在新闻传播中起了什么作用呢？要回答这个问题，必须从新闻传播过程中的传受双方来分析。

1.编译前后新闻的传播者不同

例如，在英-汉国际报道的编译中，英文原稿的传播者是西方媒体的记者、编辑和媒体所有者。而经过我国媒体编辑的编译，英语新闻稿被转化为汉语新闻稿，传播者则变成了我国媒体的记者或者编辑。中西方不同的传播者在价值观上是存在差异的。英文原稿的写作者和传播者，从其新闻写作到新闻作品中体现出来的思维方式以及价值观念等都是西方的。如果我们只是照搬原文翻译，那么我们就会被英语新闻中的西方价值观左右，被西方媒体牵着鼻子走。这样，我们不仅将在国际新闻传播中失去话语权，还会在国内新闻传播和国内舆论中失去主导权。尤其是西方记者的涉华报道，对中国经常是带着强烈的偏见的。所以对于西方记者的新闻稿，我们必须辩证地对待，合理利用其稿件中的事实报道部分，摈除其有失偏颇的观点。也就是说，我们要想在国际报道中发出自己的声音，就不能完全接受西方的新闻报道，而是要对其有选择性地加以利用。因此，我们必须对西方记者的英文新闻稿进行编译后再传播。

2.编译前后新闻的受众不同

编译前后的新闻稿是面向不同受众的。例如在英-汉国际报道的编译中，英文原稿主要面向欧美等西方国家的受众，新闻往往是按照他们的品味、思维模式和接受习惯写作的。虽然我国的汉语国际报道受到西方的影响相对较深，写法上比较接近西方新闻，在进行英-汉新闻转换时，有时仅仅直译就可以被国内受众接受（比如《参考消息》经常会直接翻译一些外电外报），但是为了让汉语国际新闻读起来更加流畅，我们还是会或多或少地使用一些编译手法。

反过来说，中文的新闻稿在很多情况下并不适合直接翻译成英语后对外传播。这是因为，绝大部分中文新闻稿是面对国内受众传播的，大部分国内记者都不太了解外国受众的需求，在新闻报道题材和选择角度上往往也是从国内受众的需求出发，与外国受众的需求有一定的偏差，而且行文的方式也不太适合外国受众的口味，这些内容如果直接翻译给外国受众看，非但不会达到好的传播效果，往往还适得其反，很容易引起外国受众的反感。因此，要提高对外传播的质量，记者、编辑必须对中文新闻稿进行处理后才能对外传播，这即是编译。

正是因为国际传播和对外传播的受众存在着很大不同，所以我们才需要在国际新闻传播中采用编译的方法。而造成这种现象的根本原因，是中西方思维方式及价值观的差异。从思维方式上说，中国人的思维总体上具有整体性、模糊性的特点，而西方人的思维则注重具体性。例如，中国人地址的写法是从最大范围——国家，写到具体的门牌号，这反映了中国人在把握事物时是从整体到局部一级一级往下的。而西方人则正好相反，他们的地址是从门牌号到国家一级一级往上写的，这反映了西方人在考虑事情时习惯从具体的事物开始。从逻辑推理上说，中国人习惯由一般到特殊的演绎法思考，西方人则喜欢由特殊到一般的归纳法思考。

从价值观上说，中国人更强调个人服从大局，国家和集体的利益高于一切的集体主义思想；而西方人则更崇尚个人主义，更注重个人的发展。例如，我们中国人所崇尚的那种“大禹治水，三过家门而不入”的精神，在西方人看来是不可理解的，他们更可能认为大禹是一个连自己家人都不顾的人，太缺乏人情味了，怎么能算是一个英雄呢？

以上的价值观以及思维方式的差异反映到新闻报道中，体现出中国新闻报道同西方新闻报道的不同特点。我们可以将这些差异和特点总结如下：

表 0-1　中国新闻报道同西方新闻报道的区别

中国新闻报道	西方新闻报道
报道内容概括性强，不太强调细节	报道内容具体，注重报道的细节
关注群体命运	关注个体命运
先讲整体情况，再讲个案	先讲个案，再讲整体
不太注重新闻源的完整性	注重新闻源的完整性

例如，同样一则关于战乱中儿童的报道，中国记者可能不会特别关心某个儿童的个人情况，而是更多地去关心所有儿童共同的悲惨命运；而西方人则更加关注儿童个人在战乱中的遭遇，他们的新闻稿可能会以某个儿童的故事开头，并在文中详细交代几个儿童的具体情况，如年龄、家庭、个人遭遇等。这一点在新闻编译活动中具有重要的指导意义，我们要按照中国受众和西方受众的思考方式和接受习惯处理编译稿。

总之，在大部分情况下，将英文新闻稿直接翻译成中文新闻稿，或者将中文新闻稿直接翻译成英文新闻稿，对于任何一方的目标受众来说，都会产生不容易理解的问题。

3.国际报道和对外报道的目的不同

国际报道（英-汉编译）服务于国内受众，主要目的是满足国内读者对其他国家信息的需求，扩大受众的眼界，让中国人了解世界，所以信息性强一些。而对外报道（汉-英编译）的主要目的是宣传中国，让世界了解中国，树立中国良好的国家形象，并吸引外国投资，为我国的改革与发展创造一个良好的国际环境。相对来说,对外新闻的政治性更强一些,目的性和针对性也更强。国际报道和对外报道的目的不同,造成对内新闻和对外新闻在选材、角度、写作方法上都有所不同,所以必须对原新闻稿编译后再进行传播,才能起到最好的传播效果。

四、新闻编译在国际新闻工作中的地位

不管是国际报道还是对外报道,新闻编译在日常的国际新闻工作中都占有举足轻重的地位。我们平常通过报纸、杂志、电台、电视台或者新闻网站所阅读、收听、收看的国际新闻,在很大程度上是通过新闻编译完成的。作为一名国际新闻记者或者编辑,必须掌握新闻编译的基本技能和技巧。由于本书主要介绍英-汉国际新闻的编译方法,因此我们将重点考察英-汉新闻编译在国际新闻工作中的重要作用。首先我们来分析一下各主要新闻媒体国际新闻的来源,以及其中通过新闻编译完成的新闻所占的比重。

1.报纸国际新闻的来源

纵观国内各大大小小报纸的国际新闻版面,我们可以看到,报纸国际新闻的来源主要有以下这些:

- 新华社(最重要的来源)
- 其他通讯社(美联社、路透社、法新社等各大国际通讯社)
- 驻外记者(大报纸一般都有驻外记者)
- 约稿(报纸通过约请一些在国外的中国专家、学者,就某国际事件或问题等采写的稿件)

新华社是国内报纸国际新闻最主要的来源,各大报纸虽然一般自己都有国际版的编辑,但他们通常只是对新华社的稿子进行一下再加工,使其符合自己报纸的定位、风格以及版面的要求等即可。通过报纸编辑自己完成的国际新闻所占的比重是非常小的。那么,新华社的国际新闻又是从哪里来的呢?

新华社国际部专门负责报道发生在中国以外的其他国家的新闻,也就是我们所说的狭义的国际新闻的报道任务。新华社国际部最主要的两个新闻来源是新华社国外各分社的驻外记者和新华社国内国际部的编辑。显然,在这两部分新闻来源中,驻外记者主要承担国际新闻的采写任务,国内编辑则负责驻外记者的指挥、协调、沟通工作,也负责对驻外记者的稿件进行修改,同时还直接承担对其他同新华社有业务往来的国外通讯社稿件进行加工编译的工作。可以说,新华社编辑对其他通讯社国际新闻稿的编译加工工作是对新华社驻外记者工作的重要补充,两者共同承担了国内大部分新闻媒体的国际新闻报道任务。而新华社驻外记者在报道国际新闻时,除了亲自采写稿件外,也会编译一些当地媒体对当地新闻事件的报道,因此对于驻外记者来说,掌握新闻编译的技能和技巧也是非常必要的。综观新华社的国际新闻来源,我们可以毫不夸张地说,其超过一半以上的国际新闻都是通过编译的方式完成的。

除了新华社外,国内有些报纸国际版的编辑有时也直接编译国外通讯社的外语新闻,作为新华社国际新闻的补充。此外,国内部分大报有自己的驻外记者,他们的工作同新华社记者的工作基本相同,其很大一部分工作内容也是对国外媒体的新闻报道进行编译。

至于约稿,其在报纸国际新闻来源中所占的比重很小,而且通常是有重大事件发生时才

会出现，所以基本可以不予考虑。不过，我们也不排除约稿作者采用编译的方式来完成稿件的可能性。

总之，把报纸以上四个主要国际新闻来源中通过编译方式完成的新闻加在一起，我们可以看到，在报纸的国际新闻中，大约 60%-70%的国际新闻是通过编译产生的。

2.电视国际新闻的来源

让我们以中央电视台为例来分析我国国内电视国际新闻的来源。CCTV 国际新闻最主要的来源有：

- 美联社、路透社（最主要的电视画面来源）
- 新华社（口播新闻稿最主要的来源和部分电视新闻解说词的来源）
- 其他媒体（国内外其他报纸、广播、电视、网站等）
- 自采新闻

在以上来源中，来自美联社、路透社的电视新闻差不多占据目前 CCTV 国际新闻的 80%。CCTV 国际新闻的编辑最主要的工作就是编译美联社和路透社提供的电视新闻。CCTV 国际新闻中有较大一部分采用的是"新华社新闻稿+美联社/路透社画面"的模式，而当一些重大新闻发生时，如果没有美联社或路透社的画面，通常直接采用口播新华社稿的方式播出。

除了这两部分新闻来源外，目前 CCTV 的国际新闻，有时也会转载国内外媒体（报纸、广播、电视、网站）对某一国际事件的报道。来自国外媒体的转载内容，通常也是通过编译完成的。当然，近些年随着 CCTV 海外站的扩展，CCTV 自采新闻的比重在不断增加，但目前从 CCTV 海外记者站发回报道的数量还是比较有限的。

综上所述，我们可以看到，CCTV 的国际新闻对于编译的依赖程度是比较高的，这部分是因为我们国家电视记者海外采编的力量比较薄弱，部分是因为海外采编的成本非常高，而国内电视台的财力不够。当然，随着党中央"大外宣"政策的出台，新华社和中央电视台都加强了自己的海外新闻采编力量。比如，新华社从 2009 年 3 月 1 日起正式推出"新华社视频新闻专线"，加强其视频新闻服务；CCTV 在开设西班牙语和法语频道的基础上，也在着手俄语、阿拉伯语电视频道的准备工作。相信在不久的将来，自采国际新闻在 CCTV 电视新闻中的比重将有较大提高。

3.商业网站新闻频道国际新闻的来源

这里所说的商业网站，是类似于新浪、雅虎这样的商业网站，并不包括新华网、央视网、人民网这样的传统新闻媒体的网站，因为这些传统新闻媒体网站国际新闻的来源与其所依托的媒体是一致的，前面已经讨论过了。而商业网站国际新闻的来源主要基于以下几种：

- 新华社
- 其他通讯社
- 转载其他媒体新闻

因为政策的问题，商业网站的新闻频道目前还没有自采新闻。虽然某些商业网站的新闻频道可以在一些重大国际事件发生时邀请国内专家、学者或者记者等进行在线交流或者"直播"，但从严格意义上讲，这属于对新闻事件的解读，与实际的新闻采访和发布是有区别的。

一些商业网站的新闻频道也有自己的国际新闻编辑，这些编辑的工作是浏览、编辑、转载国内外媒体上的国际新闻。因此，商业网站新闻频道的国际新闻也离不开编译工作。

从以上我们对国内各主要媒体国际新闻来源的分析中可以看到，新闻编译在英-汉国际新闻工作中所占的比例是非常高的，因此，要成为一名合格的国际新闻记者或者编辑，掌握新闻编译的技巧和方法是十分必要的。

五、基本功

1.语言基本功

这里所说的语言基本功，既包括英语语言的基本功，也包括汉语语言的基本功。英语好是对国际新闻记者和编辑的基本要求。试想，作为一名国际新闻记者或者编辑，如果读不懂英语的新闻稿，那他如何将英语新闻稿准确地编译成汉语新闻稿呢？对于英-汉国际新闻的记者和编辑来说，汉语好是同样重要的一个基本要求。“会汉语”和“汉语好”是两个概念。一个中国人可能会汉语，但不一定汉语很好，尤其是在学习了很长时间的英语后，汉语很可能会受到英语的影响，翻译或者编译出来的汉语不中不洋，让人读起来很别扭，或者让人费解。所以，要想成为一名好的国际新闻记者或者编辑，写出流畅、符合中国人的阅读习惯又合乎汉语语法的句子，就要加强自己的汉语修养。

2.阅读基本功

阅读是掌握时事新闻和新闻语言的基本方法。要想做好国际新闻编译，首先要大量阅读各种类别和体裁的汉语、英语新闻报道，这样一是可以了解我们所处的国际社会，知道最近都有哪些国际大事，哪些国际热点问题，哪些国际焦点人物；二是通过大量阅读新闻，可以培养我们的新闻语感。

3.积累基本功

国际新闻记者或者编辑要处理的国际新闻是多种多样的，不一定都是自己所熟悉的领域，虽然在正式的新闻工作岗位上，记者或编辑都有新闻背景资料库可以查阅，但对于自己经常报道的领域，还是需要积累一定的背景知识，加强自己对于这一领域英语新闻的理解能力和快速反应的能力。对于初学者来说，相关的国际背景知识和新闻英语词汇更是缺乏，为了能准确理解和看懂英语新闻原文，并用汉语准确表达出来，更是要加强这方面的积累。不管是写在笔记本上还是存储在电脑中，我们都应该在积累国际背景知识和新闻英语词汇上下苦功。

复习思考题：

1. 什么是国际新闻？
2. 什么是新闻编译？新闻编译有哪些特点？
3. 为什么要进行新闻编译？新闻编译有哪些作用？
4. 新闻编译在国际新闻工作中的地位如何？
5. 分别在中文媒体和英文媒体上找一篇关于同一条国际新闻的报道，并比较它们的异同。

第一章 国际新闻的编译方法

编译是国际新闻编辑和记者必须掌握的一项技能。要做好国际新闻编译,掌握一些基本的编译方法是非常必要的,本章将主要介绍国际新闻的编译方法。

第一节 英-汉国际新闻编译总论

一、英-汉国际新闻编译的受众

英-汉新闻编译所面对的受众是中国国内的读者、听众和观众。作为一名国际新闻编辑,要时刻铭记自己的服务对象,按照他们的信息需求来处理新闻。具体说来,既要在新闻的选材上符合中国人的口味,又要在单篇新闻的编译上注意英语和汉语的差异,以及这种差异背后的文化因素,做好英语新闻的英-汉转化和再加工工作。例如,在进行英-汉新闻编译时,记者和编辑会经常碰见一些英制的长度、重量单位,或者外国货币值,如果不换算成国内受众熟悉的形式,就很难被他们看懂。

二、英-汉国际新闻编译的选题

英-汉国际新闻编译主要是将发生在中国以外的其他国家的新闻报道给国内受众,在进行国际新闻编译的选题时,应该选择中国受众喜闻乐见的国际新闻来编译报道。实践证明,国内受众比较感兴趣的外国新闻有:

- 重大的国际政治事件
- 重大的灾难突发事件
- 与中国有关的国际事件
- 重要的全球事件
- 重大的科技事件
- 与健康有关的新闻
- 娱乐事件
- 社会趣闻逸事
- 体育新闻

这些题材的英语新闻稿都可以编译制作成适合对内传播的汉语国际新闻。

三、英-汉国际新闻的报道原则

1.传递信息,服务中国

国内媒体报道国际新闻,首先是因为国内受众对国际新闻有需求。在这个全球化时代,不管是经济、政治还是娱乐,都已超越了国界。当整个地球已经成为一个“地球村”时,某一个“村民”的行为,可能会影响到另一个“村民”。作为“地球村”的“村民”,我们必须了解其他的“村民”,并以此来指导我们的行动。因此,国内受众对于国际新闻的信息需求,在这个时代是有增无减的,而传递新闻信息是新闻媒体责无旁贷的主要任务之一。凡是那些反映世界现状,对受众具有一定的指导意义,能够满足受众某些方面需求的信息,媒体都要积极予以传播。再者,国内媒体主要是为国内受众服务的,所以在国际新闻信息的选择上,更加重视两类题材:一类是与中国的国家利益直接相关的,比如美日关系、朝核问题、我国边境问题、全球金融危机等;另一类是对中国的发展有借鉴意义的,比如其他国家发展市场经济、进行宏观调控、民主化改造的一些成功经验等等。

2.客观真实地反映世界

传递新闻信息是新闻媒体的第一要务,不过,在这个信息爆炸的时代,大量真实和虚假的信息同时并存,许多有用的信息被淹没在信息的海洋中,新闻媒体必须对信息进行筛选、甄别、核实,保证所传递信息的准确性。新闻媒体在新闻信息的选择上不能有闻必录,也不能不分青红皂白,眉毛胡子一把抓,而是应把那些能够反映世界本质,即世界和平与发展这两大主题的信息挑选出来予以传播。某些国家落后的社会现象、社会制度或者社会思想,并不能反映世界发展的主流,对于这些新闻信息,媒体要进行过滤,避免在新闻媒体上传播,以免使新闻媒体沦为传播落后现象、制度或者思想的工具,这也是新闻媒体的社会责任之一。此外,在报道新闻时,新闻媒体也要尽量客观、平衡地报道,避免因为媒体或者编辑记者本身的偏见而导致新闻失真。

3.与我国外事政策保持一致

国内媒体在报道国际新闻时,还要注意与我国的外事政策保持一致。因为国内媒体在报道国际新闻的同时,实际上也在反映中国对于世界的看法。如果国内媒体对某一国际新闻报道所体现出来的态度与我国的外事政策不一致,轻则容易引起被报道国家的不满,重则会引起外交纷争。

四、英-汉国际新闻编译的标准

任何一项工作都有标准,新闻编译也不例外。有了标准,我们才能衡量编译工作的好坏和编译稿的质量。编译是一种特殊的有“编”有“译”的活动,是翻译的一种特殊形式,因此,编译的标准与翻译的标准既有联系也有区别。

严复曾经把翻译的标准定为三个字:信、达、雅。这三个字的标准同样也适用于新闻编译。编译的标准在翻译标准的基础上,还有一些特殊之处。如果也从“信、达、雅”的翻译标准出发,新闻编译的标准可以总结为以下三方面:

1.新闻事实必须准确,确保“真”

新闻编译首先是为新闻传播服务的,真实性是新闻的生命。翻译标准中的“信”是指忠实于原文的内容，不歪曲原文的意思。在进行新闻编译时，我们仍然要求新闻编辑或者记者忠实于新闻的“原文”，不要把原文的新闻事实翻译错误。如果因为看错或用错一个单词而出现翻译错误，一旦传播出去，其后果不堪设想。曾经有编辑把 Pope Paul II(已故的教皇保罗二世)看成了 Pop Paul II，结果给翻译成了“流行乐手保罗”。英文仅仅一个字母之差，但翻译成汉语却谬之千里。所以，在进行编译时，编辑或者记者一定要非常细心，尽可能减少错误。同时，对于新闻原文中的事实，也要注意核实，因为编译的原文也是编辑或记者写的，他们也会犯错误。

2. 正确处理文化差异，使用目的国受众可接受的语言

无论是翻译还是新闻编译，说到底都是一种跨文化交流，因为翻译或者编译绝不仅仅是文字的转换。文字是文化的载体，也是思维方式的体现之一，它不能跟文化脱离。在某种文化中可以接受的事情，在另一种文化中可能是禁忌。所以在翻译或者编译的过程中，我们要充分考虑到目的国受众的文化，使用他们可接受、可理解的语言。对于文化的差异，要补充或者提供解释。另外，在新闻编译过程中，还要注意目的国受众的新闻阅读和接受习惯，按照他们习惯的新闻接受方式处理原文的内容也是很关键的，适当的时候甚至需要改写原文的内容，这一切都是为了达到“达”的目的，也就是不仅要忠实于原文的内容，还要确保原文的内容是受众能看得懂的。

3. 译文清晰易懂，规范流畅，符合目的国受众的接受习惯和文体要求

严复先生所说的“雅”，是要求翻译后的文章要古雅。这个标准虽然很多学者有不同的意见，但我们在这里仍然引用这个说法。不过，在新闻编译中，我们把“雅”引申为对编译文的语言要求，即编译文对于目的国受众来说必须是清晰易懂的，同时也要符合译入语的语言规范。要做到这点，编辑或记者必须对两种语言都有比较深的造诣，能够运用自如。

第二节　新闻编译的步骤

编译是一个有编有译的过程，在实际操作中，这两个步骤并没有绝对的先后顺序，往往是穿插在一起进行的。但是，大部分编辑和记者在进行新闻编译时，都会遵循一个大致的步骤：总体上会先对原文进行阅读和筛选，然后综合利用各种编译方法，对文稿进行处理。让我们结合一个具体编译实例来探讨新闻编译的步骤与方法。

例 1　2002 年 8 月 17 日，美国《华盛顿邮报》报道了一则新闻，8 月 19 日，我国的《参考消息》对这条新闻进行了编译报道。

英文原稿：

Sept.11 Chaos Prompts Exit Plan

Federal Workers Would Get Orders Within 15 Minutes

By Spencer S.Hsu, *Washington Post* Staff Writer | Saturday, August 17, 2002

(1) A plan designed to initiate the evacuation of all federal workers within 15 minutes has been approved by the Bush administration, setting in place what officials hope will be an orderly

exodus if there is an attack or an imminent threat from a weapon of mass destruction.

(2) Know as the Federal Emergency Decision and Notification Protocol, the plan is designed to address the confusion that resulted Sep. 11, when federal and local officials were initially overwhelmed by an unfolding attack that rendered communication difficult and forced them to improvise.

(3) The protocol empowers the directors of three federal agencies—the Office of Personnel Management, Federal Emergency Management Agency and General Services Administration—to release up to 350,000 federal workers in the Washington area and 1.8 million nationwide once a threat is confirmed. Their decision would trigger a series of bulletins to federal agencies, elected officials in the District, Maryland and Virginia, local public safety agencies and the news media.

(4) "You just don't know what might happen next," said a federal official familiar with the plan, which has been developed over months and was presented to local government leaders this summer. "Who knows? But next time, we feel we'll be better prepared, and there won't be a director saying, 'Get hold of the mayor, get hold of local government,' and we can't deliver on it but still as a federal agency have to act."

(5) New 24-hour operation centers have been set up by the three agencies, which are in continuous contact with the FBI, anti-terrorism task forces, the U.S. Capitol Police and state and local police. Key federal and other government personnel in executive positions have been assigned cellular or satellite phones, wireless e-mail devices, radios, classified communications gear and laminated wallet cards with emergency call lists, federal officials familiar with the protocol said.

(6) The process would be set in motion if there were a widespread attack or a threat of an impending biological, chemical or radiological assault. The directors of the three agencies would confer with the Department of Justice, the Office of Homeland Security and Local emergency Management officials. The Director—Kay Coles James of OPM, Joseph M. Allbaugh of FEMA and Stephen A. Perry of GSA—could alert the White House, local elected leaders, the Metro system and regional emergency managers within minutes. Notification to the agencies and the public would follow.

(7) "The system had been drilled down to less than 15 minutes," OPM spokesman Scott Hatch said. "We have this [initial] official notice to the emergency agencies simply to allow them—even if it's two, three, four, five minutes—to give them as much advance time as we can," he said.

(8) The operational details of evacuating tens or hundreds of thousands of motorists and transit riders are being developed independently.

(9) Transportation departments in the District, Maryland and Virginia, for example, have identified evacuation corridors and synchronized traffic signals for rapid movement. Police have identified critical intersections where officers are to be posted to hand-direct traffic and set up surveillance systems to monitor exit routes. The Metro system has developed similar plans to activate trains and clear tracks.

(10) Left unclear by the plan is how federal agencies execute the evacuation. Congress and the

courts are independent of the president.Even Cabinet secretaries and senior agency directors have autonomy over their employees and buildings, and they are developing procedures.

(11) On Sept.11, for example, the Interior, State and Treasury departments, Securities and Exchange Commission and General Services Administration next to the White House evacuated their workers even before an order from the Office of Personnel Management. At 10 : 08 that morning, the White House and the OPM shut down the federal government without notifying Mayor Anthony A.Williams (D) or any other local leaders because they could not be reached.

(12) "People understand that instead of willy-nilly doing dismissals, unless you absolutely can't get through to anybody, you need to check and see what the policy is," a federal official said.

(13) In some scenarios, it might be safest for workers to stay in their offices. "The worst thing that could happen is, they would be running out into danger," another federal official said.

(14) The plan envisions a critical role for the news media. While federal agencies would receive orders through an updated Cold War-era telephone land line, newsrooms have set aside unpublished, dedicated telephone lines on which federal orders would be issued.

(15) James has made clear that the news media are "a reliable and trusted source for message," a senior official said. "There might not be time to alert every single person or every single entity.The media alert is that alert to you."

(16) Similar planning is underway at 23 Federal Executive Boards overseeing operations across the country, a GSA spokesman said.

(17) Del. Eleanor Holmes Norton (D-D.C.) praised the plan but said local officials might need more input. "It's a good start, considering that September 11 was such a flop," she said. "My major concern is not with notification but with simultaneous communications.These are the kinds of decisions that have to be made jointly."

(18) John A. Koskinen, the District's deputy mayor and city administrator, also praised the plan but said individual federal agencies could do more to coordinate in lesser crises. "This is a significant step forward," he said. "But we have to have an ongoing dialogue about more likely and more frequent situations."

一、阅读和分析原文

这一阶段要从以下三个方面进行分析：第一，原文报道的主要事件是什么？第二，原文采用的是哪种新闻文体？第三，原文采用的是哪种新闻结构方式，即原文是如何安排内容的？

显然，对于这篇新闻稿来说，原文报道的主要事件是美国政府出台了一项紧急撤离计划，采用的是分析性报道的文体，具体用的是最典型的新闻结构——倒金字塔结构。

二、决定编译稿的结构方式

这个环节也要着重考虑三个方面的内容：第一，是否选择原文的主要内容作为编译稿的主要内容？第二，是否要对原文进行大幅度的调整，例如调整原文的文体或结构方式等？第三，是否采用原文的写作文体和风格？

在大多数情况下，编辑和记者会选择原文的主要内容作为编译稿的主要内容，但是偶尔也会出现这样的情况：原文是一篇很长的新闻稿，其中讲了很多内容，但是并不会引起国内受众的兴趣，反而是其中某一个次要内容更容易引起国内受众的兴趣，因此在编译时便将这个次要内容作为编译稿的主要内容。另外，“是否采用原文的写作文体和风格”也要根据对象国受众的情况来决定。有时候，原文是一篇详细报道，编译稿将其改成了简讯，这样，编译稿的文体和风格自然也会发生变化。

在本例中，原文的主要内容基本上是国内读者感兴趣的，而原文的倒金字塔结构也符合此类新闻的特性，所以在编译稿中可以保留。当然，具体到某些细节性的内容安排上，编辑和记者在编译的过程中还可以进行一些适当的调整。最后，原文是一篇解释性报道，文章很长，也有很多细节，对于美国读者来说，因为这是他们非常关心的事，所以做长篇报道是合适的。但如果要把这个报道编译给中国人看，中国读者未必需要了解那么多细节，因为这毕竟不是跟国内读者关系非常密切的事情，所以在编译时可以简化原文，将其编译成一条简讯即可。

三、筛选材料

具体说来，原文前七段内容安排如下：

Para 1　导语（概括主要事实）
Para 2　计划出台的背景(1)
Para 3　计划的主要内容
Para 4　引语：计划出台的背景(2)
Para 5　按照计划采取的一些行动
Para 6　计划实施的主要过程
Para 7　引语：计划启动的限定时间

从原文的内容安排来看，除了第4段和第7段出现了引语，其他段落都与主题有关，也都有可用之处。其中，第4段的引语是对第2段内容的印证和重复，没有新内容，删除后不影响主要事实的表述，放在编译后的简讯稿中是多余的，可以整段删去。第7段出现的引语，前半部分提到了计划启动的时间是15分钟，这在前面的段落中没有提到过，而这又是整个撤离计划的一个重要内容，所以应该保留。至于这段引语的后半部分，前面已经提到过的内容已经使它的意义不言而喻了，所以在惜字如金的简讯中，删去也没有关系。

四、进行编译

初步筛选完材料后就可以开始编译了。在编译的过程中，记者和编辑会使用一些编辑技巧，对文章的内容安排进行调整，也会使用翻译技巧，对新闻原稿进行语言转换。大多数情况下，他们会先对原稿进行编辑，然后再翻译；但有时在翻译的过程中，他们也会对段落或者句子的内容做微调，总之，这个过程是一个编辑和翻译有机结合的过程。

经过综合运用各种编译方法（将在下一节具体展开介绍），编辑编译出的汉语初稿如下：

担心遭到生化袭击　美出台紧急撤离计划

(1)据美国《华盛顿邮报》8月17日报道，由于担心再次遭受袭击，美国政府已经批准了一项紧急撤离计划。

(2)根据该计划，一旦美国遭到大规模袭击或者遭到生化、核武器袭击，美国人事管理局、联邦紧急措施委员会以及总务管理局将安排华盛顿的35万和全国其他地方的180万联邦工作人员迅速撤离。计划规定，这三个机构的负责人要在袭击发生后几分钟内通知白宫、地方官员以及地方紧急事务处理部门，然后他们将通知其他联邦机构以及美国公众。

(3)据悉，促使美国政府制订这一计划的原因是"9·11"发生后美国发生了一定程度的混乱。他们希望这一计划能够使联邦工作人员在袭击发生后有秩序地撤离。这三个部门已经成立了新的24小时工作的活动中心，该中心随时同联邦、州以及地方执法部门保持联系。

(4)人事管理局的发言人透露说，按照设想，联邦工作人员将在袭击发生后15分钟内开始撤离。

可以看到，汉语编译初稿是按照"导语⇒计划的主要内容和实施的主要过程⇒计划出台的背景⇒计划启动的限定时间"的顺序来安排内容的，这种安排相比英语原文，更符合汉语的思维习惯，国内受众接受起来也更容易。

这个过程完成后，汉语编译稿基本就已经成形了，但在提交给主任编辑审核前，编译稿还需经历一个至关重要的步骤，那就是修改润色。

五、修改润色

这个阶段绝对不可忽视或者轻视！虽然正式新闻稿的刊登还会经历一系列的审稿和校对过程，但如果在这个阶段就把有可能出现的问题和错误纠正，就是把责任事故从源头上消灭，对提高新闻报道的准确性具有十分重要的意义。

修改润色阶段的重点是：第一，检查编译稿在新闻事实上与原文是否有出入；第二，检查编译稿的逻辑是否存在问题，如时间是否有颠倒，因果关系是否正确，上下文是否脱节等；第三，编译稿在文字表达上是否有问题，如是否有错别字，标点符号是否正确，句子有没有语病，有没有歧义等。另外，还要注意编译稿是否通顺、流畅，语言是否符合新闻用语的规范等。

如果仔细对照英语原文检查刚才编译出来的初稿，可以看出，编译稿有些地方同原文表达的意思是有出入的。

首先，编译初稿的新闻导语是"……由于担心再次遭受袭击，美国政府已经批准了一项紧急撤离计划"，这与原稿的"A plan designed to initiate the evacuation of all federal workers within 15 minutes has been approved by the Bush administration, setting in place what officials hope will be an orderly exodus if there is an attack or an imminent threat from a weapon of mass destruction."存在一定的差异。英文原稿导语的意思是"美国政府出台了一项紧急撤离计划，目的是再碰到恐怖袭击或者威胁时，联邦工作人员能够有序撤离"，这与"由于担心再次遭受袭击"的含义是不一样的，所以编译初稿的导语虽然不能说是完全错误的，但至少是不准确的。

由于受到导语的影响，编译初稿的标题也出现了一定的偏差。"担心遭到生化袭击 美出台紧急撤离计划”，这与原文的标题“Sept.11 Chaos Prompts Exit Plan，Federal Workers Would Get Orders Within 15 Minutes”含义也不一样。应该说，把美国政府出台撤离计划的原因概括为“担心遭到袭击”是可以接受的，也基本上紧扣了这篇报道的主题，但该标题只提到“生化袭击”，而这只是原文提到的多种袭击中的一种，有些以偏概全，显然与原稿的出入较大，而且还出现在标题中，极易误导读者，所以应该对编译初稿的导语和标题进行修改，使其更加符合英文原稿。

其次，从逻辑上讲，汉语编译初稿对英文原稿内容的重新安排符合汉语习惯，没有大的问题，只是编译初稿在最后一段出现一句话讲计划启动的限定时间，上下文感觉有些不着边际。其实，计划启动的限定时间也是计划的具体内容和实施步骤之一，所以这句话如果和编译初稿的第二段合并到一起会更好一些。

再次，从语言文字上讲，编译初稿的问题不大，基本符合汉语新闻文体的要求。句子符合汉语规范，没有出现拗口的字句，也没有出现翻译腔。

经过以上步骤，最后修改完的汉语编译定稿，也就是最终的见报稿如下：

吸取“9·11”教训　美国出台紧急“撤离计划”

(1)华盛顿讯，据美国《华盛顿邮报》8月17日报道说，美国政府为避免“9·11”后的混乱再次出现，已经批准了一项紧急“撤离计划”。

(2)报道说，该计划指出，一旦美国遭到大规模袭击或者遭到生化、核武器袭击，美国三个相关职能部门(人事管理局、联邦紧急措施委员会以及总务管理局)将安排华盛顿和全国其他地方的200多万联邦工作人员在袭击发生后15分钟内有秩序、迅速地撤离。

(3)计划规定，这三个机构的负责人要在袭击事件发生后“几分钟内”通知白宫、地方官员以及紧急事务处理部门。而这三个部门已经成立了新的24小时工作的活动中心。

(4)报道称，促使美国政府制订这一计划的原因是“9·11”发生后美国出现了一定程度的混乱。

相比之下，编译定稿的标题比编译初稿处理得好，定稿的标题既准确概括了美国出台撤离计划的原因，又在很大程度上尊重了原文的标题。另外，编译定稿的导语部分也修正了编译初稿不够准确的地方。在定稿的正文部分，将编译初稿最后一段提到的“15分钟”的限定时间并入定稿第二段的最后一句话中，既理顺了逻辑，使读者更容易理解，也节省了文字和空间，提高了传播效果。由此可见，新闻编译工作的修改阶段是对新闻编译稿质量的把关，其重要性再怎么强调都不过分。

在以上的编译步骤中，前两个步骤为编译的前期准备阶段，后面三个步骤为编译的实际操作阶段。

第三节　新闻编译的方法

第二节的例1在介绍新闻编译的步骤时，已经涉及了一些英-汉新闻编译的方法，如概括、删节、调整等。总结起来，在国际新闻编译中，常用的方法有以下几种：

一、删节

编译可以根据需要对原文内容进行增删取舍，既可以“欠额”，也可以“超额”。在进行英–汉编译时，对原文进行“欠额”是非常普遍的。由于英语新闻写作规范的要求，外国记者采写的英语新闻稿通常比较长，包含很多细节和引语。在进行英–汉编译时，大部分情况下，对于那些不涉及中国的国际事件，只概括报道一下主要的新闻事实就足以满足国内读者的信息需要，因此，英文原稿中不影响主要新闻事实表述的内容经常可以删去。这样做的目的很明确，那就是使汉语编译稿的主题更集中、篇幅更精炼。

例如，在新闻编译实例 1 中，以下内容就被删除了：

- 引语：Para 4 的引语是对 Para 2 内容的印证和重复，没有新内容，删除后不影响主要事实的表述，故删除。
- 细节：Para 8 以后的内容都是对撤离计划的详细解释，删除后不会影响主体内容，故也删除。

总体说来，在进行英–汉国际新闻编译时通常需要删除的材料有：
① 一些记者个人或采访对象带有偏见或有失偏颇的观点、分析等；
② 重复主要事实的不必要的细节；
③ 不影响主要事实表述的引语；
④ 不影响对新闻事实理解的背景；
⑤ 次要内容、次要的分主题、侧面材料、多余的材料。

以上通常需要删除的材料中，例 1 中涉及的有第②种和第③种材料。第①种材料是英–汉新闻编译时首先要注意删除的材料，这是对汉语新闻编译稿进行政治把关的重要环节。因为英语新闻原稿毕竟是外国记者采写的，他们在价值观和立场上与中国的记者和编辑是有区别的。中国的媒体把英语新闻稿编译成汉语，是为了向国内受众传递新闻信息，在对原稿进行编译时，编译者要有自己的立场，不能充当外国新闻机构的传声筒。在进行英–汉新闻编译时，特别要注意与国家的外事政策保持一致。

例如，法国总统希拉克反对美国发动伊拉克战争，开罪了美国政府。希拉克领导的右翼政党在地方选举中失利后，美国 CNN 的报道标题是“French voters punish Chirac”，明显是站在美国的立场上说话。我们在编译报道这样的标题时就不能照搬原文，而是要采用客观公正的报道手法，这与我国在伊拉克战争上的立场也是一致的。

第④种材料主要是针对英文原稿中的背景材料而言的。记者在写新闻稿时，通常会加入一些背景材料，以帮助受众更好地理解新闻。但是，背景材料是针对特定的新闻受众的，对某些受众来说不熟悉的背景材料，对另一些受众来说可能是多余的，所以在对原稿的新闻背景进行取舍时，主要是根据编译稿的目标受众的情况来决定是否采用。另外，外国记者在写新闻稿时，也有可能因为时间比较匆忙，使用的背景材料不是很适合，编辑在进行编译时，也可以用更好的背景材料替换原稿中不甚理想的背景材料。

第⑤种材料在一些篇幅比较长、写得相对松散的英文原稿中会存在，在对其进行编译处理时，可以根据需要进行删除，或者拆分出来作为另一条单独的新闻或者背景材料来处理。

具体实例我们也将在以后的章节中介绍。

二、概括

概括是在对原文的意思有了准确的理解后，对原文的具体内容进行归纳、总结和提炼。它既是一种常用的新闻写作方法，也是一种常用的新闻编译方法。“倒金字塔”结构的新闻，导语本身就是对整个新闻内容的一个概括。在新闻编译中，编辑也经常需要使用概括的方法，对文章中的某些内容进行提炼。恰当的概括可以浓缩原文的精华，甚至成为点睛之笔。

在新闻编译实例 1 中，使用到概括这一方法的地方有：

- 汉语编译定稿的导语就是在准确理解英文原稿内容的基础之上概括而成的，比英文原稿的导语还要简练。

> 以下情况需要用到概括：
> ① 导语，尤其是当原文的导语比较长时；
> ② 一些次要内容，当其不需要被重点报道时；
> ③ 一些细节性的内容。

三、摘要

摘要，顾名思义，就是摘其要点而用之，即对于英文原稿中的内容，只择其精华、摘其要点引用，而不是全部引用。摘要也是对原文“欠额”的方式之一，其目的也是使编译稿的主题更集中，篇幅更精炼。

在新闻编译实例 1 中，使用了摘要的地方有：

- 引语：Para 7 的大段引语在汉语编译稿中只摘取了其中的要点，即“计划启动的限定时间是 15 分钟”，其他的内容都没有用到。

> 以下情况需要使用到摘要：
> ① 引语、讲话稿，当其比较冗长时；
> ② 文件，当其空泛的内容较多时；
> ③ 观点或者解释，当其比较冗长时。

上述材料中，例 1 中涉及的是第①种材料，其他两种材料，我们也将在以后章节的编译实例中进行介绍。

四、转述

转述主要涉及对引语的处理。转述是指在不影响和歪曲原意的前提下，将原文中的某些说法或直接引语转换成另一种说法或间接引语。转述一方面可以节省篇幅，另一方面也有助于将原文的意思表达得更清楚，更有利于上下文的衔接。

在新闻编译实例 1 中，英文原稿中 Para 7 是一段引语，其中开头部分提到的“15 分钟”为前面没有提到的内容，而且又十分重要，所以需要在汉语编译稿中交代。后半部分的引语，是对之前提到内容的补充说明，没有什么特别重要的内容，所以就不用在汉语稿中交代了。由于汉语编译稿是部分引用英文原稿的话，而且汉语编译稿又是简讯的形式，故在引用时需要转述一下，由直接引语转为间接引语。

> 以下情况需要使用转述将直接引语转换成间接引语：
> ① 当原直接引语较长、较啰嗦，但表达的意思却比较简单时；
> ② 当原直接引语比较含糊，直接引用意思表达不清楚时；
> ③ 当原直接引语表达比较混乱，错误较多，或者语言不文明，直接引用不合适或者社会效果不好时。

总之，原稿中那些重要但又不适合直接引用的引语，都可以使用转述的方式来处理。

五、调整与重组

调整和重组经常一起使用。调整是指编译稿对原稿在内容安排上进行的变化。既然内容安排出现了变化，内容和内容之间的组合与逻辑关系也就相应地发生了变化，自然就出现了对原文内容的重新组合。

调整和重组涉及对编译稿重新谋篇布局。在对原稿的内容进行调整和重组时，主要的依据是编译稿目标受众的新闻阅读习惯和接受习惯。

调整重组既可以在较大范围内展开，也可以在较小范围内展开。调整重组包括：

1.段落间的调整重组，即段落调整

编译稿对原稿进行段落间的调整重组时，不一定要遵循原文的逻辑关系，但调整后的编译稿必须具有严密的逻辑关系，不能与原文意思相悖，而且要符合译入语的结构要求。

例 1 中，英文原稿的内容安排顺序为：

Para 1　导语（概括主要事实）
Para 2　计划出台的背景（1）
Para 3　计划的主要内容
~~Para 4　引语：计划出台的背景（2）~~
Para 5　按照计划采取的一些行动
Para 6　计划实施的主要过程
Para 7　引语：计划启动的限定时间

其中，Para 3 和 Para 6 同为计划的内容，可以将 Para 6 的内容提至 Para 5 前。Para 2 为计划出台的背景（Para 4 虽然也是计划出台的背景，但前面的分析中已经将这部分内容删除，故不予考虑），在英文原稿中是为了强调而放在导语后，但编译成汉语稿以后，如果还放在汉语稿的第二段，并不符合汉语稿的思维习惯，因为中国人更习惯从现象挖掘根源的思维方式，所以将其调整到计划的主要内容（Para 3 和 Para 6）之后更合适。

根据以上调整意见，编译后的汉语初稿内容安排的顺序调整为：

Para 1　导语
Para 2　计划的主要内容和实施的主要过程（英文原稿 Para 3 和 Para 6）
Para 3　计划出台的背景和按照计划采取的一些行动（英文原稿 Para 2 和 Para 5）
Para 4　计划启动的限定时间（英文原稿 Para 7）

以上调整,虽然已经比较符合汉语受众的接受习惯,但在对汉语编译初稿作进一步修改时,我们还是可以发现,汉语初稿中第四段的内容“计划启动的限定时间”其实也是计划的主要内容之一,还可以进一步调整至汉语初稿的第二段内。而“按照计划已经采取的行动”与“计划的主要内容”的关系更加密切,可以调整到“计划出台的背景”之前,即汉语初稿第三段仍需进行段落内的调整重组。

根据以上调整意见和段落重组,汉语编译定稿内容安排的顺序最终改为:

Para 1　导语
Para 2　计划的主要内容和限定时间(英文原稿 Para 3 和 Para7)
Para 3　计划实施的主要过程和按照计划采取的行动(英文原稿 Para 6 和 Para 5)
Para 4　计划出台的背景(英文原稿 Para 2)

可以看到,汉语编译定稿在导语之后立刻报道了计划的主要内容及主要过程,这部分内容由英文原稿的 Para 3,Para 6 和 Para 7 的内容调整重组而成,简明扼要、逻辑清晰,是整个编译稿的核心。作为英文原稿 Para 2“计划出台的背景”这部分内容,汉语编译定稿将其放到最后,这样的调整既突出了新闻的主体内容,又符合中国人的思维习惯。

2.段落内的调整重组

它主要是指段落内甚至句子内一些零星的新闻内容的重新安排,是为了适应译入语的逻辑和行文需要。

除了刚才提到的汉语编译定稿对汉语初稿第三段进行段落内的调整重组外,编译定稿第二段的内容“一旦美国遭到大规模袭击或者遭到生化、核武器袭击……在袭击发生后 15 分钟内有秩序、迅速地撤离”,就是英文原稿 Para 3 的第一句话、Para 6 的第一句话和 Para 7 的第一句话的联合调整重组。在将这三个英语句子编译成一个汉语句子时,编译稿对于英文原稿进行了句子内部零星内容的重组。这种调整重组,使汉语编译稿不仅结构紧凑,内容凝练,而且衔接自然,毫不生涩。

以下情况需要使用到调整重组:
① 当汉语编译稿需要采用与英文原稿不同的结构时;
② 当汉语编译稿可以基本采用英文原稿的结构,但英文原稿的部分内容安排和逻辑不符合中国受众的阅读和结合习惯时;
③ 当英文原稿的内容比较分散,汉语编译稿需要将英文原稿的内容集中时。

总之,调整和重组是英-汉新闻编译中一种常用的编译方法。在以后章节的编译实例中,我们还可以看到更多使用调整和重组这一方法的例子。

六、压缩合并

在新闻编译中,我们还经常要用到压缩合并的方法,即把分散在一篇或几篇文章不同地方的相同、相关或相补充的内容合并在一起,经过压缩和整理后进行编译。这样既可以节省篇幅,也有助于受众对新闻内容的理解。这个方法在英-汉新闻编译中经常用到,因为英语的“倒金字塔”结构通常会要求记者在写作新闻时把同一内容的重要性不同的细节分散在

"倒金字塔结构"的不同层次,在把这种结构的英文原稿编译成汉语时,编辑经常要把这些相关的细节合并到一起进行压缩处理。

在新闻编译实例1中就使用了压缩合并的方法,而且这种方法和调整重组经常一起使用。例如:英文原稿 Para 3、Para 6 和 Para 7 因为在内容上具有关联性,所以在编译时 Para 6 和 Para 7 被提前至 Para 3 之后,并与 Para 3 进行了合并压缩,处理成了汉语编译定稿的第二段和第三段的部分。这样做既节省了编译稿的文字,也理顺了关系。

值得注意的是,压缩合并的方法不仅可以在一篇新闻稿的编译中使用,还经常在将几篇内容相关的新闻原稿编译成一篇新闻稿时使用,后者我们将在以后的章节中详细介绍。

七、增补

前面所提到的编译方法,基本上都属于"减"的方法,也就是对原稿"欠额"。新闻编译也会使用到"加"的方法,也就是对原稿"超额"。新闻编译是一种跨文化传播,在进行新闻编译时,编辑和记者不仅要对原稿进行语言转换,而且还需要对两种语言涉及的不同文化背景进行必要的解释,因为中国人和外国人的文化、制度、生活习惯不一样,双方的经验范围也不一样,对于某一方来说习以为常的经验或文化现象,对另一方来说,可能会存在理解问题。这时就需要对原稿进行增补,即在编译稿中加入原稿中没有的内容,其目的就是为了消除"理解障碍"(perceptive blocks)。也就是通过一个文化"过滤器"("cultural filter")来消除英文原稿和汉语编译稿之间语言的、文化的、审美的或者认知的"理解障碍"。增补的方法主要有:

- 增加背景
- 提供解释
- 改写原文

在上文的新闻编译实例1中并没有涉及增补,这是因为原文中没有存在对于中国读者来说难于理解的文化或者经验差异。

> 以下情况需要增补:
>
> ① 背景:当原稿中没有相关背景,但对编译稿的受众来说,没有背景会影响其对新闻的理解时;
>
> ② 解释:当原稿中出现一些专有词汇、专业术语、特色词汇,在汉语中没有相应的词汇,或者国内受众对此不熟悉或不了解时。

例如,美国的媒体在报道国内大选时,一般不会对"初选""大选""超级代表""宣誓代表""选举人团"这样的词汇做出解释,因为这是连美国中小学生都非常熟悉的内容,不加解释基本上没有人会出现理解上的障碍。但这些内容,对于不熟悉美国政治和选举制度的中国受众来说,就是他们理解美国大选的关键信息,所以在汉语编译稿中通常需要补充相关背景。很多国内的读者会把美国总统的初选和正式选举相混淆,就是因为不熟悉美国的选举制度。

八、改变文体和写作风格

大多数情况下，在进行英-汉国际新闻编译时，编辑和记者很少改变英文原稿的文体和写作风格，但偶尔也会碰到需要改变原稿文体的情况。例如，将原稿从调查性报道、解释性报道或者分析性报道等深度报道形式转换成动态消息或者简讯等形式，或者把原文的特写转换成新闻，把原稿的新闻转换成特写等。

上述新闻编译实例 1 就是把英文原稿的分析性报道转换成汉语编译稿的简讯的例子。

关于改变文体和写作风格的更多例子，我们将在以后的章节中进行详细介绍。

复习思考题：

1. 你最爱看的国际新闻有哪些？它们在国际新闻报道中经常出现吗？
2. 英-汉国际新闻报道的原则有哪些？
3. 英-汉国际新闻报道的标准是什么？
4. 新闻编译有哪些步骤？每个步骤的重点是什么？
5. 常用的新闻编译方法有哪些？它们在什么情况下使用？

第二章 国际灾难新闻

重大的国际灾难新闻总是会占据国际新闻报道的显著位置,在人们关于世界的记忆中留下浓重的笔墨。所谓灾难,指的是引起重大人员伤亡和财产损失的灾害与事故。灾难,尤其是重大的灾难,总是会引起人们的关注,这不仅仅是因为灾难事件往往是在人们没有任何心理准备的情况下突然发生,而且是因为灾难是对人性的摧毁,牵涉到生命和财产的损失,给人的心理造成了一定的恐慌。正因为如此,媒体对于报道灾难新闻负有义不容辞的责任。报道好灾难,具有重要的心理意义和现实意义。

从心理意义方面来讲,因为灾难关系到人的生命和利益,涉及人的基本生存安全,新闻的受众或者是灾难事件中的受灾者,或者与受灾者有着密切联系的人,或者是灾难事件的局外人,他们或者出于对灾难和不测可能会降临到自己身上的担心,或者出于同情和共情的心理,或者纯粹出于追求新奇刺激的心理,都会关注灾难事件。新闻媒体应该照顾到受众的这方面心理需要,并对受众的不同心理需要进行引导,使灾难新闻的报道朝着良性的方向发展。例如,对于人们的担心和恐慌心理,媒体应该在报道中解释灾难发生的原因,并告诉人们如何避免同样的灾难再次发生;如果发生同样的灾难,应该如何保全生命财产等。对于人们的同情和共情心理,应该在报道灾难的同时,提供人们表示同情、提供帮助和支援的方式方法,如捐款捐物的渠道等。而对于人们追求新奇刺激的心理,不能为了一味地迎合这种心理而在新闻报道中滥用血腥的图片或者描写,给受众带来不良的心理感受。这一点在国际灾难新闻报道中尤其重要,因为国际报道中的灾难发生地都在我国境外,与我国国民的关系通常也不怎么密切,容易使媒体陷入片面追求冲击力的泥沼。

从现实意义方面来讲,正确的灾难报道,有助于救灾和赈灾工作。首先,及时准确地报道灾难,有助于减少灾难的损害程度。因为只有正确认识了灾难的损害程度,人们才能据此采取相应的救灾和赈灾措施,减少灾难带来的损害。身处灾难中的人尤其需要了解灾难的危害程度,以此指导自己的抗灾活动。在疾病报道中这一点尤为突出,因为如果正当的信息渠道不畅通,就会导致谣言和小道消息的讹传,引起社会恐慌。其次,正确报道灾难有助于人类建立相应的防范体系。通过对灾难的回顾反思,有助于人们发现一些问题,并针对这些问题采取相应的措施。

在本章中,我们将分析灾难新闻的特点与要素等,介绍灾难新闻和连续报道的编译方法。

第一节　灾难新闻的分类与要素

一、灾难新闻的分类

如前所述,灾难指的是引起重大人员伤亡和财产损失的灾害与事故。灾难新闻主要指的是对天灾人祸的报道,特别是对于某个地区或者某个国家有重大影响的天灾人祸的报道。根据引起灾难的原因,灾难一般可以分为自然灾害和人为灾难,灾难新闻也可以据此分为两大类。

1.自然灾害(天灾,natural disasters)

(1)由地壳运动引起的地质灾害,如地震(earthquake)、火山喷发(volcano eruption)、海啸(tsunami)、雪崩(avalanche)等;

(2)由气象原因引起的气象灾害,如旱灾(drought)、洪水(flood)、台风(typhoon)、飓风(hurricane)、泥石流(mudslide)等,有一部分火灾也是由于天气过于干燥引起的,这类火灾(fire)也可以归入此类;

(3)伴随着一些自然灾害出现的或其他原因造成的传染疾病(epidemic),如瘟疫(plague,pestilence)、霍乱(cholera)、非典型肺炎(SARS)、禽流感(bird flu)、疯牛病(mad-cow disease)等。

2.人为灾难(人祸,accidents)

(1)交通事故(traffic accidents),如撞机、撞车(plane/car/train crash),翻船(ship capsize)等;

(2)由于人为操作失误而引起的爆炸(explosion)事故,如瓦斯、锅炉爆炸(gas/boiler explosion),矿难(mine accident)等;

(3)由于爆炸或者其他事故引起的有毒有害物质泄露(leakage),如油、气体、核物质泄露(oil,gas,nuclear leakage);

(4)火灾(fire),大部分的火灾是由人为原因造成的。

以上是对灾难和灾难新闻的一般分类,也有人将战争等归入灾难中。在本书的分类中,我们认为战争与政治的联系更为密切,因此将战争报道归入政治新闻部分。

二、灾难新闻的要素

新闻编译工作虽然只是对国外记者已经写好的外文稿件进行再加工,但在编译过程中,仍然要遵从译入语的新闻写作规范。在本书谈到的英-汉编译转换中,不管是在中文还是英文的新闻报道中,我们都可以发现一些共同的报道内容,它们是人们对于灾难所共同关心的内容,构成了灾难新闻报道的要素。灾难新闻的要素都有哪些呢?让我们先分析以下两篇中外灾难新闻报道的稿件。

例1　2004年8月10日,云南省昭通市鲁甸县发生5.6级地震,新华社记者对这一灾难进行了报道,以下是新华社记者采写的新闻稿。

云南昭通市鲁甸县地震2人死亡 百余人受伤

2004年8月10日

新华社昆明8月10日电(记者李舒) 北京时间10日晚18时26分,云南省昭通市鲁甸县发生5.6级地震,震中位于这个县桃源乡境内。云南省副省长孔垂柱说,截至21时,地震已经造成2人死亡,100余人受伤,准确的伤亡情况和财产损失还在统计中。

据正在震区查看灾情的昭通市委宣传部部长黄玲介绍,震中位于鲁甸县桃源乡,涉及鲁甸县文屏镇、茨院乡,昭阳区永丰镇、布嘎乡、守望乡和小龙洞乡等乡镇。其中,鲁甸县文屏镇、昭阳区永丰镇等因人口密度大,受损较重。据鲁甸县委办主任张华昆介绍,地震造成这个县2人死亡,另外约有150名群众受伤。目前鲁甸县人民医院和鲁甸县中医院已经人满为患,不少伤者不得不在医院大院内接受治疗。虽然全县没有出现大面积的房屋倒塌,但是民房受损变成危房、学校受损的情况比较严重,老百姓自救能力弱,危房带来的隐患突出。

地震发生后,云南省和昭通市、鲁甸县迅速启动了地震应急预案。昭通市委、市政府召开紧急会议,布置了抗震救灾工作,由市主要领导率领的工作组已经到达灾区指导救灾工作。昭阳区和鲁甸县组织了十余个工作组到重灾村镇,核查灾情,让重灾户搬出危房,救治受伤人员。两县(区)各部门、各乡镇实行24小时值班制度,卫生系统的医护人员已经全部奔赴灾区。

由云南省副省长孔垂柱率领的政府工作组将于11日下午到达昭通市。由国家地震局地震灾害应急援助司司长徐德诗带领的地震专家组34名专家,今晚连夜赶往昭通,明天一早国家地震局还将派出3名专家赶赴灾区。云南省地震局副局长乔森介绍说:"这次地震与去年'11·15'地震发生在同一地点,目前这一区域地质活动复杂。"

处于滇东北乌蒙山区的鲁甸县和昭阳区均为国家重点扶持贫困区县,总人口分别为37万和76万,去年农民人均纯收入仅1000元左右。2003年11月15日,同一地点曾发生5.1级地震,造成4人死亡。

例2 2004年4月22日,朝鲜平安北道龙川郡火车站发生火车相撞事故,造成161人死亡和1300多人受伤。在爆炸案中有1名华侨当场死亡,2名华侨受重伤。在事故初发时,西方媒体曾报道说事故造成了3000多人死亡,算得上新闻报道中死亡人数最为夸大的一场事故。以下是*China Daily*转发的西方通讯社的新闻稿:

Train Crash Kills Many, Includng 2 Chinese

China Daily| April 23,2004

(**Agencies/Xinhua**)— Two fuel trains collided at a North Korean railroad station near the Chinese border Thursday, igniting a deafening explosion that rained debris in a wide area around, South Korean media reported. One television channel said as many as 3,000 people may have been killed or injured.

The Chinese Embassy to the Democratic People's Republic of Korea (DPRK) on Friday confirmed that two Chinese were killed and 12 others injured in a train explosion Thursday in Ryongchon, North Pyong'an province of DPRK.

A picture taken on South Korean channel YTN shows flames and smoke near the Ryongchon train station. Some 3,000 people were killed or injured after two trains carrying fuel collided and exploded at a North Korean railway station, reports said. (YTN)

Among the 12 injured Chinese, two sustained serious injuries and the rest 10 were lightly wounded. Twenty Chinese resident houses have collapsed and three Chinese houses were blown down in the train explosion.

The Chinese embassy to DPRK has set up a special team to deal with the accident and will provide essential assistance to the victims.

The accident was caused by the leaking of ammonium nitrate in one of the trains. So far, the DPRK official media has yet to confirm the train explosion.

Pyongyang declared an emergency in the area, South Korea's Yonhap News Agency reported. The North's official KCNA News Agency did not mention the disaster.

North Korean leader, Kim Jong Il, had quietly passed by rail through the station as he returned from China before dawn some nine hours earlier. It was not clear what caused the crash.

But a South Korean official, quoted on condition of anonymity by South Korea's all-news cable channel, YTN, said it appeared to be an accident.

The collision reportedly took place about 1 pm in Ryongchon, a town 12 miles from China's Northeastern Liaoning Province. One train was carrying oil and the second had liquefied petroleum gas, media reported.

"The area around Ryongchon station has turned into ruins as if it were bombarded," Yonhap quoted witnesses as saying. "Debris from the explosion soared high into the sky and drifted to Sinuiju," a North Korean town on the border with China, it said.

YTN reported that the number killed or injured could reach 3,000. A YTN reporter in Seoul, speaking on condition of anonymity, told AP the network's casualty count came from a South Korean government official, whom he declined to identify.

A South Korean Defense Ministry official confirmed "a large explosion near Ryongchon station," Yonhap reported. "We have yet to find out the cause of the incident, the kind of explosion and how many died," the official said, speaking on condition of anonymity.

A satellite photo of the North Korean city of Ryongchon, also known as Yongchon, taken May 13, 2003 shows the train line running from the top left of the image to the bottom centre.

Photo: China Daily / Reuters

Yang Jong-hwa, a spokeswoman of South Korea's Unification Ministry, said her organization could not immediately confirm the reports; the ministry is in charge of relations with North Korea. The Defense Ministry could not comment.

US State Department spokesman Richard Boucher said the Bush administration had no information on the collision.

The accident apparently resembled a disaster in Iran on February 18, when runaway train cars carrying fuel and chemicals derailed, setting off explosions that destroyed five villages. At least 200 people were killed.

News events within its borders are usually difficult to confirm independently. North Korea's infrastructure is reportedly dilapidated and accident-prone, AP reported.

The trunk line on which Thursday's accident reportedly occurred, the main rail link between China and North Korea, was first laid during the Japanese occupation more than 60 years ago.

YTN reported that the casualties included Chinese living in the North Korean border region, and that Chinese in Dandong-a bustling industrial city on Yalu River-were desperate to learn about their relatives. Chinese and North Korean traders frequently cross the border at Dandong.

Some of the injured were evacuated to hospitals in Dandong, it said.

An official with the Dandong city government told Reuters by telephone that North Korea has asked China for help in rescue operations.

"They have already asked for help, but we can't give more details. We must report it to the provincial government," the official said.

North Korea's state-run news agency on Thursday confirmed that Kim made an unofficial trip to China on Monday through Wednesday, but carried no comments on the reported explosion.

Kim met with President Hu Jintao and other Chinese leaders and agreed to "push ahead" with a peaceful resolution to the standoff over its nuclear weapons programs, KCNA and central television network reported earlier Thursday.

The broadcast added that Kim said his government "will continue to be patient and flexible and actively participate in the process of six-nation talks and contribute to making progress at the talks."

The last round of six-nation talks-involving China, the two Koreas, the United States, Japan and Russia-ended in February in Beijing without a settlement.

通过对比和分析例 1、例 2 的中英文灾难新闻稿，我们可以发现，尽管这两篇稿子的主题不同（一个是天灾，一个是人祸），所使用的语言不同，新闻内容的安排也不尽相同，但在报道灾难时，都囊括了以下一些人们共同关注的内容：

- 伤亡人数
- 灾难波及范围
- 事故原因（天灾的原因比较明显，人祸的需要特别指出）
- 救援/善后工作

除了以上这些要素外，一些特别重大的灾难，如 2004 年年底发生在印度洋沿岸的海啸这样的大灾难，还有一些因素是大家所普遍关心的，即：

- 灾难引起的社会救助
- 灾难引起的各方反应（对于比较大的灾难，联合国都会有反应）
- 对灾难的反思：存在的问题以及应对、预防以及自救措施等
- 相关的历史背景

以上是一般灾难新闻报道的要素，对于国际新闻编译工作具有相当重要的意义。在进行国际新闻编译时，我们要努力将这些内容交代清楚。在原文交代不是很清楚的情况下，国际新闻编辑甚至需要通过补充采访等方式来弥补原文中交代不清的地方，做出好的编译文来。

第二节　灾难新闻的结构与编译要点

在国际新闻编译工作中，需要交代清楚一些要素，那么，在具体的灾难新闻编译中，如何来安排这些要素呢？也就是说，应该按照什么顺序来交代这些要素呢？这就涉及灾难新闻的结构了。

无论是中文还是英文的灾难新闻报道，最通常使用的就是新闻报道与写作最常见的结构——倒金字塔结构（The Inverted Pyramid Style）。典型的“倒金字塔结构”一般是按照以下方式来安排内容的：

The Inverted Pyramid Style

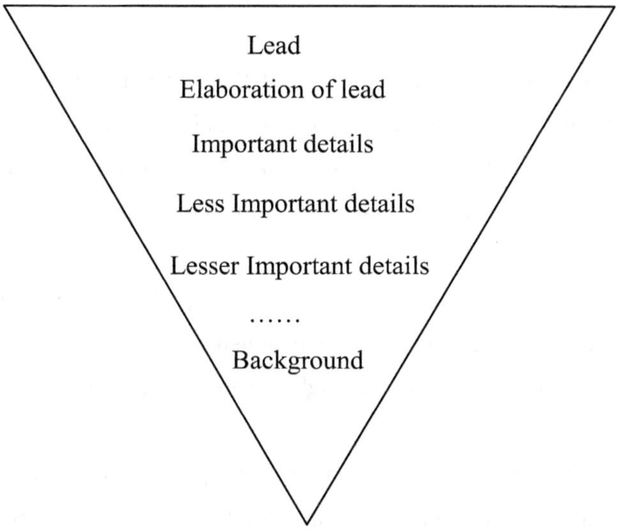

“倒金字塔结构”是西方硬新闻写作的典型结构，我国的中文新闻报道也引进了这种新闻报道结构。不过，虽然是“舶来品”，但是中文的“倒金字塔结构”并不完全等同于英文的“倒金字塔结构”：在运用这个结构时，中文新闻稿需对这一结构按照中国人的思维方式进行“本土化”的改良。

让我们通过以下的英-汉新闻编译实例来探究一下这些“改良”之处。

例 3　2004 年 1 月 3 日，一架埃及飞机起飞后不久在红海坠毁，美联社记者最先报道了这条灾难新闻，以下是英文原稿及其汉语编译稿：

英文原稿：

Egyptian B737 Crashes Into Red Sea

By MOHAMED KHALIFA, Associated Press Writer | Sat January 3, 2004

(1) **CAIRO, Egypt — A** charter airliner with 141 people aboard—mostly French tourists—crashed into the Red Sea shortly after takeoff on Saturday from the resort of Sharm el-Sheikh, airport officials in Cairo said. No survivors were reported.

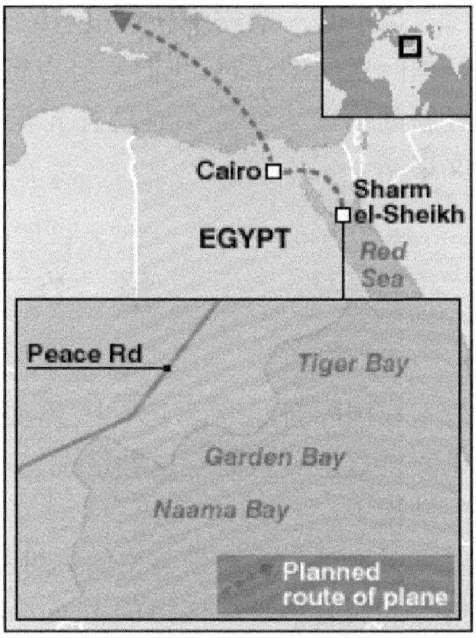

(2) The Boeing 737 jet took off shortly before 5 a.m. (10 p.m. EST Friday) and quickly disappeared from radar about seven miles south of the airport, said airport officials using customary anonymity.

(3) No distress signal was detected, according to officials at Egypt's Ministry of Civil Aviation.

(4) The crash occurred amid a week of heightened concerns about terrorist threats from the air that have led to increased security and canceled flights around the world.

(5) But an initial statement from aviation ministry ruled out terrorism, calling the crash an "accident" that may have been caused by a mechanical problem. The ministry said no one was believed to have survived.

(6) Officials said 135 passengers and six crew members were aboard the jet operated by the private Egyptian company Air Flash en route to Cairo—129 of them French and six Egyptians.

(7) Rescue teams rushed to the scene and found the wreckage of the jet close to the coast. They were attempting to find survivors or bodies, according to an official quoted by the Egyptian news agency MENA.

(8) Engineers from the national carrier Egyptair rushed in to try to help determine what happened. Officials at Air Flash could not immediately be reached for comment.

(9) The weather was clear in Sharm el-Sheikh and other flights were taking off without incident, officials said.

(10) Sharm el-Sheik is a popular Red Sea tourist resort that also frequently hosts major political and economic summits. Egypt has held several meetings on Middle East peace there, including one in which President Bush met with regional leaders in June over the "road map" plan toward creating a Palestinian state.

(11) Local news media reported Saturday that vacationing British Prime Minister Tony Blair was to meet there later in the day with Egyptian President Hosni Mubarak.

原稿分析：

逐段分析英文原稿，我们可以看到原稿的内容安排如下：

标题	强调飞机失事这一主要新闻事实
Lead	概括主要事实
Para 2-3	飞机失事的详细过程
Para 4-5	飞机失事可能的原因
Para 6	飞机乘客详情
Para 7-8	善后工作:救援和调查
Para 9	当天的天气状况(与飞机失事原因有一定关联)
Para 10	背景:沙姆沙伊赫简介
Para 11	其他情况:布莱尔将会见穆巴拉克

这是一篇典型的"倒金字塔结构"新闻报道。英文原稿首先在导语段落概括交代主要新闻事实,扼要提到新闻的 Who,What,When,Where 等要素。在接下来的段落,作者按照重要性的高低,对 Who,What,When,Where 以及 How,Why 等要素进行展开。例如,飞机失事过程和飞机乘客的详情同属于对失事飞机的详细介绍,但因为失事过程对于理解这条新闻更为关键,所以作者将其安排在紧接着导语的段落,而把有关飞机乘客详情的内容放在了 Para 6;此外,Para 4,Para 5,Para 9 都与飞机失事的原因有关,因为天气是最不可能导致这次坠机事件的原因,所以记者将其安排在 Para 9 交代;而背景段落和布莱尔的活动对理解本条新闻的作用相对最小,所以被安排在新闻的最后交代。整条新闻的结构安排从内容的重要性上体现出明显的递减趋势。按照西方这种"倒金字塔结构"来安排内容,符合西方英语新闻的写作习惯,这样能使英文稿段落短、节奏感强,同时它也符合西方读者的接受习惯,可以起到很好的传递信息的目的。

汉语编译稿:

一客机在红海坠毁 141 人遇难

2004 年 1 月 3 日

(1)据美联社报道,开罗机场官员 3 日说,一架载有 135 名乘客和 6 名机组人员的客机当天起飞后不久在红海坠毁,机上 141 人不幸全部遇难,其中大部分是法国人。

(2)官员说,这架波音 737 客机当地时间凌晨 5 点前从海滨度假胜地沙姆沙伊赫起飞,准备飞往开罗,但不久后就从雷达显示屏上消失,当时飞机距离机场南部大约 11 公里。

(3)这架客机是由埃及私人公司 AirFlash 运营的,机上的 135 名乘客中,有 129 人是法国游客,6 人是埃及人。救援人员已赶到现场,在海岸边发现一些飞机残骸,但没有发现幸存者。

(4)目前民航部门初步排除了恐怖袭击的可能性,并表示这只是一次"事故",可能是由机械问题引起的。

(5)官员说,当天沙姆沙伊赫的天气晴朗,其他从该机场起飞的飞机也都很顺利。

(6)据当地媒体报道,正在度假的英国首相布莱尔 3 日晚些时候正准备在沙姆沙伊赫会见埃及总统穆巴拉克。(来源:新华网,略有修改)

编译稿分析:

逐段分析汉语编译稿,我们可以看到汉语编译稿是这样安排内容的:

标题	既强调了失事这一主要新闻事实，也强调了死亡人数
Lead	概括主要新闻事实以及乘客详情
Para 2	失事飞机详情
Para 3	其他与失事飞机相关的情况以及善后工作
Para 4-5	飞机失事原因
Para 6	其他情况：布莱尔将会见穆巴拉克

显然，汉语编译稿也是按照重要性递减的顺序来安排报道内容的，也是“倒金字塔结构”结构。不过，这个“倒金字塔结构”与例3中英文原稿的“倒金字塔”结构略有不同，汉语的“倒金字塔”结构更符合中国人的思维方式。西方记者在运用“倒金字塔结构”时，为了使新闻的写作按照严格的“重要性递减”的要求安排内容，往往习惯于将某一方面的内容人为地划分出重要性，并在新闻的不同层次交代。例如前面提到的将飞机失事原因根据重要性放在新闻稿的不同段落交代。但如果将这种结构直接照搬到汉语编译稿中，就会让中国读者觉得内容太过零散，不够集中。所以，在处理编译稿时，中文编辑特别将英文原稿的 Para 4, Para5 和 Para 9 放到了一起，这是符合中国人整体思维的规律的。另外，中文编辑在安排编译文的整体内容时，是按照先交代新闻事实（包括失事过程和善后工作），再交代原因的顺序进行的，这也符合中国人由现象找原因的思维方式。再者，把善后工作的内容提前至飞机失事原因前交代，也体现出中国的灾难新闻报道对于救灾工作（也是人战胜灾难的勇气）的重视。

英文原稿 Para 10 的背景段落，介绍埃及城市沙姆沙伊赫的有关情况，对于理解这次事故的作用并不大，所以中文编辑在处理这段内容时将其删除，做法值得肯定。

通过对比分析和总结以上英文原稿和汉语编译稿，我们可以看出，在灾难新闻的英-汉编译中，有以下一些要点：

1. 编译后的新闻结构可以运用“倒金字塔结构”，但这一结构要按照中国人习惯的方式进行一些调整；
2. 编译后的新闻标题要突出灾难事件本身，同时可以强调伤亡人数；
3. 编译后的导语概括交代主要事实就行，其他细节可以放在后面的段落交代，导语要写得干净，不能拖泥带水；
4. 编译后的新闻正文要尽量将灾难新闻的要素交代清楚。

“倒金字塔结构”可以简明扼要地报道新闻事实，适合大部分国际灾难新闻的编译报道。但是，有一些特殊的或者特别巨大、特别悲惨的灾难事件，类似于“9 · 11”事件或者印度洋海啸这样的事件，简单的概括报道是远远不够的。对于这类事件，我们必须深挖新闻现场或者细节，采用不同于“倒金字塔结构”的方式，进行更详细的报道。

一般说来，西方记者采写的灾难新闻稿件都比较重视细节的运用，以再现灾难事故的现场，并最大限度地引起人们对受灾者的同情。在编译中，如果编辑和记者碰到这样的英文原稿，还只是拣出主要事实进行报道，那么对原稿来说将是一种极大的浪费。编译者完全可以充分利用原稿的细节描写，辅之以适当的新闻特写手法，编译出更加详细生动的报道来。下面的例子就是一个很好地利用英文原稿细节的范例。

例 4 2005 年 2 月,伊朗一所清真寺失火,造成 300 多人伤亡。《北京青年报》对这条新闻进行了编译报道。

英文原稿:

Iran Mosque Fire Kills 59, Injures 250

By NASSER KARIMI, Associated Press Writer | February 15, 2005

(1) **TEHRAN, Iran**—A fire raged through a crowded mosque in Tehran during evening prayers Monday after a female worshipper's veil caught the flames of a kerosene heater, killing at least 59 people, and injuring more than 250, Iran's official news agency reported.

(2) The Arg Mosque was filled with about 400 worshippers, more crowded than usual because this is the Islamic month of Muharram, a holy period for Shiite Muslims, and heaters were being used as Iran has been suffering from unusually severe winter weather.

(3) Panicked people raced for the doors and smashed windows to escape the blaze, leaving burned shoes and women's black chadors scattered in the mosque yard. The mosque walls were charred, carpets were burned and religious books, including the Quran, were destroyed.

(4) Women, who pray on the second floor of the mosque, separated from the men, had to race down stairs and through a narrow doorway to exit. Many stumbled and were trampled in the frenzied stampede to escape.

(5) Hospital records checked by The Associated Press showed that 40 of those killed and the majority of the injured were women.

(6) Outside one hospital, a 38-year-old man, wailing and beating his chest, was searching for his wife and two young daughters. He had been at work at the time of the fire.

(7) "I am desperate. I can't find them anywhere on any list, of any hospital," said Mansour, whose last name was drowned out by his screams. "I wish I died instead of them. I had a lot of hope for them. But now all of them are burned."

(8) Tehran Police Chief Brig. Gen. Morteza Talaie was quoted by the Islamic Republic News Agency as saying 59 people were confirmed killed. More than 250 people were injured in the fire, according to rescue workers.

(9) The fire started when the veil of a female worshipper caught the flames of a kerosene heater on the upper floor of the mosque and the flames spread to a thick green cloth that covered the ceiling and walls of the mosque in commemoration of the holy month, according to IRNA.

(10) Earlier reports had blamed a faulty electrical outlet, but IRNA reported that theory had been discarded. It also said officials had discounted the possibility of a bomb or arson attack.

(11) "The main cause of the fatal incident is ignoring the basic safety rules, including installation of a kerosene heater very close to a thick curtain," Talaie was quoted as saying.

(12) "Pieces of burning cloth fell on the head of the worshippers, who stopped praying and smashed windows to run out of the mosque in panic," a witness said on condition of anonymity.

(13) The wounded were taken to six hospitals in the capital and police were guarding the

doors to limit the entrance of relatives desperate for news of their loved ones.

(14)"My brother has been seriously injured. What a calamity," said 48-year-old Masoumeh Ebrahimi, wiping her tears with a corner of her chador, a head-to-toe covering.

(15) Residents lined up to donate blood for the victims.

(16) Firefighters extinguished the fire an hour after it started, state television said.

(17) But Reza Pourbaradaran, who lives nearby, complained that firefighters arrived too late.

(18)"Firefighters arrived one hour after the fire broke and when serious damage had been done," he said.

(19) Workers were seen late in the evening cleaning the debris and wiping away the black smoke marks from the entrance.

(20) The tragedy came on the fourth day of the month of Muharram, a period of mourning for Shiites, when they recall the 7th century death of Hussein, grandson of Islam's prophet Muhammad.

(21) The mosque is close to the historic Golestan Palace where Reza Khan was crowned as Reza Shah Pahlavi in the 1920s and the huge Tehran bazaar, the heart of business in the capital.

(22) Fires involving kerosene heaters are not uncommon during the winter. Earlier Monday, a heater exploded in a Tehran kindergarten. No one was injured as the school was closed because of the freezing temperatures.

(23) Last month, 13 elementary school students died in a fire that started after a malfunctioning heater ignited a barrel of kerosene. Eighteen other students were injured in the fire at the school in Safilan village, some 435 miles south of Tehran.

原稿分析:

这篇新闻报道虽然篇幅较长,但从总体上讲,基本还是按照"倒金字塔结构"来安排材料的,具体内容的安排如下:

标题	强调灾难本身和伤亡人数
Lead	概括交代新闻事实
Para 2	发生火灾时清真寺的情况(暗示了火灾发生的原因)
Para 3-4	人们逃生的情景
Para 5-8	死伤的具体人数(其中大部分是妇女)
Para 9-12	火灾的具体原因以及着火的过程
Para 13-15	善后工作:救援、现场管理、社会救助
Para 16-18	消防队员的情况(姗姗来迟)
Para 19	善后工作:现场清理
Para 20-21	背景:火灾发生时间与地点的特殊性
Para 22-23	背景:伊朗冬天火灾频发

从重要性上来讲,在整个火灾过程中,最生动又最吸引读者的部分是人们的逃生过程,因此英文原稿的作者在交代了主要新闻事实后,立即叙述了这部分的内容。而灾难的死伤人数始终是灾难新闻的关注重点,所以在此之后,记者立即交代了这部分内容。对于火灾的原因以及着火过程,因为有生还者的描述,所以显得比较生动,作者在接下来的部分对此进

行了交代。至于背景部分,它们对于理解这条新闻也是很必要的,但因为它们或者是知识性内容,或者是旧闻,所以被安排在了新闻稿的末尾。

英文原稿虽然是一篇新闻报道,但采用了一些新闻特写的手法。记者特意挑选了几个细节,对其进行描写放大,画面感很强,给人的感觉仿佛是一些电视或者电影画面按照新闻的“倒金字塔结构”的蒙太奇组合。这些细节、现场感和画面感,在进行编译处理时编译者不宜浪费。但原稿场景的组合方式,从画面叙事的角度来讲,“倒金字塔结构”的时空过于琐碎,不易理解,编译者需要一种更加通俗易懂的叙事方式,比如时间顺序结构。

如果以时间顺序来结构这场灾难,各场景的顺序应该是:人们在清真寺祈祷→着火→逃生→救火→救援/善后。另外,在编译后的汉语新闻稿中还需交代火灾发生的原因以及一些相关的新闻背景,为了保持火灾过程叙述的完整性,这部分内容可放在文章的末尾交代。

汉语编译稿:

伊朗清真寺特大火灾实录:煤油取暖器引燃面纱

2005 年 2 月 16 日

(1)2 月 14 日晚,伊朗首都德黑兰市中心一座名为阿格的清真寺发生特大火灾。大火造成大约 60 人死亡,300 多人受伤。

■ 大火瞬间吞掉清真寺

(2)2 月 14 日晚间,正当数百名什叶派的善男信女聚精会神地在阿格清真寺内祈祷时,突然被一场突如其来的大火吓得目瞪口呆。

(3)不等人们反应过来,无情的大火卷着滚滚的黑烟已经吞噬了整座清真寺,屋顶的天花板和墙壁厚厚的绿色帷幕也随火燃起。刹那间,阿格清真寺内已经面目全非:窗户、大门、屋顶都烧焦了,地毯也燃成灰烬,寺内所藏的伊斯兰书籍,包括《古兰经》全都灰飞烟灭。据悉,这座清真寺是伊朗最古老和最具政治意义的一座清真寺。

■ 男人们打破窗户逃命

(4)与此同时,半米高的火苗以极其快的速度向寺内祈祷者们袭来。惊慌失措的人们开始四散逃窜,涌向门和窗户。为了逃生,许多在寺内祈祷的男子都打碎了窗户上的玻璃,烧焦的鞋和妇女们披的黑色披巾散落在清真寺院内,一些挂在玻璃上的残肢断臂赫然入目,鲜血染红了整个清真寺的玻璃和墙壁,当时的景象惨不忍睹。

(5)一名目击者描述火灾发生时的情景:“燃烧的帷幕碎片纷纷落在祈祷者的头顶,人们停止了祈祷,惊慌地奔向窗户打碎玻璃逃出清真寺,死伤无数。”

■ 死伤者大多数是妇女

(6)和男人们相比,清真寺内祈祷的妇女们就要悲惨很多。按照规定,寺内的女性和男性是要分开进行祈祷的。所以当火灾发生时,惊恐万分的妇女们纷纷涌向楼梯,通过一条门道逃命。但是由于门道太窄、人太多,很多人都跌倒在门口,被身后疯狂逃跑的人群践踏在脚下。而在底层,男人们打破窗玻璃,冲到室外。

(7)所以,此次火灾遇难者中,有 40 多人是妇女,而伤者中大多数也是妇女。

■ **消防员迟迟不来救火**

(8)据报道,此次大火肆虐了一个小时之后才被伊朗消防队员们扑灭。对于这场灾难,很多目击者和附近的居民都对伊朗消防队员缓慢的救火行动抱怨不已。

(9)住在清真寺附近的一名居民抱怨说:"这些消防队员简直太不像话了,火灾发生一个小时之后,他们才慢吞吞地赶到。那时,火灾损失早已经很惨重了,所以对于这次的后果,这些消防队员应该担负一定的责任。"

火灾现场

■ **德黑兰市民纷纷献血**

(10)特大火灾发生后,伊朗举国关注。在抢救伤员的行动中,他们响应号召,在收治伤员的6家医院排队献血。

(11)与此同时,伊朗电视台报道说,德黑兰的50辆急救车全部开到现场,附近医院的医护人员彻夜待命。电视台还要求公众不要到出事地点,这样运送伤员的道路可以畅通无阻。

■ **时值什叶派礼拜活动**

(12)发生火灾的这座清真寺靠近雷扎·巴列维加冕的格雷斯坦宫殿和伊朗首都的商业中心——德黑兰市场。

(13)本月是伊斯兰教历的一月,也是什叶派穆斯林的圣月。在这个月期间,纪念伊斯兰先知穆罕默德之孙——伊马目·侯赛因。

(14)在第七世纪时,伊马目·侯赛因死于穆斯林争夺先知穆罕默德继承权力的战斗中。那场战斗导致了伊斯兰教的严重分裂,后来造成穆斯林分裂为什叶派和逊尼派。

(15)因此,在这个圣月期间,这座起火的清真寺要比平时拥挤得多,火灾发生时这座清真寺共聚集了大约400名祈祷者。

■ **煤油取暖器引燃了面纱**

(16)至于起火原因,先前有报道称是由于电插座有缺陷,也有人怀疑是爆炸或者犯罪分子故意纵火,但是后来伊朗国家通讯社否定了上述说法,称是由于一名在清真寺顶层祈祷的妇女的面纱被煤油炉取暖器引燃而引起的这场火灾。

(17)当时,这位妇女正在二层做礼拜。火焰顿时蹿上了遮着屋顶和四周墙壁的绿布。这些绿布装饰本是专门为伊斯兰教历第一月而专门布置的。(来源:《北京青年报》)

编译稿点评:

1.汉语编译稿不但保留了英文原稿最生动的细节,而且结构比原文更清晰易懂。

2.编译稿标题运用很好,用"实录"突出了现场感和特写性。

3.编译稿的小标题,提炼得既能帮助读者理解内容,也有助于美化版面。

通过分析汉语编译稿,我们可以看到,编译稿也采用了英文原稿的特写手法,表现出很强的视觉画面感,仿佛将读者带到了火灾现场,让读者亲眼目睹整个火灾过程,又或是像将一段关于整个火灾过程的电视或者电影短片展现给了观众。对于这种新闻,我们可以称之为"视觉新闻"。

所谓视觉新闻,也叫特写式消息,是指运用形象化的手法来表现事物,取得视觉效果的新闻。视觉新闻首先具有消息的特征;其次,它运用特写的表现手法,最突出的特点是现场感强,使读者如临其境、如见其人、如闻其声,克服了一般新闻稿的枯燥和概念化。在进行英-汉新闻编译时,只要编译者充分利用和挖掘英文原稿的资源,就可以编译出现场感很强、类似新闻特写的汉语"视觉新闻"来。

本例还说明,时间顺序结构也是一种适合灾难新闻报道的结构形式,它尤其适合详细报道,或者同"视觉新闻"搭配使用。

对于一些细节比较丰富的英文原稿,我们除了可以采用概括叙述的方法交代主要新闻事实外,还可以充分利用原稿资源,编译出富有现场感的汉语视觉新闻。要想编译出好的视觉新闻,需要注意以下几点:

1.要充分挖掘利用原稿的生动细节,在编译稿中采用特写手法;

2.在编译稿的叙事中要突出动感,写活现场;

3.叙事方法上可以使用时间顺序结构。

第三节 连续报道——灾难新闻报道的法宝

灾难新闻是一种时效性很强的新闻品种。在前面提到的灾难新闻的要素中,灾难的伤亡人数和灾难的波及范围这两个要素通常是灾难发生时就能够知道的内容。由于新闻时效性的要求和新闻竞争的需要,记者往往在得知这两个要素后就进行灾难新闻的报道与写作了。对于灾难新闻的其他要素,甚至是已经报道过的要素,记者还会随着新闻事件的发展在后续的报道中进行补充和跟踪,这样就产生了灾难新闻的连续报道。

所谓连续报道,就是对新闻事件在一定时间内持续进行的报道。连续报道法是西方新闻界经常采用的一种报道方法。当一个重要新闻事件发生后,为了及时向受众报道事件的进展及影响,西方新闻界不是等事件完结后发一篇总结式报道,而是采取连续报道的方法,随着事件的发展进程不断地把事件的进展与影响报道出来。

西方新闻界的连续报道始于19世纪末20世纪初。美国报业巨子普利策在1883年5月买下了亏损严重的《纽约世界报》,然后就开始尝试以新的方式报道重要新闻事件。连续报道就是普利策所倡导的新报道方法之一。普利策有句名言:"在一件事情的真相被彻底弄清之前,决不放过它!连续报道,连续报道!"当时,无论是普利策领导的《纽约世界报》,还是赫斯特主持的《纽约日报》,都以连续报道的形式发表了大量的新闻报道。例如,1889年普利策策划的女记者布莱用72天时间环游世界的报道,以及赫斯特在1897年到1898年间组织策划的美国与西班牙战争的报道,都是以连续报道的形式出现的。后来,这种报道方法被美国新闻界普遍采用,发挥的作用也越来越大。连续报道也被我国新闻界引进,现在已经成为我国新闻报道的一种常见方式。

按照新闻事物的运动状态,连续报道可以分为以下三种类型:

过程性报道:在连续报道中,反映新闻事物(含新闻人物和新闻事件)的发生、发展变化过程的报道,称为过程性报道。过程报道是连续报道中最重要的部分,它连续不断地把新闻事物的最新发展动态传播给受众,增强新闻受众对新闻事物的了解。正如美国密苏里新闻学院写作组撰写的《新闻写作教程》中所指出的那样:"一篇连续报道告诉读者以后又发生了什么,也可以使得报纸报道过的事有头有尾。连续报道可以使读者了解那些曾发生过或还在继续发展的事情的来龙去脉。"过程性报道的形式可灵活多变,根据报道内容的需要来确定。

反应性报道:在连续报道中,反映新闻受众对新闻事件、新闻人物的态度和意见的报道,被称为反应性报道。连续报道要形成强大的社会舆论,必须适当反映新闻受众对所报道的事件和人物的看法、态度,以酿成声势,形成气氛。反应性报道与过程性报道互相配合,互相烘托,可以同时从新闻事件的发展进程及新闻事件所产生的影响两个方面把连续报道引向深入。

追溯性报道:在连续报道中,反映新闻人物或事件彼此之间的联系及其历史状况的报道,称为追溯性报道。它承担着交代历史背景、解释报道对象与周围事物的联系的作用。任何事物的发展变化,都有其主客观条件和历史渊源。连续报道把事物发展变化的来龙去脉告诉受众,给他们一个系统的、完整的印象,就应该运用追溯性报道。

在一组大型连续报道中,过程性报道、反应性报道和追溯性报道往往是互相配合、互相补充、相得益彰的。

连续报道有第一轮报道与第二轮报道之分。这里的"轮"是以事件和报道的阶段性而不是以稿件的数量来划分的。有时候,一轮报道是由好几篇稿子组成的。记者在采写第二轮报道时,一方面要报道新闻事件的新进展,一方面要挖掘一些第一轮没有报道过的细节,提供详情、背景和花絮。此外,还要注意收集与报道国内外或本地区群众对事件的反应。这样做的目的只有一个:不断把报道引向深入,扩大报道的影响。

连续报道的第一篇稿子被称为首发稿,第二篇及以后的稿子被称为后续稿。后续稿会对首发稿和前期报道的稿子进行补充,不断增加新的内容和细节,同时也会修改首发稿或前期报道稿中的错误和不足。除此之外,后续稿在很大程度上是对首发稿或前期报道稿的重复。对于连续报道,最简单的写法就是将最新情况放在开头部分,并将首发稿或前期报道稿放在稿件后部,因此,连续报道经常会越写越长。

对于连续报道的编译，一般也是首先进行首发稿的编译，再随时在后续稿的编译中更新和补充最新情况，并及时修正首发稿和前期报道稿中的不足之处，首发稿或前期报道稿通常仍然放在编译稿的后面。以下是一组连续报道的英文原稿和中文编译稿，让我们来分析一下连续报道具体的编译方法。

例 5　2005 年 2 月，一艘孟加拉国渡船遭遇热带风暴袭击发生倾覆，中外新闻机构都对此都进行了连续报道。

英文原稿（首发稿）：

37 Dead, 150 Missing in Bangladesh

Sunday, February 20, 2005

(1) **DHAKA, Bangladesh (AP)** — A Bangladesh ferry capsized and sank during a tropical storm overnight, leaving at least 37 people dead and 150 missing, rescue officials said Sunday.

(2) The double-decker ferry MV Maharaj was carrying about 200 people when it capsized Saturday night on the Buriganga River just outside the capital, Dhaka, the officials said on condition of anonymity.

(3) "We have so far found 37 bodies and rescuers were looking for dozens still missing," said Mahbubur Rahman, an area government administrator.

(4) "The accident happened in darkness and it's still unclear how many people died or survived," Rahman said, adding that women and children were among the dead.

(5) He said many passengers were rescued by villagers and fishing boats.

(6) However, the death toll could rise, as many bodies were feared trapped inside the sunken ferry, another rescue official said.

(7) The vessel had been traveling from Dhaka to eastern town of Chandpur when gusty winds struck it just before midnight. It capsized and sank near Pagla town outside Dhaka.

(8) Thousands of people gathered on the river's banks to look for their loved ones.

(9) "I'm looking for my brother, his wife and their one-year-old son," said Dhaka businessman Mujibur Rahman.

(10) Authorities have ordered an investigation into the accident.

(11) Ferry accidents are common in this South Asian nation crisscrossed by rivers. A ferry capsized in eastern Chandpur during a storm in July 2003, killing more than 500 people.

汉语编译稿（首发稿）：

孟加拉国渡船倾覆造成 37 人死亡

(1) **新华社达卡 2 月 20 日电**　孟加拉国首都达卡 19 日夜里发生一艘渡船倾覆事故，已造成至少 37 人死亡，150 多人失踪。

(2) 这艘名为“马哈拉杰号”渡船上载有约 200 人，准备开往达卡南部的城镇坚德布尔，19 日午夜正在途中行驶的这艘渡船遭到热带风暴的袭击，在达卡附近的帕格拉巴扎尔发生倾覆事故。

(3)一名警官说,救援人员已找到37具尸体,“但我们担心的是失踪的150人”。

(4)这艘渡船注册载乘人数为167人,但在孟加拉国渡船通常会超载。孟加拉国每年都有很多人死于渡船事故。这些事故多数是由超载和恶劣天气造成的。自1977年以来,已有至少3000人死于260多起渡船事故。去年,两艘渡船在坚德布尔附近梅克纳河沉没,造成至少200人死亡。

原稿和编译稿的对比:

1.汉语编译稿的标题对英文原稿的标题进行了改进。英文原稿的标题“37 Dead,150 Missing in Bangladesh”在事实交代上不太清晰,不如编译稿的“孟加拉国渡船倾覆造成37人死亡”清晰。

2.对于失事渡船详情和渡船失事过程的详细介绍,英文原稿按重要性高低分别在Para 2和Para 7进行了交代,但两段内容重复的部分较多,照搬原文进行翻译显得不够简洁,所以编译稿将这两段合并处理,不仅缩短了编译稿的篇幅,也使编译稿的叙事更加清晰易懂。

3.英文原稿中的Para8-9提到了一个遇难乘客亲人的个案,这是符合西方新闻写作重视个人遭遇、展现灾难带给人的伤害的价值取向的。但对于关注群体命运的中国读者来说,这个个人的遭遇并未提供更多的新闻信息,也不具有很强的震撼力,所以并非绝对需要体现在编译稿中,删去非但不会影响新闻事实的表达,而且还有助于缩减编译稿的篇幅,所以编译稿对此进行了删除。

4.英文原稿的背景段落提到了在孟加拉国渡船事故是一件很常见的事,对于理解本条新闻是有帮助的,所以编译稿保留了此段背景,而且还对英文原稿的背景进行了补充,交代得更加清楚。

编译稿的不足:

客观地分析,汉语编译稿对英文原稿不符合中文新闻写作习惯和中国人接受习惯的几处地方的处理比较成功,但汉语编译稿也存在一些问题:

1.英文原文从Para 3到Para 6都在提事故遇难人数的情况,其中提到遇难人数还会上升,这是一个明显的连续报道的伏笔和小信号。对于这一点,汉语编译稿中没有体现,是一个小失误。

2.汉语编译稿的背景段落虽然比英文原稿更加翔实,但在写作上有些重复拖沓,不够简洁,还有改进的空间。

英语和汉语的后续报道是这样的(与英语和汉语首发稿的区别已经用下划线标出):

英文原稿(后续稿):

Bangladesh Ferry Disaster Leaves Dozens Dead and Missing

February 21,2005

(1)**AP** — A Bangladesh ferry capsized and sank during a tropical storm,leaving at least 59 people dead and about 130 missing,rescue officials said.

(2)Survivors said there were up to 500 people on board the double-decker ferry MV Maharaj when it capsized last night on the Buriganga River just outside the capital, Dhaka.

(3) The official number was about 200 people on board.

(4) "We have so far found 59 bodies and rescuers were looking for dozens still missing," said Mahbubur Rahman, an area government administrator.

(5) Rahman said 37 bodies were plucked from the river, while divers found 22 others inside the sunken ferry.

(6) "The accident happened in darkness and it's still unclear how many people died or survived," Rahman said, adding that women and children were among the dead.

(7) He said many passengers were rescued by villagers and fishing boats.

(8) However, the death toll could rise, as many bodies were feared trapped inside the sunken ferry, another rescue official said.

(9) "We fear many of the missing people are trapped inside the ferry and presumed dead," said Syed Monwar Hossain, an official at state-run Bangladesh Inland Water Transport Authority that oversees the operation of river ferries.

(10) A salvage ship was trying to recover the ferry with cranes and ropes from about 6 metres of water, Hossain said. Another rescue vessel was en route to the site of accident.

(11) The vessel was about 30 minutes into its journey from Dhaka to eastern town of Chandpur when gusty winds struck just before midnight. It capsized and sank near Pagla town outside Dhaka.

(12) Jasim Uddin, an auto-rickshaw driver, was rescued by a fishing boat but his daughter and a nephew died. His wife, a son and four other relatives travelling with him were missing.

(13) "I've lost every one in my family. What sin have I committed? Oh Allah, tell me how shall I live without them," sobbed Uddin, 35, sitting in front of the bodies of his daughter and nephew.

(14) Uddin was returning home with his family after attending a Muslim religious ceremony in Dhaka.

(15) "It was dark and high winds came from the south. The ferry careened to one side and I jumped into the waters," said Kohinoor Begum, a garment worker who was picked up by a trawler.

(16) She said her brother and a nephew travelling with her died.

(17) Thousands of people gathered on the river's banks to look for their loved ones.

(18) "I'm looking for my brother, his wife and their 1-year-old son," said Dhaka businessman Mujibur Rahman.

(19) Authorities have ordered an investigation into the accident.

(20) Ferry accidents are common in this South Asian nation crisscrossed by rivers. A ferry capsized in eastern Chandpur during a storm in July 2003, killing more than 500 people.

后续稿对英文首发稿的补充和更新：

1.英文后续稿对英文首发稿的标题进行了改进，英文首发稿的标题存在缺陷，更改后的标题更加清晰，明确表明了新闻事件是一起沉船事件。

2.后续稿的导语对遇难和失踪的人数进行了更新，并在 Para 5 交代了遇难人数增加是因为在沉船中找到了困在其中的 22 具尸体。

3.后续稿补充了一位生还者对渡船载客人数的说法，并强调了它与官方数据的差距，暗示渡船失事的原因是超载。

4.后续稿的 Para 9 补充了一位官员的引语，交代了 Para 8 提到的遇难人数还会增加这一判断的来源。

5.后续稿的 Para 10 补充了救援工作的新进展。

6.后续稿的 Para 12-16 补充了两个新的遇难乘客亲友反映的个案。

除此之外，英文首发稿的大部分内容仍然出现在英文后续稿中，并构成了英文后续稿的主要内容之一。

汉语编译稿(后续稿)：

孟加拉国渡船倾覆至少 59 人死亡

(1)**新华社达卡 2 月 20 日电**—孟加拉国首都达卡附近 19 日晚发生一起渡船倾覆事故，已造成至少 59 人死亡、约 130 人失踪。

(2)据悉，这艘名为“马哈拉杰号”的渡船准备开往达卡南部的城镇坚德布尔，19 日午夜在途中行驶时遭热带风暴袭击，在达卡以南约 15 公里处布里甘加河的帕格拉河段发生倾覆后沉没。

(3)当地政府官员拉赫曼说：“目前已经找到 59 具尸体，营救人员正在寻找其他的失踪者。”他说，遇难者中包括妇女和儿童，附近村民和渔船救起了一些幸存者。

(4)孟加拉国内河水运管理局官员蒙瓦说：“我们担心很多失踪者目前被困在倾覆的沉船内，可能已经死亡。”他说，死亡人数可能还会上升，目前有一艘打捞船在事发水域尝试用起重机和绳索打捞位于水下 6 米处的沉船，另一艘船只正赶往现场参与营救工作。

(5)这艘渡船注册载客数为 167 人，但有生还者称船上可能有三四百名乘客。孟加拉国有 250 多条河流，渡船是主要交通工具。由于超载及恶劣天气等原因，沉船事故频繁发生，自 1977 年以来已有 3000 多人在 265 起沉船事故中死亡。

汉语后续稿对汉语首发稿的补充和更新：

1.汉语后续稿的标题、导语和正文部分对遇难和失踪人数进行了更新。

2.汉语后续稿对于汉语首发稿中应交代而没来得及交代的内容进行了补充(这部分内容在英文原稿中已有交代)，如“遇难者中包括妇女和儿童，附近村民和渔船救起了一些幸存者”以及“死亡人数可能还会上升”等。

3.对于英语后续稿中的一些新内容，汉语后续稿也进行了补充和交代。比如：“目前有一艘打捞船在事发水域尝试用起重机和绳索打捞位于水下 6 米处的沉船，另一艘船只正赶往现场参与营救工作。”“……但有生还者称船上可能有三四百名乘客。”

4.汉语后续稿改进了汉语首发稿背景段落的写法，使其更简洁合理。

除此之外，汉语首发稿的大部分内容仍然出现在汉语后续稿中，而且是汉语后续稿的主要内容。

可见,英文原稿的首发稿和后续稿,以及汉语编译稿的首发稿和后续稿,它们都各成体系,一方面在后续稿中对首发稿中的一些内容,如伤亡人数等进行了更新,并补充了首发稿中没有提到的内容,如救援工作的最新进展,以及一些新的实例和细节等,另一方面对首发稿中不够准确的地方进行了修正,如英语后续稿对英语首发稿标题的修改,汉语后续稿一对汉语首发稿的背景段落的修改等,充分发挥了后续报道的补充和修改功能。但同时,英语首发稿和汉语首发稿的绝大部分内容仍然会出现在英语后续稿和汉语后续稿中,并构成了后续报道的基础。

当然,中文编辑在进行汉语后续稿的编译时,也没有完全照搬英语后续稿对英语首发稿的所有更新、补充与修改,而是对这些内容进行了证实和筛选,我们从英语后续稿和汉语后续稿的对比中可以看出这一点来。

英文后续稿和汉语后续稿的对比:

1.对于有些英语后续稿中更新和补充的内容,在汉语后续稿中也进行了更新和补充,如关于遇难和失踪人数的最新数据,以及救援工作、渡船超载的情况等。

2.有些英语后续稿中更新和补充的内容,在汉语后续稿中并未进行更新和补充,而是酌情删除。最明显的是英语后续稿中新增的两个遇难乘客亲友的个案,汉语后续稿没有提到,这一点仍然是根据目标受众——中国受众的信息需求来决定的。

通过对比以上关于同一新闻事件的连续报道的英文原稿和汉语编译稿,我们可以得出以下关于连续报道和连续报道编译的结论:

1.连续报道的重复性很强,其写作和编译方法是相同的,最简单的方法就是:后续报道=最新进展+前一次报道的内容。
2.连续报道的后续报道既可以补充以前的报道所没有的新内容,还可以对以前的报道中一些不完善甚至是错误的地方进行完善和更正,使整个报道良性向前发展。这一点不论是对连续报道后续报道的写作还是编译都是一样的。
3.对于英文原稿后续报道中更新和补充的内容,汉语后续报道和编译稿并不一定要完全采用,也要根据中国受众的特点进行取舍。

需要指出的是,大部分灾难新闻,尤其是重大国际灾难新闻,其首发稿都非常短,往往只有一句话,类似于一条新闻的导语,只简单交代一下主要新闻事实。大部分的事实和细节,是在后续报道中逐渐补充和增加的。这当然仍是为了满足新闻时效性的要求和新闻竞争的需要。

第四节　以人为本——灾难新闻的人文关怀

灾难新闻之所以引人关注,是因为灾难新闻中往往涉及人、人的生命和人的活动。人是灾难报道的核心和重点。在灾难中,最容易受到伤害的是老人、儿童和妇女等弱势群体,对于这些群体,媒体给予了极大的关注。综观中外关于重大灾难新闻的报道,我们都可以在其中发现一些关于灾难中的人的故事,他们的遭遇和经历,以及他们在灾难中逃生或者互相帮助的故事，总是最能打动人心。国际新闻编辑碰到这样的英文稿件时一定不要放过，要充分利用原稿，编译出感动人心的报道来。在以下编译实例中，编辑就在配合伊朗地震报道的两篇英文稿中，找出了人情趣味，并将其放大，编译成了一篇打动人心的汉语新闻稿。

例 6 2005 年 2 月 22 日伊朗南部克尔曼省发生里氏 6.4 级地震。伊朗国家电视台报道，该地震死亡人数超过 600 人，有 900 多人受伤，受灾人数达 3 万多人。由于地震发生在当地时间凌晨，还在睡梦中的人们被山崩地裂般的地震惊醒，无数房屋在一瞬间轰然倒坍，许多人卒不及防就死于梦中。地震灾区的救援工作随后全面展开，为了帮助地震中的儿童，伊朗红新月会的救援人员在地震灾区建立了心理救助站，路透社和法新社的记者都对这一新闻进行了报道。以下是路透社和法新社记者采写的英语新闻稿，以及新华社编辑综合这两篇原稿编译出来的汉语新闻稿。

英文原稿一：

Iranian Children Paint Memories of Quake Disaster

By Parisa Hafezi, Reuters | 24 Feb, 2005

DAHOUYEH, Iran — Eight-year-old Mohammad is covered in paint. It's in his hair, on his face and all over his hands. Concentrating carefully, he applies another splodge to the brown and black creation he is painting.

"It's a drawing of my father under the rubble," he said.

Aid workers in southeastern Iran, using experience gained in the Bam earthquake 14 months ago, want children affected by Tuesday's quake to release painful memories through play.

The tremor, with a 6.4 magnitude, levelled several mountain villages in an area around the town of Zarand, 700 km (440 miles) from Tehran, killing at least 549 people.

Officials say the death toll will rise as more bodies are uncovered. Some say the number of dead could eventually double.

On the outskirts of Dahouyeh village, 20 km (12.5 miles) from Zarand, the Iranian Red Crescent has been running what it calls a psycho-social camp for local children since Wednesday.

Inside the collection of five tents dozens of young children were busily painting with their hands.

"We call these tents 'love tents' because here we teach the children to love again," said Mohammad Salashour, a Red Crescent worker who set up a similar project after the Bam earthquake.

"After such disasters children are ashamed to play. This has a negative impact on them so we let them play here," said Mohammad Reza Samsami, one of 20 psychologists and doctors working at the special camp.

LESSONS FROM BAM

Anxious parents, many inadequately dressed for the cold wind whipping through the tents after losing all but what they were wearing, looked on.

"All our relatives, including my husband, died," said Zahra Arabpour, 45, whose three children aged four, seven and nine had joined the painting group.

"I want my kids to be happy. They're all I have left," she said.

Hamed Farsad, head of the project, said children were given a small gift such as a pen or toy on arriving and then encouraged to draw what they remember of the quake.

"We give them finger paints because we want them to use their hands. That way they can express their real feelings," he said.

Stephane Donduelle, Red Cross programme coordinator for Bam, said Iran had learned many lessons from the December 2003 tremor just 250 km (155 miles) from Zarand in which 31,000 people died. "Yesterday, already 85 percent of the victims had received shelter and it seems the first needs are now covered," he said.

He said 15,000 tents, 50,000 blankets as well as kerosene heaters, generators, a mobile clinic, food and water had made it to the affected area.

英文原稿二:

Children among Iran Quake Survivors May Be Warm and Fed, But Nightmares Loom

By Siavosh Ghazi, AFP | February 24, 2005

Dahuyeh, Iran — "Why are people dying?" little Mohammad Hossein asks his father as the people of the remote mountain village of Dahuyeh struggle to cope with seeing loved ones killed and their homes turned to rubble after another huge quake struck Iran.

Two days after the quake left some 500 people dead in this region of southeast Iran, the survivors in Dahuyeh seemed Thursday to have all the material aid they needed, but helping with the eventual nightmares will be harder.

Particularly vulnerable are the children, such as seven-year-old Mohammad.

The Iranian Red Crescent sent 20 counselors to this village of a few hundred residents. Little is left of it, except the dome and gilded minarets of the mosque, where worshippers were buried alive in the pre-down quake.

Mohammad Hossein's father, Mehdi, takes him into a tent where a couple of dozen children, from toddlers to teenagers, are painting pictures. Houses on the mountainside, some brightly coloured, others sombre. All with parents, some still living, other dead.

Mehdi Mahdavi lost 13 members of his extended family in the quake, which struck Kerman province on Tuesday and which registered 6.4 on the open-ended Richter scale.

He and other survivors from his family have been given a tent, blankets and food.

Now all he thinks about are his own two children and the two children of his brother, another survivor whom he also brought along.

"Mohammad Hossein is the most disturbed" by what happened. "At the beginning, as bodies were being dug from the rubble, he asked: 'Why are people dying one after another? What is God punishing us for?'"

"I didn't know what to tell him. And you can't hide the bodies."

One of the psychologists, Hamid Afshar, said Mohammad Hossein "is among the most vulnerable, the children, along with women and the elderly."

"They're now in a state of shock, of acute stress. They don't grasp what is happening. They will go through a phase of denial for about a month, then will become conscious (of what has happened) and go into crisis."

"It is so that we can single out the most affected that we get them to write and to paint. It's a way of getting rid of the stress."

Afshar said his team acted rapidly this time around, having learnt from the earthquake that struck the city of Bam, 200 kilometers (120 miles) further south, in December 2003, killing some 30,000 people.

Some homes have been damaged or destroyed in Zarand district around the epicenter of the quake, which left thousand homeless as temperatures dropped below freezing and rain and snow fell, hampering rescue efforts.

For Abbas Arabpour, this week's quake was a double blow.

He lost two of his daughters in Bam, where they had gone to work, "And now we are struck again."

"But my remaining five children survived this time" and are in need of help, which he said there is no shortage of.

Mohammad Ali Karimi, governor of Kerman province, where the disaster struck, said he was satisfied with the distribution of emergency aid despite a number of protests Wednesday by residents to highlight a lack of tents, blankets and food.

"Up to now about 9,400 tents, 60,000 blankets and a large quantity of basic supplies have been distributed," he said. "The distribution will be quicker once the weather improves."

Stephane Donduelle of the International Federation of Red Cross and Red Crescent Societies agreed that the local Red Crescent had "reacted very well" to the latest killer quake.

原稿分析:

这两篇英文原稿报道的都是伊朗红新月会对受地震影响的儿童的心理救助。具体说来,就是伊朗红新月会在地震灾区设立了"爱心帐篷",在这些帐篷里,心理医生帮助儿童通过绘画的方式来缓解心理压力,走出地震的阴影。路透社和法新社的记者在报道这一新闻事实时,都没有直接以一个概括性的、交代主要新闻事实的导语开头,而是不约而同地选择了一个延缓性的导语,即轶事性导语开头。两篇英文原稿开头选择的两个儿童以及他们所描绘的地震图画,都给人以强烈的震撼,让人读起来不禁潸然泪下。通过这两个有冲击力的开头,记者自然而然地将新闻的主体引到了主要新闻事实上。自然的过渡,让读者不仅读起来没有丝毫的枯燥感,而且很好地接受和理解了新闻事实。在两篇英文原稿中,2 月 22 日的地震都是作为稿件的背景来处理的。尽管这两篇英文原稿所报道的内容只是伊朗地震救援工作中的一个侧面,但其带给受众的冲击力,却一点不亚于关于整个地震的报道,这充分说明好的人情趣味故事对于灾难报道的重要性。

汉语编译稿：

伊朗地震灾区儿童以绘画方式走出灾难阴影

2005年2月25日

伊朗地震灾区儿童在心理医生指导下作画

不少伊朗儿童虽然在几天前发生的地震中幸免于难，但地震给他们幼小心灵带来的伤害却一时难以消除。为了治疗灾区儿童的心理创伤，救援人员设立了一顶顶“爱心帐篷”，用绘画等方式让他们走出灾难的阴影。

头发、脸上和双手都沾满了颜料，一个8岁的伊朗小男孩正在专心致志地画画。“我画的是埋在瓦砾下的爸爸。”他对着一幅由褐色和黑色构成的画面说。

设立“爱心帐篷”

伊朗红新月会的救援人员在地震灾区的一个村庄建立了一个名为“社会-心理营地”的救助站。在营地的5顶帐篷内，几十个小孩子正在忙着绘画。他们在画中描绘出一座座山脚下的房子，有的颜色明亮，有的颜色灰暗；房子里有他们的父母，有的还活着，有的已经死了。

“我们把这些帐篷称为‘爱心帐篷’，在这里，我们教会孩子们再次去爱。”伊朗红新月会的救援人员萨拉肖尔说。他在巴姆大地震后，也设立过这样的帐篷。

“在这样的灾难发生后，孩子们都不敢做游戏了。这对他们会有消极影响，所以我们让他们在这儿玩。”在这个营地工作的萨姆萨米说。同他一起工作的还有约20名心理医生。

这次绘画活动的组织者法萨德说，走进帐篷的小孩都可以得到玩具，接着心理医生们会鼓励他们画下地震留给他们的印象。“我们给他们颜料，因为我们想要他们锻炼双手，他们也可以通过这种方式表达自己的真实感情。”

45岁的伊朗妇女阿拉普尔的3个孩子都加入了绘画的行列，这些孩子的年龄分别是4岁、7岁和9岁。“我所有的亲戚，包括我的丈夫，都死了。”阿拉普尔说，“我要让我的孩子们高兴，他们是我的全部。”

减轻心理压力

地震给灾区的儿童带来了巨大的心理创伤,面对变成废墟的家园和一具具被抬出的尸体,很多孩子一时难以承受,7岁的侯赛因就是其中之一。于是,他的父亲马赫达维把他带到“爱心帐篷”接受心理治疗。

马赫达维的家庭在地震中失去了13名成员,他的儿子被惊吓得最厉害。地震刚结束时,当人们从废墟下挖出尸体时,他问道:“人们为什么一个接一个死去?上天为什么这样惩罚我们?”“我不知道该告诉他什么,而且你也藏不住尸体。”马赫达维说。

“爱心帐篷”的心理医生阿夫沙尔说,地震过后,除了老人和妇女之外,儿童最容易受到伤害,侯赛因正是其中之一。“他们被地震吓呆了,现在还没有缓过来,他们不能理解目前发生的事情。在大概一个月的时间里,他们都不会相信这是真的,之后才会渐渐清楚这一切。因此我们把心理创伤最严重的孩子挑出来,让他们写写画画,这是一种减轻心理压力的方式。”

搜救工作结束

救援人员于24日结束了在废墟中搜寻幸存者和遇难者遗体的工作。克尔曼省省长卡里米的发言人科姆萨里24日晚说,目前统计的遇难者人数为549名,但最终的死亡数字可能会更高。

地震发生后,救援工作最初遇到了一些困难。由于天气寒冷,雨雪交加,道路阻断,紧急救援物资没能及时发放到灾民手中。卡里米说,经过救援人员的努力,目前所有灾区都已收到基本生活保障品,大部分灾区已经恢复水电供应和电话通讯。(来源:《新民晚报》)

编译稿点评:

汉语编译稿充分吸取了英文原稿的精华,将两篇原稿合二为一。在开头部分概括总结主要新闻事实后,编译稿采用了轶事型的导语,使用路透社记者稿件中小男孩的故事来引出新闻主体。主体部分用小标题分成三个部分叙述:前两个部分分别讲了设立“爱心帐篷”的原因,以及绘画宣泄情感的心理依据,第三部分则把地震以及地震的救援情况作为新闻的事实背景来处理,交代了地震救援的最新进展。英文原稿中其他感人的小故事以及相关人员引语,都穿插在了编译稿的不同地方。这篇汉语编译稿既抓住了英文原稿中的闪光点,又对英文原稿进行了梳理,是一篇难得一见的好稿。

> 对于灾难中人的报道,从根本上说,体现的是灾难新闻报道“以人为本”的特点。不管是中国的还是西方的灾难新闻报道,都非常注意“以人为本”。所谓“以人为本”,其核心问题是对人的尊重,对人的关怀、关照、关注,对人的价值、人的潜能的肯定。灾难本身是对人性的摧毁,对灾难的报道应该有人文关怀。对于那些灾难中人的活动和表现的内容,尤其那些体现“人文关怀”的内容,记者和编辑要善于捕捉和运用,使新闻稿体现出人性的光辉来。

复习思考题:

1. 灾难新闻有哪些要素?请从近期媒体的报道中各找到一则英语灾难新闻和一则汉语

灾难新闻,并分析这两则灾难新闻是否交代清楚了灾难新闻的要素。

2. 请分析所找的中英文灾难新闻稿中各要素的排列顺序。中英文灾难新闻稿件在排列各要素时有什么异同?

3. 灾难新闻通常采用什么样的结构?中西方的“倒金字塔结构”有哪些不同?

4. 在灾难新闻的英-汉编译中,标题、导语、正文部分,分别需要注意什么?

5. 什么是视觉新闻?它有什么特点?如何编译出好的视觉新闻来?

6. 灾难新闻如何体现“以人为本“?

第三章　国际政治新闻

重大国际政治新闻的重要性不言而喻,它们不仅仅可以成为某个时期国际新闻报道的重头戏,某些特别重大的国际政治新闻甚至会影响和改变世界格局。例如从 2001 年的“9·11”事件起,恐怖主义成为危害世界各国和平与稳定的一个巨大威胁,反恐也逐渐成为世界各国的一个重要课题和国际政治生活中的一个重要方面。2015 年巴黎遇袭,ISIS 对文明世界的攻击,都能追溯到“9·11 事件”。

在我国的国际新闻报道中,关于国际政治的内容非常丰富。在日常的国际新闻编译工作中,国际政治新闻的编译占据了最主要的部分。国际政治新闻中的政治事件,有许多是发生在一个国家内部的事件,但一个国家内部的事件,往往会影响到周边的国家甚至整个世界的局势。可以说,报道好发生在世界各国的政治事件,也就基本报道了当今的整个世界。

第一节　国际政治新闻的分类与结构

一、政治新闻的分类

政治新闻按照其发生状态的不同,大致可以分为以下两大类:

1.突发性政治新闻

突发性政治新闻指的是突然发生的、事先没有预料到的国际政治事件。这些事件的发生虽然有其必然的原因,但事件本身的发生却具有偶然性。这些国际政治事件,由于其突然性,必然会在短时间,有时甚至会在长时间内影响一个国家、一个地区乃至整个世界的局势。突发性国际政治事件比较常见的有以下一些类型:

(1)战争、冲突;

(2)政变、倒戈、动乱;

(3)领导人遇刺、政要被暗杀;

(4)爆炸、恐怖事件;

(5)反政府集会、游行或政治行动等。

2.日常性政治新闻

日常性政治新闻是国际新闻报道的主体。“世界上比较有影响的新闻媒体对政治新闻(日常性的政治新闻)的报道非常重视,路透社、美联社、法新社和新华社这样一些世界性大通讯社尤其如此。政治新闻在通讯社和报纸的发稿量中占的比例很大,如果将同政治有联系的其他新闻都计算在内,这类新闻通常要达到各类媒体发稿量的一半左右。”①

国际政治新闻中的大部分事件是按照既定的轨道以及一定的时间表发生的。这些事件的发生虽然是可以预见的,甚至是计划安排好的,但是这些事件的结果往往又具有一定的不确定性,这就构成这些国际政治事件的报道价值。日常性政治新闻比较常见的有以下几种:

(1)选举(包括国家首脑和政府领导人的变更、新政府组成等);

(2)立法、政策发布等;

(3)政府的改革和各项措施;

(4)政治性谈判或会议(包括国内会议、国际政治会议等);

(5)领导人出访来访等外事活动;

(6)国际组织和地区性组织的活动;

(7)国家和政府间的磋商。

突发性国际政治新闻和日常性政治新闻虽然都属于国际政治新闻的报道领域,但由于其不同的特点,在报道方式上也存在一些差异。对于日常性国际政治新闻,因为往往都是事先知道新闻发生的时间和地点,所以各媒体在报道前通常会有一个大致的策划,安排一些重点稿件;而突发性国际政治新闻,由于事件的发生往往是不确定的,所以在事件发生后,最重要的是在第一时间把事件报道出去,因此突发性国际政治新闻报道的前期重点是争抢时效,后期的报道也要注意加强策划性,使报道的内容更为全面和系统。

二、政治新闻的结构

国际政治新闻,根据新闻报道体裁的不同,会使用不同的结构形式。国际政治新闻常用的结构有以下几种:

1.倒金字塔结构

“倒金字塔结构”是新闻写作的基本结构,国际政治新闻中经常使用这种结构形式,尤其是动态消息,基本都是采用“倒金字塔结构”写作的。不管是突发性政治新闻,还是日常性政治新闻,当我们需要以最快的速度报道事件的最新进展时,几乎都使用这种新闻结构形式。在运用“倒金字塔结构”时要注意中西方在内容重要性上的判断不同。

2.时间结构

时间结构也经常被运用在国际政治新闻的报道中。时间结构适用于过程完整、故事性比较强的新闻,国际政治新闻中有很多新闻都符合这样的特征,所以我们经常会见到用时间结构写作的国际政治新闻,比如一些详细叙述新闻发生发展过程的消息,一些按时间顺序梳理事件进展的新闻综述稿等。

3.逻辑结构

逻辑结构最常用在新闻综述稿中。其实时间结构也是逻辑结构的一种,而逻辑结构除了时间结构外,空间结构、因果结构等也是常见的逻辑结构的形式。用逻辑结构写成的新闻稿,尤其容易为中国的读者所理解和接受,所以在英-汉国际新闻编译中被广泛运用。

---

① 马胜荣、薛群:《描述世界——国际新闻采访与写作》,新华出版社 2004 年版,第 54 页。

三、政治新闻编译的原则

1.注意体现我方的政治立场

来自外国媒体的英语新闻原稿是由外国记者采写的,在价值判断和对新闻事件的立场上,有时候会和我们的政治立场不一致。出现这种情况时,编译稿的编辑要有政治敏感性,要能敏锐地捕捉到这些与我们政治立场不一致的信息,并对其做出适当处理,使编译后的新闻稿体现出我方的政治立场,而不是被外国记者牵着鼻子走,充当别人的传声筒。

2.汉语编译稿的概括性要比较强

一般来说,国内受众对国际新闻虽然有需求,但毕竟是发生在别国的新闻,国内受众的信息需求度也没有那么高,因此,对于大部分的国际新闻,我们在编译报道时是以概括报道为主的,这就要求编辑编译出来的汉语编译稿概括性要强一点。编辑在进行国际新闻编译时,通常面对的国外媒体的英语新闻稿比较长,有非常多的细节,编辑要懂得删繁就简,提炼出主要的新闻事实内核来。

总之,国际政治新闻的编译是国际新闻编译的重头戏,做好国际政治新闻的编译是对国际新闻编辑的基本要求。由于国际政治新闻的涵盖面非常广,要做好各类国际政治新闻的编译并非易事。不过,国际政治新闻的编译也有一定的规律可循。同灾难新闻的报道一样,不同类型的国际政治新闻编译也有一些需要交代清楚的要素,让我们从以下编译实例中来总结不同类型国际政治新闻的要素与编译要点。

第二节　突发性国际政治新闻的编译

突发性的政治新闻与前一章所讲的灾难新闻都是新闻中的“硬通货”,在西方新闻的分类中属于“breaking news”,也就是硬新闻、突发新闻。突发新闻是最符合新闻本义的新闻品种,它几乎具备了新闻价值的所有要素,如突发性、异常性、重要性、显著性、接近性、人情味、负面影响等等。因为对突发性新闻事件的报道最能体现媒体的实力,所以突发新闻,尤其是重大的国际政治突发新闻,是国内外各大媒体竞争和抢占的制高点,是突发性新闻事件报道的重中之重。

一、突发新闻的分类

突发新闻是对突发事件的报道。对于突发事件,目前还没有一个统一的定义。根据我国《国家突发公共事件总体应急预案》的定义,突发公共事件,是指超越常规的,突然发生;造成或者可能造成重大人员伤亡、重大财产损失、重大生态环境破坏;影响或者威胁全国经济社会稳定和政治安定,有重大社会危害,需要政府立即处置的危险、紧急事件。根据突发公共事件的发生过程、性质和机理,突发公共事件主要分为以下四类:

1.自然灾害

这主要包括水旱灾害、气象灾害、地震灾害、地质灾害、海洋灾害、生物灾害和森林草原火灾等。

2.事故灾难

这主要包括工矿商贸等企业的各类安全事故、交通运输事故、公共设施和设备事故、环境污染和生态破坏事件等。

3.公共卫生事件

这主要包括传染病疫情、群体性不明原因疾病、食品安全和职业危害、动物疫情，以及其他严重影响公众健康和生命安全的事件。

4.社会安全事件

这主要包括恐怖袭击事件、经济安全事件和涉外突发事件等。

在以上四类突发事件中，对于前三类的报道属于灾难新闻报道的领域，而对最后一类突发事件的报道则属于政治新闻报道的领域。

二、突发新闻的特点

从新闻价值要素来分析，突发新闻具有以下一些特点。

1.突发新闻具有突发性，时效性极强

突发新闻的特点就在“突”字上，突如其来，不可预料。突发新闻都是在事先无法预料的情况下意外发生的。虽然有些突发新闻事先有伏笔，如自然灾害与环境的恶化有关，而突发政治事件是某一长期政治斗争的后果，但这些伏笔往往被人们忽视，所以当突发事件发生时，仍然让人们感到震惊和恐慌。正因为突发事件的发生是事先无法预料的，所以对于突发新闻的报道最能体现出媒体的快速反应能力和媒体的竞争力。在重大突发新闻发生时，哪一家媒体最先报道这一新闻，哪家媒体就能占有报道的先机，就能吸引更多的受众，并掌握舆论引导的主动权。所以，对于突发新闻的竞争，首当其冲的就是对新闻时效性的竞争。在目前新闻来源渠道增多、传播手段越来越先进、传播速度日益加速、新闻竞争日趋激烈的情况下，媒体要想满足读者需要，掌握舆论的引导权，对突发事件的采写、编发都必须强调“第一时间”。现在，世界主流媒体，尤其是美联社、路透社、法新社以及我国的新华社等世界几大国际通讯社，对于国际上重大的突发新闻时效性的竞争，已经精确到以“秒”来计算了。要想提高我国媒体在世界上的竞争力，我们必须在新闻的时效性上积极拼抢。

当然，在拼抢突发新闻时效性的同时，也要正确处理突发事件报道时效性与准确性的关系。讲时效性不能以牺牲准确性为代价。在突发事件的报道中，只讲快速反应而忽略客观准确，就会误导受众，影响媒体公信力。为抢先而抢先，单凭道听途说或偏听偏信，很难保证不出问题，所以应该坚决反对和杜绝。

在突发新闻的报道中，我们要坚持时效性与准确性的统一。

2.突发新闻具有继发性，影响长远

很多突发事件虽然发生在瞬间，但持续进展，影响长远，显示出继发性。为了满足受众的知情权，也为了在新闻竞争中取胜，新闻媒体往往在突发事件一发生就立即进行报道，而不是等到事件完结以后才报道。而突发事件的成因、新闻价值和社会影响等，往往在事件发生时还不清楚或者明显，而是随着事件的发展变得更加清晰，因此需要媒体进行追踪式报道，这样就产生了对于突发事件进行连续报道的需要。可以说，如果某一突发事件是引人关注的，那么这一事件如何发展，朝着什么样的方向发展，直至会产生什么样的结果，都必然牵动人心，对此进行连续报道是非常必要的。只报道突发事件而不报道其后续发展，不仅是对新闻资源的浪费，也是对社会和受众不负责任。所以，在突发事件的报道中，必须做好突发事件的首发报道与继发报道。

在灾难新闻的报道中，我们既要立刻报道灾难的发生，也要在后续报道中随时更新死伤人数、赈灾情况、社会救助以及灾难的原因和影响等。而在突发性政治新闻的报道中，我们除了要在首发新闻报道中及时报道突发政治事件外，更要在后续报道中及时报道事件引起的反应和局势变化，事件带来的影响，以及对事件的调查和事件的原因及教训等，从而把报道不断推向深入。

3.突发新闻重要性强，受关注程度高

突发新闻集中体现了新闻是“事实的非常规变动”这一本质特征，而突发新闻的异常性又决定了其受关注的程度非常高。灾难性突发新闻涉及的死伤人数比较多，自然会受到受众的高度关注。而一些政治性突发新闻，尤其是政要遇刺类的国际新闻，由于会对一个国家乃至一个地区或者整个世界的政治格局产生重大影响，所以重要性和显著性非常突出。例如，2005 年 2 月 14 日，黎巴嫩前总理哈里里遇刺身亡，举世震惊。这一事件不仅影响了黎巴嫩国内局势，还影响了黎巴嫩和叙利亚的关系，以及美叙关系乃至整个中东的局势。世界各国的领导人以及联合国都对这一事件表示出严重关切，这体现出突发新闻的极高的受关注程度。

4.突发新闻往往涉及人的生命，影响面广

在突发事件特别是灾难事件中，有大量的人员伤亡，凡是涉及人生命的新闻，总是会引起人们的特别注意。在灾难新闻的报道中，不仅有死伤人数的报道与随时更新，还有人们在灾难面前互助帮助、共同抗灾的故事以及医护人员和救灾人员救死扶伤的事迹，有时甚至还有歹徒趁火打劫的恶劣事件。不管是好事还是坏事，都体现出人情冷暖，很容易引起受众的关注和共鸣，这些都增强了灾难新闻的可读性。对于政治性的突发事件，通常也会有人卷进去，不管他们是一些政要，还是民众，他们在突发事件中的表现和行为、态度和意见，都是受众关注的焦点，毕竟卷入突发事件并不是一件平常的事。所以，突发事件中的人，为突发事件增添了不少人情趣味。

综上所述，突发性的政治事件是突发新闻报道的重头戏。在突发性政治新闻的编译工作中，我们要根据突发新闻的特点，采用多种编译手法，做好突发性政治新闻的编译工作。

三、突发性政治新闻的编译

突发性政治新闻和灾难新闻都属于突发性新闻，两者具有很多共性，所以在编译时，两者也可以采用相似的处理方法，如争抢首发新闻、注重后续报道等。

突发新闻是媒体竞争的重点，突发性政治新闻更是媒体集中力量拼抢的焦点，所以这类新闻发生后，新闻媒体通常都会立刻组织报道队伍，或派出机动力量，赶赴新闻发生地进行报道。在一些新闻热点地区，各大媒体一般都有常驻新闻记者、摄影摄像记者等工作人员。重大突发新闻发生后，各大媒体一般都采用自己记者采写的稿件，采用编译稿的比较少。不过，有时新闻媒体在新闻事发地没有常驻记者或者无法立刻赶赴新闻发生地，为了抢时效，偶尔也会采用编译外国通讯社稿件的方法来提高新闻报道的时效性。在重大突发性国际新闻发生时，新闻媒体甚至可以一边采用一句话新闻的方式，随时报道新闻事件的最新进展，一边组织力量进行详细报道。请看下列新华社关于巴基斯坦前总理贝·布托遇刺的编译报道。

例 1　2007 年 12 月 27 日，巴基斯坦人民党领袖、前总理贝·布托在一次竞选集会上遇刺身亡。该消息传出，举世震惊。世界各大媒体都对此进行了报道，让我们先来看美联社记者的英文新闻稿。

英文原稿一：

About 20 Killed in Blast after Bhutto Rally

Thursday, December 27, 2007

(**AP**) — An explosion went off shortly after Pakistani opposition leader Benazir Bhutto addressed a political rally in the garrison city of Rawalpindi, killing at least 20 people, witnesses said.

An Associated Press reporter at the scene could see body parts and flesh scattered at the back gate of the Liaqat Bagh park where Bhutto had spoken. He counted about 20 bodies, including police, and could see many other wounded people.

美联社记者的英文稿非常短，只交代了主要新闻事实以及记者在现场看到的大致情况，这是记者为争抢时效而快速发出的新闻稿。对这种稿子，新华社编辑采用一句话新闻的方式进行了编译报道。以下是新华社编辑的汉语新闻稿：

汉语编译稿一：

快讯：巴前总理贝·布托竞选演讲现场附近发生爆炸

2007 年 12 月 27 日

据美联社报道，巴基斯坦前总理贝·布托 27 日在拉瓦尔品第举行的竞选集会上发表演讲后不久，集会现场附近即发生爆炸，目前已造成至少 20 人丧生。（来源：新华网，略有修改）

由于发稿时该事件仍然处在发展之中，大家非常关注贝·布托是否在袭击中受伤或者死亡，所以前方的记者和后方的编辑都在密切关注事态的进展，并随时准备报道最新情况。贝·布托是否死亡，是这个行刺事件最关键之处，所以媒体的后续报道都围绕这一点进行。请看下面美联社的后续报道英文原稿和新华社编辑的后续报道编译稿。

英文原稿二：

Bhutto Seriously Injured by Suicide Bomb

Thursday, December 27, 2007

RAWALPINDI, Pakistan (**AP**)—Opposition leader Benazir Bhutto was seriously injured and was undergoing surgery Thursday after she was wounded in a suicide attack that killed at least 20 other people, a party aide said.

Safdar Abbasi said Bhutto was hit in the bomb blast.

"BB is serious and she is in the operating theater," he told The Associated Press. Other top leaders of Bhutto's party were at the Rawalpindi General Hospital, crying.

汉语编译稿二：

快讯：贝·布托在竞选集会上遭到袭击受伤

2007 年 12 月 27 日

据美联社报道，巴基斯坦前总理贝·布托领导的人民党的一名官员 27 日说，贝·布托当日在拉瓦尔品第市举行的竞选集会上遭到自杀性袭击受伤，现正在医院接受治疗。（来源：新华网，略有修改）

英文原稿三：

Benazir Bhutto, Pakistani Opposition Leader, Killed in Suicide Attack

Thursday, December 27, 2007

RAWALPINDI, Pakistan (AP)— The Pakistani opposition leader Benazir Bhutto died Thursday from her injuries sustained in a suicide attack, a party aide said.

"At 6 : 16 p.m. she expired," said Wasif Ali Khan, a member of Bhutto's party who was at Rawalpindi General Hospital.

A senior military official, who spoke on condition of anonymity because he was not authorized to comment, confirmed that Bhutto had died.

Her supporters at the hospital began chanting "Dog, Musharraf, dog," referring to Pakistan's president, Pervez Musharraf.

Some of them smashed the glass door at the main entrance of the emergency unit, others burst into tears.

The suicide bomber struck shortly Bhutto addressed a political rally in this garrison city on Thursday, killing at least 20 people, witnesses said.

An Associated Press reporter at the scene could see body parts and flesh scattered at the back gate of the Liaqat Bagh park where Bhutto had spoken. He counted about 20 bodies, including police, and could see many other wounded people.

A police official, Abdul Karim, said Bhutto had already left the area in her vehicle when the blast went off, just minutes after her speech to thousands of supporters, part of her campaign for Jan. 8 parliamentary elections.

Another police official, Saud Aziz, said it was a suicide attack.

Police cordoned off the street with white and red tape, and rescue workers rushed to put victims in ambulances as people wailed nearby.

Body parts, pieces of clothing and party banners scattered on the street. The clothing of some of the victims was shredded and people put party flags over their bodies. Police caps and shoes littered the asphalt.

It was the second suicide attack apparently targeting the former prime minister in two months.

Her homecoming parade in southern city of Karachi from an eight-year exile on Oct. 18 was also targeted, killing more than 140 people.

On Thursday, hundreds of riot police had manned security checkpoints to guard the venue. It was Bhutto's first public meeting in Rawalpindi since she came back to the country.

In recent weeks, suicide bombers have repeatedly targeted security forces in Rawalpindi, a city near the capital where Musharraf stays and the Pakistan army has its headquarters.

Earlier Thursday, pro-government party supporters clashed with backers of opposition leader Nawaz Sharif a few kilometers from Rawalpindi, killing four people and wounding three.

汉语编译稿三：

快讯：巴前总理贝·布托遭袭击身亡

2007年12月27日

据美联社报道，巴基斯坦人民党27日证实，该党领袖、巴前总理贝·布托当日在拉瓦尔品第市举行的竞选集会上遭自杀性袭击，于当晚6：16分在拉瓦尔品第医院不治身亡。（来源：新华网，有修改）

编译稿点评：

贝·布托遇刺，消息本身十分重要，因此，不管是前方记者的电讯稿，还是后方编辑的编译稿，都应以最快的速度把消息报道出去。新华社的中文编译稿紧紧跟踪事件的最新进展，以快讯（一句话新闻）的形式非常好地解决了新闻的时效性问题。

刚才我们所看到的关于贝·布托遇刺的新闻，不管是英文原稿还是中文编译稿，都是以快讯和短消息为主。这些报道因为要争抢时效，都只报道了最重要的新闻事实和事件的最新进展，忽略了很多细节性的内容。对这样一条重要新闻，受众的信息需求显然要远远大于以上报道所能提供的，因此，对于这样的新闻，媒体还必须适时推出更为详细、细节也更为丰富的报道。

事件发生后，美联社记者在前方报道最新进展，后方的编辑部也组织力量，准备刊发详细报道。贝·布托被确定死亡后不久，美联社的详细报道就播发出来了。国内的媒体也同样在组织编译力量对消息进行详细报道。以下是美联社和国内的《新闻晨报》对于这一事件的详细报道。

英文原稿四：

Pakistan's Bhutto Assassinated at Rally

By SADAQAT JAN and ZARAR KHAN, Associated Press Writers

Thursday, December 27, 2007

Pakistan opposition leader Benazir Bhutto was assassinated Thursday in a suicide attack that also killed at least 20 others at the end of a campaign rally, aides said.

The death of the 54-year-old charismatic former prime minister threw the campaign for the Jan.8 election into chaos and created fears of mass protests and an eruption of violence across the volatile south Asian nation.

The attacker struck just minutes after Bhutto addressed a rally of thousands of supporters in the garrison city of Rawalpindi, 8 miles south of Islamabad. She was shot in the neck and chest by the attacker, who then blew himself up, said, Rehman Malik, Bhutto's security adviser.

At least 20 others were killed in the attack.

Bhutto was rushed to the hospital and taken into emergency surgery.

"At 6 : 16 p.m. she expired," said Wasif Ali Khan, a member of Bhutto's party who was at Rawalpindi General Hospital.

"The surgeons confirmed that she has been martyred," Bhutto's lawyer Babar Awan said.

Bhutto's supporters at the hospital exploded in anger, smashing the glass door at the main entrance of the emergency unit. Others burst into tears. One man with a flag of Bhutto's Pakistan People's Party tied around his head was beating his chest.

Some at the hospital began chanting, "Killer, Killer, Musharraf," referring to Pakistani President Pervez Musharraf, Bhutto's main political opponent. A few began stoning cars outside.

"We repeatedly informed the government to provide her proper security and appropriate equipment including jammers, but they paid no heed to our requests," Malik said.

Nawaz Sharif, another former premier and opposition leader, arrived at the hospital and sat silently next to Bhutto's body. Earlier on Thursday, four people were killed at a rally for Sharif when his supporters clashed with backers of Musharraf near Rawalpindi.

In Washington, the State Department said it was seeking confirmation of Bhutto's condition.

"Certainly, we condemn the attack on this rally," deputy spokesman Tom Casey said. "It demonstrates that there are still those in Pakistan who want to subvert reconciliation and efforts to advance democracy."

The United States has for months been encouraging Musharraf to reach an accommodation with the opposition, particularly Bhutto, who was seen as having a wide base of support in Pakistan. Her party had been widely expected to do well in parliamentary elections set for next month.

Bhutto served twice as Pakistan's prime minister between 1988 and 1996. She had returned to Pakistan from an eight-year exile on Oct.18. On the same day, her homecoming parade in Karachi was also targeted by a suicide attacker, killing more than 140 people. On that occasion she narrowly escaped injury.

At the scene of the bombing, an Associated Press reporter saw body parts and flesh scattered at the back gate of the Liaqat Bagh park where Bhutto had spoken. He counted about 20 bodies, including police, and could see many other wounded people.

Party supporter Chaudry Mohammed Nazir said that two gunshots rang out when Bhutto's vehicle pulled into the main street and then there was a big blast next to her car.

Police cordoned off the street with white and red tape, and rescue workers rushed to put victims in ambulances as people wailed nearby.

The clothing of some of the victims was shredded and people put party flags over their bodies. Police caps and shoes littered the asphalt.

Hundreds of riot police had manned security checkpoints to guard the venue. It was Bhutto's first public meeting in Rawalpindi since she came back to the country.

In November, Bhutto had also planned a rally in the city, but Musharraf forced her to cancel it, citing security fears.

In recent weeks, suicide bombers have repeatedly targeted security forces in Rawalpindi, a city near the capital where Musharraf stays and the Pakistan army has its headquarters.

汉语编译稿:

贝·布托,这一次没能逃脱噩运

2007 年 12 月 28 日

图为贝·布托与其丈夫阿西夫·扎尔达里

巴基斯坦前总理、反对派领袖贝娜齐尔·布托的助手 12 月 27 日表示,贝·布托当天下午在拉瓦尔品第参加竞选集会时遇刺身亡,自杀式爆炸同时造成现场至少 20 人死亡。

今年 10 月 19 日,贝·布托曾在针对自己的爆炸袭击中幸免于难,但这一次,她没能逃脱噩运。

颈胸近距离中枪,又被严重炸伤

为了备战明年 1 月 8 日的巴基斯坦议会选举,贝·布托 27 日在拉瓦尔品第里阿夸特公园向数千名支持者发表演说,呼吁民众投票支持人民党。该公园是当地举行政治集会和演讲的主要公共场所。

然而，结束演讲仅仅几分钟，这位54岁的巴基斯坦人民党领导人就遭到了致命袭击。

人民党安全顾问拉赫曼·马利克说，当时贝·布托正乘车离开集会现场，一名枪手近距离开枪击中了她的颈部和胸部，袭击者随后引爆了自己身上的炸弹。

人民党支持者乔德里·穆罕默德·纳齐尔说，贝·布托的汽车正要驶到会场边的一条大街上，他听到两声枪响，汽车旁随即发生巨大爆炸。

美国有线电视新闻网(CNN)也援引目击者的话说，刺客向贝·布托及其护卫连开数枪，在爆炸发生前，贝·布托的颈部和胸部至少分别中了一弹。

爆炸威力巨大，人民党工作人员和集会民众的鲜血洒满沥青路面，到处都是鞋子、衣物残片以及碎玻璃。巴基斯坦当地电视台的画面显示，救护车呼啸着在现场收治伤员。

奋力抢救35分钟，最终不治身亡

贝·布托遇袭后被迅速送往拉瓦尔品第总医院，但医生们奋力抢救35分钟仍无力回天。据医生透露，因枪击受重伤的贝·布托遭到了爆炸的二次打击，身上多处留有炸弹碎片。

“外科医生证实她(贝·布托)已经遇害。”贝·布托的律师巴巴尔·艾万表示。

“她(贝·布托)于(当地时间)下午6点16分去世。”人民党成员瓦西夫·阿里·汗在医院向外界宣布了贝·布托的死讯。

大量警察排成人墙，阻止愤怒的贝·布托支持者冲击医院。美联社记者在现场看到，一些人砸破了急救处的大门玻璃，更多的人失声痛哭。一名头系人民党党旗的男子边捶打胸口边哭喊：“他们杀死了我的姐妹！”

当地私营电视台报道说，除了贝·布托之外，爆炸至少还造成20人死亡。人民党官员法拉赫·伊斯帕哈尼表示：“现在还难以确定有多少人民党成员不幸遇难。”

贝·布托曾于1988年和1993年两度出任巴基斯坦总理，今年10月18日刚刚结束8年的海外流亡生活返回祖国。此后，她曾成为爆炸袭击的目标，并多次面临暗杀威胁。(来源：新闻晨报 记者吴志浩)

编译稿点评：

领导人遇刺，行刺者往往会事先进行周密策划，行刺过程本身也具有一定的戏剧性和刺激性，所以领导人遇刺的详细过程，通常是受众感兴趣的。戏剧性和故事性很强的内容，采用时间结构很容易组织。英文原稿虽然不是按照时间顺序写的，但中文编译稿却按照时间顺序梳理了英文原稿的新闻事实和细节，将重要的内容有条不紊地表达了出来，将贝·布托遇刺的过程刻画得非常详细，相对于原稿而言，也更易于阅读。

从这个例子我们可以看到，为了争取时效，对于突发性政治新闻，媒体可以采用先发快讯或简讯，随后再发出详细报道的方式处理，突发性国际政治新闻的编译也可采用同样的方式。

小结：

1. 政要遇刺类的突发性政治新闻，由于影响重大，编译时要注重拼抢时效，同时也要注意报道的准确性，对于遇刺的时间、地点、针对的政要，以及被刺者是否受伤、伤势如何，是否死亡，死亡的具体时间，要交代准确。如果有其他人员伤亡，也要在编译稿中交代一下。
2. 遇刺的具体过程，最好能够详细介绍一下，因为这部分内容往往最吸引人。
3. 如果有可能，要尽量交代制造刺杀事件的人或者组织。
4. 最好交代一下被刺政要的背景，尤其是其政治生涯中的敌人，因为这可能与其遇刺的原因有关。

当然，也不是所有的突发性政治新闻都重大到需要使用"快讯+详细报道"的方式处理，对于一些重要性相对较弱的突发性政治新闻的编译，可以采用"倒金字塔"体进行简明扼要的报道。

例 2 2007 年 3 月 19 日，美国驻阿富汗使馆车队在阿富汗首都喀布尔附近遭遇自杀性汽车炸弹袭击，以下是对这次事件的编译报道。

英文原稿：

Suicide Attack on US Embassy Convoy in Kabul

Agence France Presse | March 19, 2007

A suicide attacker drove an explosives-filled car into a US embassy convoy in the Afghan capital Kabul Monday, wounding some embassy staff and at least one child, officials said.

The attack on the road to the eastern city of Jalalabad was the first suicide bombing inside Kabul this year, after several deadly blasts last year blamed on Taliban insurgents.

"There was a vehicle-borne IED (improvised explosive device) that struck a US embassy convoy on Jalalabad Road," embassy spokesman Joe Mellot told AFP.

"There were some injuries, including one seriously injured who has been evacuated for treatment."

Ambassador Ronald Neumann was not in the convoy, he said.

An investigator at the scene and an eyewitness told AFP they had seen one child being taken to hospital by ambulance.

Foreign troops sealed off the road, often used by US troops travelling to the main US coalition base at Bagram outside the capital and also the route to various military bases on the outskirts of Kabul.

An AFP correspondent could see a vehicle in flames and a damaged bullet-proof, four-by-four vehicle of the type used by diplomatic missions and foreign forces in Afghanistan.

The NATO-led International Security Assistance Force (ISAF) confirmed there had been an explosion on the busy road but had no details. The US-led coalition had no information.

There have been nine suicide bombings in Afghanistan in the past week. The Taliban has vowed a wave of such blasts this year after nearly 140 last year killed about 200 civilians and scores of Afghan and foreign security officials.

汉语编译稿：

喀布尔发生针对美使馆车队的炸弹袭击

2007年3月19日

据法新社报道 美国驻阿富汗使馆车队3月19日在首都喀布尔受到自杀式汽车炸弹袭击，一些使馆官员和至少一名儿童在袭击中受伤。

驻喀布尔的美国使馆发言人乔·梅洛特说，一辆装有炸弹装置的汽车在通往阿富汗东部城市贾拉拉巴德的道路上袭击了使馆的车队，造成了一些使馆人员与随行守卫受伤，其中一人伤势严重。梅洛特还表示，驻阿富汗的美国大使罗纳德·纽曼当时不在车上。

一名现场目击者说看见一名儿童被救护车送往医院。

爆炸发生在当地一条东西方向的主干道上，北约领导的驻阿国际安全援助部队和美国为首的联军经常使用这条道路。爆炸现场已经被封锁，附近的记者看到现场有一辆冒着浓烟的汽车。

北约部队一名发言人表示，他已经知晓爆炸事件，但还未得到详细报告。

去年，阿富汗共发生了近140起爆炸，造成约200名平民和大量阿富汗和外国安全人员受伤。最近几个星期以来，塔利班发动的针对西方军队的袭击数量日渐增加，此前他们曾声称要在春季发动大规模的袭击攻势。（来源：新华网，有修改）

编译稿点评：

英文原稿比较短，采用"倒金字塔"体讲清了新闻事件的5个W与1个H，结构比较合理，底子不错。汉语编译稿基本遵循原稿的结构，交代清楚了新闻的基本事实。

> 小结：
> 1.爆炸和恐怖活动类的突发性政治新闻，在编译稿中需要交代清楚恐怖事件的时间、地点、针对的目标。
> 2.人员伤亡情况也要在编译稿中报道。
> 3.如果有可能，要尽量交代制造恐怖事件的组织或者人员。
> 4.最好交代一下恐怖事件的背景。

前面我们曾经提到，对于突发性国际政治新闻，在编译时新闻媒体除了要争抢时效，争取以最短的时间把消息传播出去外，对于重大新闻还要做好详细报道。

从事新闻编译工作的编辑大多数在新闻后方（编辑部）工作，虽然在抢时效、挖独家新闻和做现场报道方面同前方记者相比不具备优势，但是由于后方编辑除了有来自本媒体的材料外，还可以接触到其他媒体以及外国通讯社的材料，占有的媒体资源比前方记者丰富，所以相对于前方记者，更适合在详细报道或者深度报道上施展自己的才能。因此，配合前方记者的动态报道，做好突发性国际政治新闻的详细报道或者深度报道，是后方编辑的重要职责。

第三节 国际选举新闻编译

发生在世界各地的各种选举是日常性国际政治新闻报道的一个大的类别。选举类新闻占据了国际新闻的大量版面,尤其是到了世界各国选举比较集中的选举年时,有关选举的报道更是铺天盖地。例如,2008年就有俄罗斯、西班牙、意大利、韩国、巴基斯坦、日本、美国等世界主要大国进行了议会选举或者总统选举。可以说,“选举新闻在一个特定的国家和一个特定的时期是无穷无尽的,负责政治新闻报道的记者甚至可以整年以选举作为题材进行报道”。①

世界各国的选举有很大差别,报道的内容和方式也有很大的差异。

不管哪个国家,其选举都是一套程序复杂的系统工程,一两篇报道是难以完全说清楚的。不过,由于人们对不同国家的选举的信息需求是不同的,所以对于世界各国选举的报道也是各有不同。一般说来,对于那些有世界影响力的大国,比如美国、英国、法国、俄罗斯,由于其选举结果对世界形势的影响力较大,人们比较关心,对其信息需求也大,通常媒体报道得比较详尽,而对其他一些国家则报道得相对简略一些。由于目前世界上最有影响力的国家是美国,美国的总统选举非常引人注目,所以我们以2008年美国总统大选的编译报道为例,说明如何进行选举报道。

美国大选的程序比较复杂,概括起来大致分为三个阶段,新闻报道基本沿着这三个阶段进行:(1)竞选前的活动和预选;(2)竞选;(3)选举以及选举后的情况。

美国大选第一阶段持续的时间较长,有大半年。该阶段的重点是初选,各政党的参选人或独立参选人会积极展开竞选活动,以获取选民的选票,媒体也会对这些活动进行连篇累牍的报道。初选阶段的报道在大选年的8-9月,共和党与民主党召开大会,正式宣布各自推选出的总统候选人之后就落下帷幕了,然后就进入了正式的总统竞选活动,即美国总统选举的第二阶段。

正式竞选阶段的报道和初选阶段的报道内容比较相似,所以不熟悉美国总统选举流程的受众,很容易将二者混为一谈。在对美国总统大选进行报道时,要特别注意对背景信息的报道,尤其是对于美国总统选举程序和选举制度的介绍。如果缺乏相应的解释和说明,那些不了解美国选举制度的受众在理解选举新闻时就会有困难。

当然,竞选阶段的报道最吸引眼球的部分当属候选人之间的打“嘴仗”。在所有的“口水战”中,最引人注目的是总统候选人之间的电视辩论。美国各大电视媒体都会现场直播辩论会,辩论会后各大调查公司和机构也都会公布最新的民意调查结果,来判断电视辩论的胜负。

例3 2008年10月15日晚,美国民主党、共和党两党总统候选人贝拉克·奥巴马和约翰·麦凯恩在纽约州霍夫斯特拉大学举行2008年最后一场辩论。在前两场总统候选人电视辩论中处于下风的麦凯恩,急于扭转不利的形势,在辩论中对奥巴马频频攻击,给辩论增加了很多冲突色彩。辩论后世界各大媒体都对辩论进行了报道,并对辩论双方精彩的“语

---

① 马胜荣、薛群:《描述世界——国际新闻采访与报道》,新华出版社2009年版,第55页。

录"做了摘录,以下是主要的英文报道。

英文原稿一:

McCain Takes off the Gloves in Final Debate with Obama

Oct 16 2008

HEMPSTEAD, UNITED STATES (AFP)— John McCain went for the jugular in his third and final debate with Democrat Barack Obama on Wednesday as the Republican sought to revive his flagging White House hopes.

US presidential hopefuls Republican John McCain (R) and Democrat Barack Obama shake hands at the end of the 3rd debate. Photo: *AFP*

McCain, down a hefty 14 points in one new poll as the United States weathers its worst financial crisis in decades, savaged Obama's ties to 1960s radical William Ayers and said his tax plans were nothing more than "class warfare".

Keeping his composure, Obama in turn accused McCain of trying to distract voters on a day that New York's Dow Jones share index posted its second-biggest one-day points fall ever on mounting fears of a crippling US recession.

With 19 days until the November 4 elections, McCain said he did not care about "an old washed-up terrorist" like Ayers, once a bomb-throwing militant in the Weather Underground group who is now a Chicago professor of education.

"But as Senator [Hillary] Clinton said in her debates with you, we need to know the full extent of the relationship with you," he said, glaring at Obama seated on the other side of a narrow table at New York's Hofstra University.

McCain (72) also assailed the liberal group Acorn, which is accused in several states of adding fraudulent names to pro-Obama voter registration lists, and chided Obama for persistently linking him to President George Bush.

"Senator Obama, I am not President Bush. If you wanted to run against President Bush, you should have run four years ago," McCain said, proclaiming his record of bucking the Republican line in contrast to Obama's inexperience.

Obama (47) accused McCain of wildly distorting the truth over both Ayers and Acorn, and said voters were dismayed by the "100% negative" tone taken by the Republican's campaign at a time of rampant economic anxiety.

The two also clashed on energy policy, taxes and the economy as well as abortion, as instant polls from the television networks overwhelmingly declared Obama the winner of the last 2008 presidential debate.

Obama said he could be forgiven for mistaking McCain's policies for Bush's "because on the core economic issues that matter to the American people on tax policy, on energy policy, on spending priorities, you have been a vigorous supporter of President Bush".

He praised McCain's "commendable independence" against Bush policies "on key issues like torture".

"But when it comes to economic policies, essentially what you're proposing is eight more years of the same thing. It hasn't worked. I think the American people understand it hasn't worked," he said.

Both men appealed to "Joe the plumber", or Toledo resident Joe Wurzelbacher, who found instant fame when he bumped into Obama on Sunday doing some canvassing, sparking a spirited debate.

"Joe wants to buy the business that he's been in for all these years," McCain said. "Worked 10, 12 hours a day. And he wanted to buy the business, but he looked at your tax plan and he saw that he was going to pay much higher taxes."

Obama hit back with his version of his chat with Joe.

"What I essentially said to him was, five years ago, when you were in the position to buy your business, you needed a tax cut then.

"And what I want to do is to make sure that the plumber, the nurse, the firefighter, the teacher, the young entrepreneur who doesn't yet have money, I want to give them a tax break now."

Both sides claimed victory, with McCain adviser Steve Schmidt saying: "Senator McCain did a very efficient job and won the debate on the economy tonight [Wednesday]. It's clear to anyone who watched tonight that Senator Obama wants to spend our way into a depression."

Obama supporter Michigan Governor Jennifer Granholm retorted, however, that McCain spent too much time on issues people don't care about. "He looked frankly desperate, he looked angry, frankly he did not look presidential."

As millions of voters fret about possibly losing their jobs and healthcare, the perils of a negative strategy from McCain were clear as Obama built up a commanding lead in several polls.

A *New York Times*-CBS News poll late on Tuesday had the Democrat ahead of McCain by the huge margin of 14 points, 53% to 39%, compared with a lead of just three points before last week's second presidential debate.

英文原稿二：

McCain, Obama Lock Horns in Final Debate

Oct 16, 2008

Hempstead, NY (Reuters)— Republican John McCain and Democrat Barack Obama battled fiercely in their most contentious debate on Wednesday, with an aggressive McCain attacking Obama's campaign tactics and tax plans in a showdown that made a star of "Joe the plumber."

Democratic presidential candidate Sen.Barack Obama, D-Ill., speaks during the final presidential debate.

——AP Photo

The presidential rivals complained bitterly about the negativity of the campaign during a series of testy exchanges that included repeated appeals to average Americans through references to Joe—the owner of a small plumbing business Obama met in Ohio.

McCain was on the offensive throughout the 90-minute encounter. He rebuked Obama for his frequent claims that he is too close to the policies of President George W.Bush.

"Senator Obama, I am not President Bush. If you wanted to run against President Bush you should have run four years ago," McCain said in the final presidential debate, held at Hofstra University in New York.

Obama, 47, said he sometimes had trouble spotting a difference between the two.

"If I occasionally have mistaken your policies for George Bush's policies, it's because on the core economic issues that matter to the American people, on tax policy, on energy policy, on spending priorities you have been a vigorous supporter of President Bush," Obama said.

McCain, 72, an Arizona senator, was under intense pressure in the third and final debate to give a strong performance that could turn around a presidential race moving decisively in Obama's favour after weeks of economic turmoil and plunging stock markets.

Republican presidential candidate Sen. John McCain, R-Ariz., reacts as Democratic presidential candidate Sen. Barack Obama, speaks during their final presidential debate.

——AP Photo

Opinion polls three weeks before the Nov.4 election show more voters say they trust Obama's leadership on the economy, which has dominated the campaign-trail discussion and dwarfed McCain's expertise in foreign and military policy.

Two quick polls after the debate, by CBS News and CNN, judged Obama the winner. Obama won the first two presidential debates as well.

McCain called on Obama to explain his relationship with 1960s radical William Ayers, who served with Obama on a community board in Chicago and hosted a political event for him early in his career. Obama distanced himself from Ayers.

"Mr. Ayers is not involved in my campaign.

He has never been involved in this campaign. And he will not advise me in the White House," Obama said.

Both candidates admitted the campaign's tone was "tough" and blamed the other. McCain said Obama had spent more money on negative ads than any candidate in history, while Obama noted a recent study said 100 percent of McCain's ads had been negative.

"Pretty Tough"

"It's gotten pretty tough, and I regret some of the negative aspects of both campaigns. But the fact is that it has taken many turns which I think are unacceptable," McCain said.

He demanded Obama renounce the comments of Georgia Rep. John Lewis, a leader in the U.S. civil rights movement, who recently linked McCain to 1960s segregationist leader George Wallace.

"That, to me, was so hurtful," McCain said.

Obama said Lewis's link between McCain and Wallace was inappropriate "and we immediately put out a statement saying that we don't think that comparison is appropriate."

McCain said Obama could have prevented the campaign's negative turn if he had agreed to a series of joint town hall meetings proposed by McCain this summer.

Several recent opinion polls have shown McCain's attacks on Obama's character have largely backfired, increasing unfavourable opinions about McCain among voters looking for solutions on the economy.

But the two candidates spent long stretches battling over the grievances about their campaigns. Obama complained about the focus.

"The American people have become so cynical about our politics, because all they see is a tit-for-tat and back-and-forth," Obama said.

The candidates fought over their tax plans and promised to help working Americans like "Joe the plumber." McCain criticized Obama's proposal to raise taxes on those who make more than $ 250,000 a year, saying it would hurt small business owners like Joe.

"Why would you want to raise anybody's taxes right now?" McCain asked Obama. "The whole premise behind Senator Obama's plans are class warfare, let's spread the wealth around."

Obama said his plan would cut taxes for 95 per cent of Americans and raise them on only a small slice of the most high-income Americans, while McCain would give tax breaks to oil and gas companies.

"We both want to cut taxes," Obama, an Illinois senator, said. "The difference is who we want to cut taxes for."

The debate focused on domestic policy and the economy. Obama and McCain were seated at a table with moderator Bob Schieffer of 'CBS News' instead of standing at podiums as in the first debate.

英文原稿三：

McCain, Obama Get Tough, Personal in Final Debate

By BETH FOUHY, Associated Press | Oct 15, 2008

HEMPSTEAD, N. Y.— John McCain told Barack Obama to his face Wednesday night, "You didn't tell the American people the truth" about a key campaign pledge as the two presidential rivals slung accusations at close quarters in the final debate of their campaign for the White House.

"One hundred percent, John, of your ads, 100 percent of them have been negative," Obama shot back a few moments later to his rival, seated only a few feet away at a round table.

"That's not true," McCain retorted.

"It is true," said Obama, seeking the last word.

PICTURE: AFP

"The fact that this [Ayers] has become such an important part of your campaign, Senator McCain, says more about your campaign than it says about me."

PICTURE: AFP

"Senator Obama, I am not President Bush. If you wanted to run against President Bush, you should have run four years ago," McCain said during the debate.

McCain is currently running all negative ads, according to a study by the University of Wisconsin-Madison. But he has run a number of positive ads during the campaign.

Behind in the polls, McCain played the aggressor early and often.

He demanded to know the full extent of Obama's relationship with William Ayers, a 1960s-era terrorist, the Democrat's ties with ACORN, a liberal group accused of violating federal law as it seeks to register voters, and insisted Obama disavow last week's remarks by Rep. John Lewis, a Democrat, who accused the Republican ticket of playing racial politics along the same lines as segregationists of the past.

Struggling to escape the political drag of an unpopular Republican incumbent, McCain also said, "Sen. Obama, I am not President Bush... You wanted to run against President Bush, you should have run four years ago."

Obama returned each volley, and brushed aside McCain's claim to full political independence.

"If I've occasionally mistaken your policies for George Bush's policies, it's because on the core economic issues that matter to the American people—on tax policy, on energy policy, on spending priorities—you have been a vigorous supporter of President Bush," he said.

McCain used the opening moments of the debate to accuse Obama of waging class warfare by advocating tax increases designed to "spread the wealth around." The Democrat denied it, and countered that he favors tax reductions for 95 percent of all Americans.

"Nobody likes taxes," Obama said in an exchange early in the third and final debate of a campaign nearing its end. "But ultimately we've got to pay for the core investments" necessary for the economy.

"If nobody likes taxes, let's not raise anybody's, OK?" McCain retorted with a laugh.

McCain's allegation stemmed from one of Obama's campaign appearances last weekend.

In Ohio on Sunday, Obama was approached by one man who said, "Your new tax plan's going to tax me more."

A video clip caught by Fox News shows Obama replying, "It's not that I want to punish your success. I just want to make sure that everybody who is behind you, that they've got a chance at success, too. And I think that when we spread the wealth around, it's good for everybody."

McCain referred repeatedly to that voter, Joe Wurzelbacher, a plumber from Toledo, Ohio.

Wurzelbacher watched Wednesday night's debate and said he still thinks Obama's plan would keep him from buying the small business that employs him.

About McCain: "He's got it right as far as I go."

Even so, Wurzelbacher declined to say who was getting his vote.

He said he was surprised that he was called "Joe the Plumber" repeatedly during the debate.

"It's pretty surreal, man, my name being mentioned in a presidential campaign."

McCain's reference to Ayers reprised campaign commercials he has run to try and raise doubts about Obama's fitness to serve.

Ayers, who was a member of the violent Weather Underground in the 1960s, hosted a meet-the-candidate event for Obama in an Illinois race many years later.

"The fact that this has become such an important part of your campaign, Sen. McCain, says more about your campaign than it says about me," Obama replied.

The two men debated at a round table they shared with Bob Schieffer of CBS, the moderator.

英文原稿分析：

美国总统候选人电视辩论，是国际各大通讯社当天的报道焦点。处理这类事件时面对多篇稿件，是国际新闻编译的工作常态。如何取众稿之长，突出重点，考验编译者抓住事件焦点的功力。尽管最后这场辩论的主题是"国内政策和经济"，但在一个半小时的辩论中，麦凯恩却试图通过贬损奥巴马的人格来制胜，所以在辩论结束后，人们并没有对辩论双方的国内政策或者除了税收政策外的经济主张留下深刻的印象，留下印象的反而是以下一些关键词："*President Bush*"，"*Joe the plumber*"，"*taxes*"，"*negative campaign*"，"*ACORN*"，"*William Ayers*"和"*Rep. John Lewis*"，所以西方三大通讯社的稿子都是围绕着这些辩论双方针锋相对的内容展开的，而这部分的“语录”也是最精彩的。

汉语编译稿：

奥麦最后决辩 双方均称取得胜利

2008 年 10 月 17 日

美国民主、共和两党总统候选人贝拉克·奥巴马和约翰·麦凯恩当地时间 15 日晚在纽约州霍夫斯特拉大学举行 2008 年总统选举两人间最后一场辩论。

双方围绕经济、能源、税收和医疗等议题激烈交锋。持续大约 90 分钟的辩论中，麦凯恩显得“活力十足”，多次猛烈攻击奥巴马。

“不是布什”

奥巴马、麦凯恩和哥伦比亚广播公司新闻主持人鲍伯·希弗当晚围坐在桌前，展开辩论。

麦凯恩谴责奥巴马频频把自己这名共和党总统候选人和总统乔治·W.布什牵扯不清。“参议员奥巴马，我不是布什总统。如果你想和布什总统竞争职位，就应该 4 年前参加竞选，”麦凯恩说。

奥巴马立即还击：“如果我偶尔错误地把你的政策看作是布什的，那是因为在关乎美国民众生活的核心经济问题上，在税收、能源和开支问题上，你一直都是布什总统强有力的支持者。”

他说，麦凯恩倡导的经济政策是布什的“老一套”做法，民众知道这行不通。

不过，奥巴马也不忘“表扬”麦凯恩。他说，麦凯恩在一些类似虐囚这样的关键问题上反对布什的政策，保持了“值得赞扬的独立性”。

“水管工乔”

两人辩论中积极向“水管工乔”们拉票。麦凯恩借这一话题批评对方税收政策。

奥巴马 12 日在俄亥俄州托莱多遇见一名名叫乔·沃泽尔巴彻的水管工。两人谈起减税政策，乔还与奥巴马辩论。“水管工乔”随后成为全美皆知的明星，被媒体引为普通人代表。

奥巴马计划对普通民众减税，但增加对年收入超过 25 万美元者的税收。

麦凯恩指责奥巴马的这项计划将束缚小企业发展。他说，“水管工乔”有志向通过努力成为小企业主，而在奥巴马的税收政策中，“水管工乔”将支付更高税费。

奥巴马反驳说，像“水管工乔”一样，美国 98% 的小企业者年收入不超过 25 万美元，他们将成为减税政策的受惠群体，“我想让他们现在就享受税收优惠”。

奥巴马说，自己会为 95% 的美国人减税，而麦凯恩的减税对象却是石油和天然气等大企业，“我们都想减税，区别在于想给谁减”。

互批抹黑

麦凯恩在辩论中不出意料地拿“艾尔斯话题”攻击奥巴马。

麦凯恩要求奥巴马解释他与上世纪 60 年代前激进组织成员比尔·艾尔斯的关系。奥巴马说,艾尔斯参与激进反战活动时,他才 8 岁,且艾尔斯与这场选举无关。

共和党候选人还要求奥巴马谴责民主党众议员约翰·刘易斯不久前把他比作上世纪 60 年代种族主义分子的说法。奥巴马称,他的团队早已声明刘易斯言论不当。

个人攻击频频闪现于辩论中,而奥麦互相指责是对方把“抹黑”战术用得过火,场面一度激烈化。

奥巴马力图援引一项调查结果证明,麦凯恩投放的竞选广告百分之百地在丑化他的形象。“约翰,你的广告百分之百的是负面(形象攻击),”他说。

“这不正确,”麦凯恩立即反驳。

“这正确,”奥巴马紧紧扣住麦凯恩发言的最后几个字。

奥巴马说:“我不介意在接下来 3 个星期受到攻击,但美国人不能接受再一次经历 4 年失败经济政策。他们理应在接下来 4 个星期里,听我们谈论对他们而言迫切的问题,经济困境。”

麦凯恩针锋相对:“实际上,参议员奥巴马花了史无前例,经济学上史无前例的金钱,对我展开负面攻击。”

均称胜利

辩论结束后,双方均称取得胜利。

麦凯恩阵营资深顾问史蒂夫·施密特说:“参议员麦凯恩很高效地完成了工作,赢得今晚经济辩论。任何看过辩论的人都会觉得,参议员奥巴马显然是想把我们拖入萧条。”

奥巴马支持者、密歇根州州长珍妮弗·格兰霍姆则说,麦凯恩把过多时间花在人们不感兴趣的话题上。

“他看起来简直绝望、愤怒,坦白说,他不像总统,”格兰霍姆说。(来源:新华社。略有修正)

编译稿点评:

编译稿显然找出了几篇英文原稿中反复出现的关键词,并对围绕这些关键词所进行的辩论进行了梳理,找出了最精彩的“语录”,并以它们作为编译后的稿件的主体。汉语编译稿的开头部分先交代了辩论的时间、地点、参与人等新闻信息,并对整个辩论的主题和辩论过程做了一个概括,然后分主题将辩论的精彩点一一呈现。值得注意的是,在英文原稿一,也就是法新社的稿子中,有一段奥巴马支持者、密歇根州州长珍妮弗·格兰霍姆的引言,说麦凯恩“不像总统”,这是非常有意思的一段引言,在大选日益临近的时刻,这样的话还是比较有分量的,汉语稿的编辑独具慧眼,将这段引言用在了汉语稿的结尾,非常有力量。

> 小结:
> 1.体现新闻冲突的内容和情节,如针锋相对的言论和行为,在编译时应予以突出。
> 2.论辩性质的新闻,除了交代辩题外,要抓住辩论方的精彩言论和“语录”。
> 3.原稿中的精彩引语要善于运用在编译稿中。

第三场电视辩论后很快就是大选投票日,即大选报道的第三阶段。这一阶段报道的重点是选举的投票状况和结果。一般说来,媒体对于投票日的报道,是以简讯配合详讯的形式展开的。在投票开始和进行的过程中,媒体会以简讯的形式报道选举进程,但在投票结束时,媒体一般会发出有关投票情况的新闻综述稿。综述稿的内容包括投票开始时间、当日的天气、选民投票踊跃程度(投票率)、候选人的投票情况和活动等。编译新闻综述稿的记者或编辑,手中往往有众多稿源,需要大量阅读英文报道,并从这些报道里选出有意思的内容加以整合,这对编译者的能力是一个很大的考验。

例 4 2008 年 11 月 4 日,美国总统选举投票正式开始。虽然部分选民在大选日之前已经提前投票,但正式选举以及正式宣布计票结果都是从当天起才开始的。正式选举日当天,国内外的媒体都对投票的情况进行了综合报道,以下是西方三大通讯社对投票情况的报道以及新华社编辑根据这些报道编译而成的汉语新闻稿。

英文原稿一:

Clues to Election Result Could Come Early

By John Whitesides, Political Correspondent | Monday, Nov 3, 2008

WASHINGTON (Reuters)— Some of the earliest returns in Tuesday's U.S. presidential election could provide big clues about the outcome.

Trends in the race between Democrat Barack Obama and Republican John McCain could become clear soon after the first polls begin to close at 6 p.m.EST in Indiana.

Obama and McCain are locked in a surprisingly tight duel in Indiana, a Midwestern state that has voted Republican in every White House race since 1964. A breakthrough win for Obama, or even a neck-and-neck struggle, would be an encouraging sign of broad strength for the senator from neighboring Illinois.

But if McCain appears to be cruising to a relatively easy win in Indiana it could signal trouble for Obama, who is challenging McCain in about a dozen states won in 2004 by Republican President George W.Bush.

The first public sign of Democrat John Kerry's loss in 2004 came from a worse-than-expected 20-point blowout in Indiana.

"If Obama wins Indiana, the election is over," Democratic consultant Doug Schoen said. "Even if it's close, within 2 or 3 points, it probably suggests a big Obama win nationally. If it's more than 4 points for McCain, it's going to be wait and see for a while."

The next round of tests is at 7 p.m.EST when voting ends in Georgia, parts of Florida and the battleground state of Virginia—another place where Democrats have not won a presidential vote since 1964 but have made gains in recent statewide races.

"If Obama wins Virginia by a decisive margin, it's a pretty strong suggestion he's going to win the election," Schoen said. "If McCain wins by more than a few points that could suggest movement toward him."

At 7 : 30 p.m.EST, polls close in the states of Ohio and North Carolina.

By 8 p.m.EST, all polls in Florida will be closed. Florida's 27 electoral votes and Ohio's 20 electoral votes are two of the biggest prizes still up for grabs on Tuesday.

Mccain Must Win Them All

McCain,an Arizona senator who faces a perilous path to gaining the 270 electoral votes he needs to win, essentially has to carry all of those early battleground states to have a realistic chance.

A setback in any would increase pressure on McCain to make up for the loss with an upset of Obama in Pennsylvania,which Democrats have taken in the past four presidential elections.Voting in Pennsylvania,which has 21 electoral votes,also ends at 8 p.m.EST.

The presidential race is not the only battle with an early bellwether.The first returns could offer hints about the fight for control of the U.S.Senate as well.

Democrats are expected to dramatically boost their narrow 51-49 control on Tuesday but need to pick up nine seats to reach a 60-seat majority that would give them the muscle to defeat Republican procedural hurdles.

The first crucial Senate showdown is in Kentucky, where Senate Republican Leader Mitch McConnell is in a tough fight for re-election and,like Indiana,polls begin to close at 6 p.m.EST.

"Indiana offers an early tip about the presidential race,and Kentucky will do the same for the Senate," said Peter Brown,assistant director of the Quinnipiac University poll.

"If McConnell wins Kentucky,there is no way the Democrats get to 60," Brown said."We're going to know two things fairly early—whether it's a presidential blowout and whether the Democrats have any shot at 60 seats.Those are two big questions." (Editing by Bill Trott)

英文原稿一分析：

路透社的这篇在大选正式开始前几个小时发布的新闻稿以分析和预测为主,指出了奥巴马和麦凯恩斗争的关键战场,以及这几个战场的胜负对整个大选结果的影响。其中引用了一些选情分析师的分析,对预测选举结果有一定的参考价值。

英文原稿二：

Americans Flock to Vote as Polls Open

Nov.4,(AFP)— Millions of US voters are pouring into polling stations on Tuesday to decide the historic US election,with Democrat Barack Obama fighting to be the first black US president and Republican John McCain hoping for an upset win.

Well before sun-up, long queues snaked outside polling places, some braving hours-long waits,others doused by rain or shivering in the wintry cold at the end of the hotly contested White House campaign,the longest and costliest ever.

Results were set to start pouring in after the first polls close at 6：00 pm (2300 GMT), though it was not clear when it would be known who will succeed US President George W.Bush when his second four-year term ends in January.

"The last eight years has been a horror story," said Michael Smith,a 54-year-old salesman, standing among hundreds stretching around the block at a polling station in Manhattan.He said he would vote for Obama.

"The country itself is slipping in the (popularity) polls," he said. "In the end that's what people are going to vote for today—a new direction."

In Christianburg, Virginia, Norma Jean Lundis said she voted for McCain because he "stands for what I believe in—less government, lets me control my money, the right to bear arms, life begins at conception, marriage between man and woman."

The latest polls anointed Obama the hot favorite, with solid national leads and the edge in a string of battleground states which could swing the election either way.

Obama and McCain were chasing the 270 electoral votes needed across the state-by-state electoral map to take the White House. More than 100 million people were expected to trek to the polls to add to 30 million advance votes.

Delaware Senator Joe Biden, Obama's running mate, voted in his home state with his 91-year-old mother and wife Jill.

McCain was to vote in Arizona at around 9：00 am (1600 GMT), while his running mate, Alaska Governor Sarah Palin, was voting in her hometown of Wasilla, hoping to become the first woman to be US vice president.

Obama and McCain, one of whom will become the first sitting senator elected president since John F. Kennedy in 1960, hit the finish line on Monday with competing cross-country campaign blitzes.

In a cruel twist of fate Monday, Obama, 47, learned that Madelyn Dunham, his maternal grandmother who helped bring him up, had died in his native Hawaii from cancer, aged 86.

In the middle of a tear through normally Republican turf, Obama promised supporters Monday they were close to "changing the United States of America."

But McCain was defiant, vowing to confound pollsters and pundits and overcome a treacherous political map which has him struggling to cling to Republican bastions and where just one big loss could make Obama president.

"The Mac is back!" the decorated Vietnam War hero, 72, roared during an 11th-hour get-out-the-vote blitz, promising a stunning act of political escapology that would confound almost every major opinion poll.

Obama, the son of a black Kenyan father and white mother from Kansas, would become the first African American president after a stunning rise to the pinnacle of US politics.

He promises to alleviate the economic pinch for the middle class and repair ties with US allies, weigh opening talks with foes such as Iran and Cuba, bring troops home from Iraq and refocus on the Afghan war.

McCain, who has fought to distance himself from Bush, has lambasted Obama for "socialist" tax policies, and argues his rival is unprepared for an age of global turmoil while accusing him of warnting to retreat in defeat from Iraq.

英文原稿二分析：

法新社的这篇新闻稿前半部分侧重介绍大选日当天选民投票的状况，其中也提到了奥巴马的竞选伙伴拜登已经在家乡投票,麦凯恩也将在家乡投票;后半部分的新闻稿则侧重介绍大选日前一天奥巴马和麦凯恩的活动。

英文原稿三:

Obama Wins in Earliest Vote in Dixville Notch and Hart

Dixville Notch, Hart's Location **1**st officially to announce Election Day results

Nov.4, (AP)— Barack Obama came up a big winner in the presidential race in Dixville Notch and Hart's Location, N.H., where tradition of having the first Election Day ballots tallied lives on.

Democrat Obama defeated Republican John McCain by a count of 15 to 6 in Dixville Notch, where a loud whoop accompanied the announcement in Tuesday's first minutes. The town of Hart's Location reported 17 votes for Obama, 10 for McCain and two for write-in Ron Paul. Independent Ralph Nader was on both towns' ballots but got no votes.

"I'm not going to say I wasn't surprised," said Obama supporter Tanner Nelson Tillotson, whose name was drawn from a bowl to make him Dixville Notch's first voter.

With 115 residents between them, Dixville Notch and Hart's Location get every eligible voter to the polls beginning at midnight on Election Day. Between them, the towns have been enjoying their first-vote status since 1948.

"A 100 percent vote"

Being first means something to residents of the Granite State, home of the nation's earliest presidential primary and the central focus—however briefly—of the vote-watching nation's attention every four years.

Town Clerk Rick Erwin said Dixville Notch is proud of its tradition, but added, "The most important thing is that we exemplify a 100 percent vote."

Dixville Notch resident Peter Johnson said the early bird electoral exercise "is fun." A former naval aviator, Johnson said he was voting for McCain, but added, "I think both candidates are excellent people."

Voting was carried out in a room in a local hotel festooned with political memorabilia from campaigns long past. Each voter gets an individual booth so there are no lines at the magic hour. The votes were quickly counted, announced and recorded on a posterboard that proclaims, "First in the Nation, Dixville Notch."

The tradition drew spectators, including Tim McKenna, who drove with his wife 16 miles from Cambridge, N.H., to witness the event.

"Living in New Hampshire, you hear so much about it in the news," said McKenna. "I think it's a very historic election this year."

Ed Butler, a Democratic state representative who runs the Notchland Inn in Hart's Location, said, "Being this small and being able to be first just makes it that much more special."

First announcements

Although scores of states have voted early, the two villages are the first to officially announce the results on Election Day.

New Hampshire law requires polls to open at 11 a. m., but that doesn't stop towns from opening earlier. It also allows towns to close their polls once all registered and eligible voters have cast ballots.

Hart's Location started opening its polls early in 1948, the year Harry S. Truman beat Thomas Dewey, to accommodate railroad workers who had to get to work early. Hart's Location got out of the early voting business in 1964 after some residents grew weary of all the publicity, but brought it back in 1996.

Dixville Notch, nestled in a mountain pass 1,800 feet up and about halfway between the White Mountain National Forest and the Canadian border, followed suit in 1960, when John F. Kennedy beat Richard M. Nixon. Nixon, the Republican, swept all nine votes cast in Dixville that year, and before Tuesday, the town had gone for a Democrat only once since then. That was in 1968, when the tally was Democrat Hubert Humphrey eight, Nixon four.

英文原稿三分析：

美联社的这篇新闻稿主要介绍的是美国大选“第一村”——新罕布什尔州迪克斯维尔山口镇和哈特镇的投票情况。这两个小镇是美国最早正式公布选举结果的地方，所以具有大选“风向标”的作用，其选举结果备受媒体关注。

英文原稿四：

Obama Votes as People Line up to Cast Ballots

CHICAGO, Nov 4 (AP) — Democrat Barack Obama is joining the nation's earliest voters in filling in a ballot in his historic presidential contest with Republican John McCain.

Obama arrived at his precinct in Chicago shortly after 7:30 local time Tuesday morning. His wife, Michelle, and their young daughters accompanied him as he received a ballot and went to a polling station. The Obamas stood side by side and their daughters looked on as they read their ballots.

Obama planned a quick campaign stop in Indiana on Election Day before a massive outdoor rally in front of the skyline in his adopted hometown of Chicago. The day's forecast was for an unseasonably warm 70 degrees.

McCain planned events in Colorado and New Mexico, then a party at the Biltmore Hotel in Phoenix.

Meanwhile, long lines have formed as polls open in Eastern states as John McCain is counting on a narrow path to an upset victory today while Barack Obama pinned his hopes for becoming the nation's first black president on a ground organization designed to swell precincts with voters across the country.

"I think these battleground states have now closed up, almost all of them, and I believe there's a good scenario where we can win," McCain told CBS' *The Early Show* in an interview broadcast as the day's first voters stood in early-morning lines.

"Look, I know I'm still the underdog, I understand that," the Arizona senator said. "You can't imagine, you can't imagine the excitement of an individual to be this close to the most important position in the world, and I'll enjoy it, enjoy it. I'll never forget it as long as I live."

Obama campaign manager David Plouffe said he was confident that new voters and young voters would fuel an enormous turnout to benefit the Illinois senator.

"We just want to make sure people turn out," Plouffe told *Today*on NBC. "We think we have enough votes around the country."

Standing in line in one of the battleground states, Ahmed Bowling of Alexandria, Va., said the election "will mark a significant change in the lives of all Americans, and so we do have to come out as early as possible to cast our votes."

In Brooklyn, N.Y., 49-year-old Venus Kevin said the line at her precinct was "already down the block and around the corner" when she arrived shortly before 6 a.m.ET.

"Obama is the man," said Kevin, who is black. "His message and his vision has reached a lot of people, not just African-Americans."

The contest pitted the 47-year-old Obama, a first-term Illinois senator who rocketed to stardom on the power of his oratory and a call for change, against the 72-year-old McCain, a 26-year lawmaker whose mettle was tested during 5 1/2 years as a prisoner of war in Vietnam.

"I'm feeling kind of fired up. I'm feeling like I'm ready to go," Obama told nearly 100,000 people gathered for his final rally Monday night in Virginia.

"At this defining moment in history, Virginia, you can give this country the change it needs," Obama said to voters in a state that hasn't voted for a Democratic presidential nominee in 44 years.

The Illinois senator's final day of campaigning was bittersweet: He was mourning the loss of his grandmother, Madelyn Dunham, who helped raise him. She died of cancer Sunday night, never to see the results of the historic election.

McCain completed a cross-country trek through seven battleground states before arriving at home in Phoenix early Tuesday morning.

"This momentum, this enthusiasm convinces me we're going to win tomorrow," McCain told a raucous evening rally in Henderson, Nev. It was the fifth campaign stop in an 18-hour odyssey that took him across three time zones.

Obama planned a quick campaign stop in Indiana on Election Day before a massive outdoor rally in front of the skyline in his adopted hometown of Chicago. The day's forecast was for an unseasonably warm 70 degrees.

McCain planned events in Colorado and New Mexico, then a party at the Biltmore Hotel in Phoenix.

Obama urged his supporters to resist overconfidence. "Even if it rains tomorrow, you can't let that stop you. You've got to wait in line. You've got to vote," he said.

英文原稿四分析:

美联社的这篇新闻稿介绍了到记者截稿前美国大选的投票状况,其中包括奥巴马投票、奥麦选举日当天的活动安排以及选民的投票状况等;新闻稿的后半部分则回顾了大选日前一天奥巴马和麦凯恩的活动。在这些细节性的材料中,能够体现投票现场情况的内容可以有选择性地加以利用。

英文原稿五:

Obama, McCain Ready To Mmake History

WASHINGTON, Nov 5 (AP)— Democrat Barack Obama appeared close to victory in his historic bid to become the first black US president Tuesday, while Republican John McCain battled for an upset as Americans cast their votes in the final day of the struggle for the White House.

Heading into Election Day, Obama continued to lead in the polls and both campaigns launched get-out-the-vote efforts expected to result in a record turnout.

Obama voted early Tuesday at Beulah Shoesmith Elementary School in Chicago shortly after 7 : 30 a.m.CST (13 : 30 GMT), with voters cheering him when he held up a validation slip.

"The journey ends," he told reporters later, "but voting with my daughters, that was a big deal."

In Phoenix, Arizona, McCain voted at a church before preparing to fly to Colorado and New Mexico, two battleground states he would likely need to score an upset victory. He gave supporters a thumbs-up sign and was in and out of the polling place within minutes.

"I'm very happy with where we are," McCain told ABC television's "Good Morning America" in an interview hours before polls opened. "We always do best when I'm a bit of an underdog."

An early indication of where the election is headed could come shortly after 6 p.m.EST (0000 GMT), when polls start to close in the traditional Republican stronghold of Indiana, where the two candidates are tied.

"It's going to be tight as a tick here in Indiana," Obama told volunteers in Indianapolis. "So the question is who wants it more."

Obama won the day's first contest, in two small New Hampshire towns where voters traditionally cast ballots shortly after midnight. President George W. Bush carried both towns in the last two elections.

Voters in Virginia, New York and other East Coast states lined up outside polling places hours before they opened at 6 a.m. (1100 GMT).

As Ahmed Bowling of Alexandria, Virginia, waited to vote in a crucial battleground state, he said the election "will mark a significant change in the lives of all Americans, and so we do have to come out as early as possible to cast our votes."

Polls showed Obama with an advantage in many of the battleground states that both campaigns have targeted in the race's final weeks.

Virginia, where no Democratic presidential candidate has won since Lyndon Johnson in 1964, is one of eight key battleground states that could determine the winner. The others include Florida, North Carolina, Pennsylvania, Ohio, Indiana, Missouri and Nevada.

About 29 million people have already cast ballots over the past few weeks in 30 states that allow early voting.

Obama seemed to hold the edge in pre-election balloting, as officials reported that more Democrats than Republicans had voted in North Carolina, Colorado, Florida and Iowa. All four states voted for Bush in 2004.

Some experts said the Democrat's grass-roots organization could drive a massive turnout and transform victory into a rout.

"We think we have enough votes around the country," Obama campaign manager David Plouffe told "Today" on NBC Tuesday.

Obama, however, on Monday warned his supporters to take nothing for granted, as the race depended on a relative handful of states that could go for either candidate.

Both the 47-year-old Obama, and McCain, a 72-year-old veteran senator from Arizona, pledged to bring sweeping change to Washington and close the door on the two-term presidency of Bush—whose approval ratings are near historic lows.

But the two were divided by age, race and core political convictions. They were deeply at odds over how to fix the US's crumbling economy and end the 5 1/2-year war in Iraq.

Obama has argued that McCain would continue Bush's policies while the Republican counters that Obama is too inexperienced to lead.

Democrats seemed poised to expand their majorities in both chambers of Congress, while Republicans battled to limit their losses.

The American presidential election amounts to separate contests in 50 states and Washington, D.C.

At stake are 538 electors, with the winner needing to capture at least 270, half plus one. Electors are apportioned to the states roughly according to population.

As Election Day dawned, Obama was favored to win all the states that Democrats captured in 2004, representing 251 electoral votes.

Victories in just a few additional states could push Obama past the 269 threshold.

McCain, meanwhile, must hold as many Bush states as possible while trying to capture a Democratic stronghold, such as Pennsylvania in order to keep his hopes alive.

In the closing hours of Obama's campaign, the candidate mourned the loss of his grandmother, Madelyn Payne Dunham, 86, who died of cancer in Hawaii late Sunday.

"She's gone home," Obama said, tears running down both cheeks as tens of thousands of supporters in North Carolina grew silent. The family said a private ceremony would be held later.

As Tuesday dawned, McCain continued a frantic dash through several traditionally Republican states where his chances were uncertain.

Meanwhile, a Republican group repeatedly aired television ads attacking Obama for his association with a black preacher who has harshly criticized the US in fiery sermons.

Despite the Republican offensive, Obama appeared to have the edge with voters seeking political change.

He took the lead after the political conventions this summer, as the US sub-prime mortgage crisis hit Wall Street hard.

He also has benefited from a record fundraising effort and capitalized on a US demographic shift as more young and non-white voters enter the electorate.

A USA Today/Gallup poll published Monday found likely voters nationwide favoring Obama by 11 points over McCain, 53-42 percent, with a margin of error of 2 percentage points. Other polls showed Obama with a 7 or 8 percentage-point lead.

Republican vice presidential candidate Sarah Palin cast her ballot in her hometown of Wasilla, Alaska, Tuesday.

"Tomorrow I hope, I pray, I believe I will be able to wake up as vice president elect and get to work in a transition mode with president elect John McCain," she said.

She planned to return to Phoenix Tuesday night for a Republican rally.

In Delaware, Democratic vice presidential candidate Joe Biden cast his vote and, later, joking warned his elderly mother, who had accompanied him: "Don't tell them who you voted for."

Sen. Hillary Rodham Clinton, who was defeated by Obama in the Democratic presidential primaries, cast her ballot for her former rival, saying that voters understood the nation needs "a serious president for serious times."

Clinton voted with her husband, former President Bill Clinton, in their hometown of Chappaqua, New York.

英文原稿五分析：

美联社的这篇新闻稿是对大选日当天整体情况的一个综述。从结果来看，在第一天的投票中，奥巴马处于领先地位。稿件的开头部分先介绍了奥巴马和麦凯恩的投票，然后介绍了奥巴马和麦凯恩争夺的关键州——印第安纳州、弗吉尼亚州、俄亥俄州、北卡罗来纳州和宾西法尼亚州的投票情况，并运用分析和数据指出奥巴马可能在这些关键州获胜。稿件的结尾部分则介绍了奥巴马和麦凯恩各自的竞选伙伴——拜登和佩琳的投票状况。

汉语编译稿：

美国总统选举大幕拉开

2008年11月5日

美国总统选举投票4日正式开始。

美国选民当天陆续前往设在全国各地的投票站，投票选举美国第56届总统。选民将在民主党候选人贝拉克·奥巴马和共和党候选人约翰·麦凯恩间作出选择。

与本次总统选举投票同时进行的还有国会参议院和众议院改选、11个州的州长等部分地方官员的选举。各地选民将投票选举产生33名新的国会参议员、全部435名众议员和11个州的州长。

奥氏赢下"第一村"

美国东部时间4日零时(北京时间4日13时)左右,新罕布什尔州迪克斯维尔山口镇和哈特镇揭开选举序幕。奥巴马赢取象征性胜利。

在迪克斯维尔山口镇,奥巴马赢下15票,麦凯恩6票,这是这一小镇1968年以来首次倒向民主党候选人。在哈特镇,奥氏以17票压倒对手的10票。

1948年以来历次总统选举中,迪克斯维尔山口镇推举一名选民选举日零时前投票,其余选民零时后投票。

迪克斯维尔山口镇和哈特镇合称总统选举"第一村"。

"第一村"之后,美国各州投票全面铺开,预计选民总人数达1.3亿人。

美国总统选举并非选民直选产生,实行"选举人团"制。投票产生代表50个州和哥伦比亚特区的538名选举人。候选人获半数选举人票即270张以上,才能当选。

选民排长队等待

选民热情高涨。据路透社估计,加上先前提早投票的大约3000万人,选民总人数预计达到1.3亿人。

美国东部时间早上6时不到,在宾夕法尼亚州、马里兰州、纽约州和伊利诺伊州等地,投票站排起长队,选民在黎明前黑暗中等待。

在纽约市曼哈顿一处投票站,54岁的迈克尔·史密斯站立在队伍中间,耐心等待。

史密斯明确表明,自己将投票给奥巴马。"过去的8年像一场噩梦,"他说,"最终,人们今天投票,是为了选择一个新方向。"

在弗吉尼亚的亚历山德里亚,选民艾哈迈德·鲍林早早来到投票地点。他认为,选民之所以踊跃,因为今年选举"将为美国人生活带来显著变化,因此必须尽早出门,投出自己的一票"。

竞选人各自投票

民主党总统候选人奥巴马美国中部标准时间4日7点30分在家人的陪伴下来到设于芝加哥一所小学内的投票站参加投票。奥巴马接过工作人员递过来的选票,和妻子米歇尔、两个女儿一起走向投票台。然后,奥巴马和妻子并排站在投票台前进行投票,他的两个女儿则站在父母身边观看父母投票。投票过程中,奥巴马显得十分轻松,不时和妻子交谈几句,并向4岁的小女儿萨莎展示了手中的选票。奥巴马计划随后造访本次大选最关键的州——印第安纳州。

共和党总统候选人麦凯恩4日上午在妻子辛迪的陪同下出现在家乡亚利桑那州菲尼克斯市的一个教堂投票站。麦凯恩躲开了守候在当地的记者,和妻子一起走进了投票站,几分钟后他们就完成投票走了出来。投票结束后麦凯恩还要飞往邻近的科罗拉多州和新墨西哥州出席最后的竞选拉票集会,离开前他对支持者做了一个竖起大拇指的动作。麦凯恩在投票站开门前几小时接受美国广播公司的早间新闻节目采访时说,"我非常高兴走到这一步,当我处于劣势时我们总能发挥最佳水平。"

奥巴马的竞选伙伴、民主党副总统候选人拜登4日上午也在母亲和妻子的陪伴下在家乡特拉华州威尔明顿市参加了投票。投票结束后,拜登开玩笑地跟年迈的母亲说:"不要告诉他们你投票给了谁。”

麦凯恩的竞选伙伴佩琳当日则在丈夫的陪伴下在家乡阿拉斯加州的瓦西拉市参加了投票。投票后她对记者说:“明天,我相信我一觉醒来时已经当选副总统,与当选总统麦凯恩一起携手工作。”佩琳计划在4日晚回到菲尼克斯市参加共和党的大会。

结果或提早出炉

预计全部投票4日夜间12时全部结束,但依据各州选举人票数量、奥麦支持率等分析,结果可能提早决定。

美国东部时间下午6时(北京时间5日7时)左右,印第安纳州投票结束,选举迎来第一个“高潮”时刻。此处胜负将左右选举最终结果。

1964年以来,印第安纳州一直是共和党票仓,但选前民调显示,奥巴马和麦凯恩不相上下。

按照民主党选情分析师道格·舍宁的观点,如果奥巴拿下印第安纳州,将取得大胜,意味着“选举已经结束”。

他预计,即便奥巴马以2%或者3%的得票差距败北,他也将获得最后胜利。但如果麦凯恩轻松胜出,奥巴马可能面临麻烦。

晚上7时至8时,“心跳”时刻到来。届时,弗吉尼亚州、俄亥俄州、北卡罗来纳州和宾夕法尼亚州投票陆续结束。四个州皆为“战场州”,其中佛罗里达州和俄亥俄州选情胶着。选情分析师认为,这四个州的选举结果是决定最终胜负的又一关键指标。

除了可能夺回共和党占据8年之久的白宫外,民主党有望巩固在国会的优势。在参议院,民主党有可能占据100席中的60席,排除共和党否决议案的可能性。(来源:新华社韩建军;有修改和调整)

编译稿分析:

汉语编译稿基本按时间顺序梳理了几篇英文原稿中涉及大选日投票有关情况的内容,从最早开始投票的“第一村”、积极参与投票的选民、各自在家乡参与投票的正副总统候选人,再到关键州的投票状况以及对选举结果的预测,条理非常清楚,基本概括了大选日当天整体的投票状况。整个汉语编译稿体现出编译者非常强的材料筛选和整合能力。

小结:

1. 报道选举投票状况要注意点面结合,既要有总体上的投票状况的概括,也要有一些反映投票踊跃程度等的细节。编译者要注意整合稿件资源。
2. 新闻综述类新闻稿的编译,通常需要采用时间、空间、逻辑结构来安排编译稿的结构。
3. 新闻综述类稿件的标题和导语部分要对综述的内容进行概括。
4. 由于新闻综述稿件通常比较长,编译稿中可以运用小标题来总结各部分的主要内容。

报道完选举日的总体投票情况后,下一步最重要的就是选举的结果了。选举阶段报道的中心就是以最快的速度报道选举的结果,报道的时效在很大程度上决定一家新闻机构对一次选举报道的成败。对于美国总统的选举,要想快速报道选举结果,就要时刻注意选票的统计情况,通常的做法是某一个州的计票结果一出来,立刻进行报道。因为任何一个总统候选人只要获得了选举人团票半数以上的选票(2008 年是 270 张),就获得了选举的胜利,而各州选举人团票的张数是事先知道的,记者和编辑可以自行计算。而在报道选举结果时,往往某一个关键州的选举人团票数的归属一确认,胜败就锁定了,以至于还有一些州的计票结果没出来,当选者就提前庆祝胜利了。所以,对于这些关键州的选举结果,媒体都密切关注,一有消息就立刻报道,并时刻准备着报道大选的结果。例如,在 2008 年的美国总统选举中,是美国的电视媒体最先报道了选举的结果,而法新社是最先援引美国电视媒体的报道向世界报道这一消息的西方通讯社。下面是新华社编辑根据法新社英文原稿编译而成的中文快讯。

快讯:法新社称奥巴马赢得 2008 年美国总统选举

2008 年 11 月 5 日

据法新社援引美国电视新闻报道,11 月 4 日,美国总统候选人奥巴马赢得了 2008 年美国总统选举。

在上述快讯发出后,新华社还发了详细报道。由于类似的内容我们在突发新闻报道的编译部分已经讲过了,在这里我们就不再详细阐述了。

小结:

在报道选举结果时,媒体可以采用和报道突发新闻一样的操作方法,即先发快讯报道选举结果,后发详细报道和综合报道介绍选举的具体情况。

需要说明的是,不是每次美国总统选举的结果都跟 2008 年一样的毫无悬念。"如果结果同选举前的预料不同,那么就要尽快报道谁出乎意料失败了,谁取得了意外的胜利,"①是什么原因造成了意外的失败或者成功,比如"选民参加投票的多少是不是一个因素,有没有跨党派的集团投票,以及获胜者的竞选是否起到了关键作用等等"②。

另外,选举结果出来后,还要报道获胜者和失败者的讲话,因为"他们的讲话会对未来的政治局势产生影响,将会决定发展的趋势是左倾还是右倾,决定经济以及社会等各方面的走势"③。

此外,在每次美国总统选举投票的同时,美国选民还要进行参议员和众议员改选,以及部分州的州长选举,所以报道美国大选的结果时,除了报道总统选举的结果,还要报道国会选举的结果。州长的选举结果,通常对我国的影响不太大,没有特殊情况时可以不必报道。

以上我们从美国大选报道的一些具体编译实例出发,探讨了选举报道的编译方法。其他国家的选举报道与美国大选的情况基本相同,但是没有美国选举报道那样复杂,加上不同国家的受众对不同国家选举报道的信息需求不同,报道的详细程度也不同。由于美国大选报道的复杂程度比较高,如果记者和编辑们能把美国大选报道好,那就几乎可以把任何其他国家的选举报道好,这也是我们要以美国总统选举为例来说明选举类报道的原因。

①-③ 马胜荣、薛群:《描述世界——国际新闻采访与写作》,新华出版社 2009 年版,第 66 页。

第四节 其他日常性政治新闻的编译

上一节我们详细介绍了日常性国际政治新闻中一个重要的类别——选举报道的编译方法，这一节我们再来看看其他类型的日常性国际政治新闻的编译方法。

一、国会、政府活动类

在世界各国的政治生活中，立法机关——各国的议会、国会、国民会议或者代表大会等的活动是新闻报道最重要的来源之一。立法机关除了制定治理国事的各项法律、法规外，按照各国政治制度的不同，还有代议、批准政府人员任命、批准政府预算和花费、监督政府（如对政府做出不信任案，对政府工作人员进行质询、罢免、弹劾等）的权力。媒体上所报道的很多国际新闻，都同各国立法机关的活动息息相关，国际新闻编辑必须对所报道的国家的政治体制有所了解，对各国立法机关的活动进行准确的报道，请看以下的编译实例。

例 5 美国到底为伊拉克战争支付了多少军费？有经济学家估算，伊拉克战争总的花费将超过 2 万亿美元。不管战争到底花了多少钱，我们看到美国总统布什几次向国会要求拨款用于伊拉克、阿富汗等“反恐”战场却是事实。以下是 2005 年 2 月 14 日美国总统布什向国会要求的一次战争拨款的英语报道和汉语编译报道。

英文原稿：

Bush Requests $82B for Iraq, Afghan Wars

By ALAN FRAM, Associated Press Writer | Mon Feb 14, 2005

WASHINGTON— US President Bush asked Congress on Monday to provide $81.9 billion more for wars in Iraq and Afghanistan and for other U.S. efforts overseas, shoving the total price tag for the conflicts and anti-terror fight past $300 billion.

Republicans hope to push the package through Congress by early spring, reflecting both parties' desire to finance U.S. troops in the field and give Iraqis more responsibility following their national elections.

Bush asked lawmakers to pay for the new spending by borrowing the money—which will make huge federal deficits even larger.

"The majority of this request will ensure that our troops continue to get what they need to protect themselves and complete their mission," Bush said in a statement accompanying his request.

He also said the money would help continue the pursuit of terrorists and help the United States "seize the opportunity to build peace and democracy in the Middle East."

The request was the latest demonstration of how the soaring costs of war—and the ongoing reconstruction of Iraq and Afghanistan—have exceeded the administration's early characterizations. White House officials derided former Bush economic adviser Lawrence Lindsey's early estimate of a

$ 100 billion to $ 200 billion price tag.

About $ 77 billion of the total was for the wars in Iraq and Afghanistan, while about $ 5 billion was for aid to U. S. allies. Of the total package for the wars, the vast majority— $ 74. 9 billion—was for the Defense Department, with other agencies sharing the rest.

Some $ 12 billion was requested to replace or repair worn-out and damaged equipment, including $ 3. 3 billion for extra armor for trucks and other protective gear—underscoring a sensitivity to earlier complaints by troops.

There was also nearly $ 400 million for more generous death benefits for the families of slain American soldiers, and money to cover higher fuel costs and programs aimed at boosting the morale of U.S. troops, many of whom have been forced to serve prolonged periods in Iraq.

In addition, there was $ 5. 7 billion to train Iraqi forces and $ 1. 3 billion to train Afghan security agencies. Another $ 5 billion was for the Army to redesign many of its own combat brigades so they would be more flexible and less reliant on other units.

Bush requested $ 658 million to build a new U.S. embassy in Iraq that could house a staff of 1,000, plus $ 717 million to staff it. He wants $ 4. 8 million to enhance U.S.-backed broadcasting to Arabs, including new television broadcasts aimed at Muslims living in Europe.

Afghanistan would get almost $ 2 billion more for its own reconstruction, including money to build roads and schools, combat illegal drugs and prepare for parliamentary elections.

There was also money for other U. S. allies, including $ 150 million for Pakistan and $ 300 million for Jordan. The Ukraine would get $ 60 million in the wake of its elections, and the Palestinians—engaged in a new peace effort with Israel—would get $ 200 million for economic development and to help them create democratic institutions.

One possible flashpoint with Congress was two $ 200 million funds the State Department would control to provide economic and security aid to unspecified U.S. allies.

A total of $ 950 million would be provided for the tsunami-damaged Indian Ocean countries, largely for relief and long-term reconstruction. That included $ 350 million to replenish U. S. accounts tapped earlier for initial tsunami aid.

Also requested was $ 242 million for aid for Sudan's war-ravaged Darfur region, plus another $ 100 million to help implement last month's peace agreement in southern Sudan.

Rep. Jerry Lewis, R-Calif., chairman of the House Appropriations Committee, said he would move the bill "quickly and cleanly through the Congress" with a goal of sending Bush the legislation by early April.

In a hint that lawmakers would look to rework some details, he added, "Congress will exercise our constitutional obligations while expediting the consideration of this request."

Rep. John Spratt of South Carolina, top Democrat on the House Budget Committee, said lawmakers would back the effort to help American forces.

But he complained that the measure contained some items—such as the money to help restructure Army combat units—that seemed to have little to do with the war and should have been in Bush's overall budget released last week.

"This is one way of trying to keep the regular budget sum down," he said.

Congress provided Bush with a $25 billion down payment last summer for this year's costs of the wars in Iraq and Afghanistan.

Before Monday's request, Congress had already approved $201.2 billion for the Defense Department since the terrorist attacks of Sept. 11, 2001, for the two wars and its other efforts to tighten security and to hunt terrorists, according to a tally by the Congressional Research Service.

In addition, lawmakers had provided nearly $27 billion for rebuilding Iraq and Afghanistan, said the service, which compiles reports for Congress.

汉语编译稿:

布什要求国会为军事行动等拨款 819 亿美元

2005 年 2 月 15 日　来源:新华社

美国总统布什 14 日正式要求国会为美国今年在伊拉克和阿富汗的军事行动以及其他一些海外项目拨款 819 亿美元,如果这一拨款要求获得国会批准,将使美国自"9·11"事件以来在反恐战争中的费用总额超过 3000 亿美元。

布什在一份声明中说,这一拨款要求中的大部分经费将保证美军能得到所需的用于保护自己的装备并完成他们的任务。拨款将有助于继续追捕恐怖分子,帮助美国抓住在"中东地区建立和平与民主的机会"。

在布什提出的 819 亿美元的拨款要求中,约 770 亿美元将用于美国在伊拉克和阿富汗的军事和其他行动,其中绝大部分归国防部支配。另有约 50 亿美元用来给美国的盟友提供援助。

在用于军事和其他行动的款项中,约 120 亿美元用于替换或维修驻伊拉克和阿富汗美军破损的装备,33 亿美元用于为美军卡车提供额外的装甲设备和购买其他防护装置,57 亿美元用于训练伊拉克军队,13 亿美元用于训练阿富汗安全部队,此外还包括在伊拉克建造和运转美国新使馆的 13.75 亿美元。

在给美国盟友的援助款项中,巴基斯坦将获得 1.5 亿美元,约旦将获得 3 亿美元,乌克兰将获得 0.6 亿美元。此外,巴勒斯坦也将获得 2 亿美元的援助。拨款要求还包括向苏丹达尔富尔地区和印度洋海啸灾区提供的援助经费。

自"9·11"事件以来,美国国会已为美国在伊拉克和阿富汗的军事行动和其他反恐行动拨款 2012 亿美元,并为伊拉克和阿富汗的重建行动拨款 270 亿美元。去年夏天,美国国会还批准了白宫要求的用于 2005 年度美军在伊拉克和阿富汗军事和重建行动的 250 亿美元先期拨款。(略有修改)

编译稿点评:

英文原稿除了交代本次拨款要求的具体款项用途外,还介绍了一些美国民主党和共和党议员对此拨款要求的反应,并分析了此拨款要求的某些细节可能会在国会中遇到的困难。其中,一些对于美国政治的具体细节的介绍,国内的受众并没有太大的兴趣,大家更关注的是这笔巨款到底怎么用。汉语编译稿没有在美国政治的一些细节中纠缠,而是抓住了此拨款要求的中心——款项用途做文章。英文原稿对款项用途的介绍比较详细,数字较多,汉语编译稿并没有将所有的数字都照单全收,而是对其进行了梳理,挑出了其中最大和最重要的几笔报道,使之更加易于读者接受。在汉语编译稿的末尾,编辑还交代了一些相关的数据背景,使读者对美国用于反恐战争的总费用有了大致的了解。

刚才我们所看的这个关于美国总统布什向国会请求拨款的例子,虽然报道的是美国国会的活动,但还不是国会正式批准这次拨款要求,正式的结果还要等国会讨论投票后公布。对于国会通过的议案的报道,在编译报道时还注意报道同意和反对的票数,报道某一议案是压倒性通过还是勉强地在议会通过。

二、政治性谈判或会议类

政治性谈判或会议往往是解决国与国之间争端的重要方法,对于这个并不太平的世界,有些国家选择用武力对抗来解决问题,有些国家选择用谈判和对话来解决,还有些国家在武力解决不了问题时再选择谈判来解决。不管谈判能否成功地解决问题,作为一名报道国际事务的记者,被派去采访政治性谈判或者会议的机会还是很多的,而作为一名国际新闻编辑,也会面对很多报道这些谈判或者会议的稿件。国内的记者在报道这些政治性的谈判或者会议的时候,往往摆脱不了国内会议新闻的写法,为报道会议而报道;而西方记者在报道会议时,往往更注意会议的实质性的内容,即会议或者谈判解决了什么问题。请看下列关于一次政治性会议的编译实例。

例 6　2005 年 2 月,国际报道中常年的热点、流血冲突多年的夙敌——以色列和巴勒斯坦——终于决定再次坐下来谈判以解决双方之间的冲突和争端,中东和平显露出一丝曙光。对于这一重要新闻事件,世界各国的媒体都表示出了极大的关注。以下是美联社记者对此谈判报道中的一篇英语新闻稿,以及《中国日报》编辑据此编译而成的汉语新闻稿。

英文原稿:

Israel, Palestinians to Declare Ceasefire

Feb 7,2005,Associated Press

SHARM EL-SHEIK, Egypt — Israeli and Palestinian leaders said they will declare a formal end to more than four years of fighting during a summit Tuesday in this Egyptian resort—a breakthrough in Mideast peacemaking that comes after both sides also accepted invitations to meet separately with US President Bush at the White House.

The cease-fire deal, finalized during last-minute preparations Monday on the eve of the summit,was the clearest indication yet of momentum following Yasser Arafat's death,the election of a new Palestinian leader and a signal from the White House that it plans a renewed push for peace.

"The most important thing at the summit will be a mutual declaration of cessation of violence against each other," said Saeb Erekat,a Palestinian negotiator.

Erekat said the agreement also includes the establishment of joint committees—one to determine criteria for the release of Palestinian prisoners held in Israeli jails, and the other to oversee the gradual withdrawal of Israeli forces from Palestinian cities on the West Bank.

U. S. Secretary of State Condoleezza Rice, left, and her host Palestinian Authority President Mahmoud Abbas, also known as Abu Mazen, stand next to a photo of the late Palestinian leader Yasser Arafat in the Presidential headquarters in the West Bank town of Ramallah Monday Feb.7, 2005. Rice wound up two days of meetings with Israeli and Palestinian officials on her first visit to the region since taking office.

——*PHOTO*: *AP*

An Israeli government official, speaking on condition of anonymity, confirmed the cease-fire agreement and said it would also include an end to Palestinian incitement to violence, such as official Palestinian TV and radio broadcasts that glorify suicide bombers and other attackers.

Palestinian leader Mahmoud Abbas and Israeli Prime Minister Ariel Sharon will attend the summit Tuesday in this Egyptian beach resort, along with Jordan's King Abdullah II and the host, Egyptian President Hosni Mubarak. It will be the first meeting of the Israeli and Palestinian leaders since Abbas, also known as Abu Mazen, succeeded Arafat after his death on Nov.11.

In Washington, Bush said the background for peace talks improved with Abbas' election in January. His invitations to both sides to separate talks this spring seemed a clear signal he plans a stepped-up peacemaking effort in his second term.

"What you're watching is a process unfolding where people are becoming more trustworthy," the president said.

Secretary of State Condoleezza Rice, ending two days of pre-summit talks in Israel and the West Bank, called it "a time of hope, a time we can hope for a better day for the Palestinian and Israeli people both."

Bush—who had refused to meet with Arafat—said he was impressed by Abbas' commitment to fighting terror.

"Prime Minister Abbas comes to the table with a mandate from a lot of Palestinians," Bush told reporters at the end of a Cabinet meeting, unintentionally misstating the Palestinian leader's job title. "He has been through an election. He has been endorsed by the Palestinian people."

In New York, U.N. Secretary-General Kofi Annan Monday urged both sides to intensify their talks. "We would welcome any agreement of a cease-fire."

Abbas, who is president of the Palestinian Authority, said he hoped the summit would open the way for further Israeli-Palestinian negotiations aimed at implementing the internationally backed "road map" to peace.

"Two weeks ago, we announced a cease-fire. Since then, we have been in extensive talks with the Israeli side over many issues. If you wait for tomorrow, you will hear about the results," Abbas said after meeting with French Foreign Minister Michel Barnier in the West Bank town of Ramallah.

Significant steps have been taken since Arafat's death to reconcile Israel's primary concern of security with Arabs' main objective of getting the"road map"on the fast track.

Abbas has deployed police to keep the peace in Gaza, ordered arrests of some operatives and appears to have won pledges from militants to halt attacks on Israel.

However, a Hamas spokesman in the Gaza Strip said the radical Islamic group, which has been responsible for hundreds of attacks against Israelis during the past four years, would evaluate the summit before committing itself to halting its campaign of violence.

"We agreed before with Mahmoud Abbas that if he succeeds to achieve our national goals he should come back to the Palestinian factions to discuss the issue and after that we will decide our stand," Mahmoud Zahar said.

On the Israeli side, the government is pledging to free 900 of the about 8,000 Palestinian prisoners it has in custody and gradually pull out of five Palestinian towns on the West Bank.

And in a humanitarian gesture ahead of the summit, Israel reopened a key Gaza cargo crossing Monday that had been closed after a Jan.13 attack killed six Israeli civilians.

Mubarak, the lead Arab mediator of the conflict, has backed Israel's plan to pull out from Gaza by offering to police the porous border with Egypt, has reversed his public view of Sharon to call him a man capable of making peace and has signed a key trade agreement with Israel.

In the past, U.S.intervention has been necessary to secure any major advances, but Rice said it would be good for regional leaders to push forward on their own. Neither she nor any other high-ranking U.S.official will attend the summit.

Rice met with Sharon on Sunday, and told the Israelis they must make hard decisions for peace.

After her meeting Monday with Abbas, Rice said she would appoint a"security coordinator" who would supervise reform of the Palestinian security forces.

She also said Washington would send more than $40 million in immediate aid to the Palestinians to create jobs and rebuild infrastructure. U. S. monitors would be dispatched to the region, she said, promising that"we will be very active."

The moves have created a new sense of optimism that a Mideast peace process largely deadlocked since September 2000 can get a fresh start.

"There is an opportunity. If you don't seize it, it will be lost," said Wahid Abdel Meguid, a political analyst with the Al Ahram Center for Strategic Studies in Cairo.

Egyptian Foreign Minister Ahmed Aboul Gheit, speaking Sunday during a visit to Damascus, said that if the summit generates enough goodwill, he hopes to see movement on the Syrian-Israeli front. Those peace talks stalled in January 2000.

On the Israeli-Palestinian conflict, the prisoner issue is one of the most emotionally charged issues expected to come up at the summit.

Securing a larger release would boost Abbas in his efforts to persuade militant factions to end the armed Palestinian uprising. Israel has balked at releasing prisoners involved in deadly attacks, but then signaled some flexibility when it agreed to set up a joint committee to review the possible release of inmates with "blood on their hands."

Tied to that is the question of Palestinian fugitives wanted by Israel for attacks against Israelis. The Palestinians expect to receive a list of names of fugitives—about 350 people—who would be given conditional amnesty, provided they hand over their weapons and agree not to leave their hometowns.

汉语编译稿：

中东和平进程重大突破：巴以峰会将宣布停火

2005年2月8日 来源：中国日报网站

巴勒斯坦和以色列方面2月7日达成共识，双方领导人将在8日举行的埃及峰会上宣布正式停火，这将成为中东和平进程中的一个巨大突破。

据美联社报道，巴勒斯坦首席谈判代表埃雷卡特表示："在峰会上的最重要问题就是共同宣布停止针对对方的暴力活动。"

他还透露，双方同意建立两个联合委员会，一个负责讨论关押在以色列监狱中的巴勒斯坦人的释放标准，另一个将负责监督以色列军队逐步从西岸城市撤离事宜。

一名以色列官员也证实了双方将宣布停火。

巴勒斯坦民族权力机构主席阿巴斯与以色列总理沙龙将于2月8日在埃及红海旅游胜地沙姆沙伊赫举行会晤，这是巴以最高层领导人四年来的首度会晤。此前，阿巴斯和沙龙刚刚决定接受美国总统布什的邀请，于今年春天访问白宫。

2月6日和7日，美国国务卿赖斯对中东进行了访问。在7日与阿巴斯举行会谈时，她承诺美国将支持阿巴斯为结束反以色列暴力和改革所进行的努力。赖斯6日在以色列访问时，呼吁以色列做出艰难决定，与阿巴斯合作，共同推动巴以和平进程。（婧远；略有修改）

编译稿点评：

英文原稿的前半部分是新闻，后半部分大部分是背景，在进行编译时，编辑只挑出了新闻部分进行报道，对原稿的背景部分进行了简化处理。编译后的中文稿重点突出，简明扼要，新闻事实一目了然，传播效果更好。

> 小结：
>
> 在进行政治性谈判或会议的报道时，不光记者要做到"跳出会议写会议"，编辑也要做到"跳出会议编会议"，重点放在会议取得的进展、解决的问题、达成的协议等实质性的内容方面，而不是放在会议的程序性内容上。

三、国家间和政府间的磋商

国家间和政府间的磋商通常是就某些全局性的、影响整个世界的议题或内容展开的。在世界已经变成一个"地球村"的情况下，某一个"村民"的行为可能会影响到其他的"村民"，特别是在环保、公共卫生、打击越境犯罪等领域，往往需要多个国家通力合作，才能解决问题,这时,国家间和政府间就这些事情进行磋商就变得非常必要了。在国际新闻中,这种磋商和合作也是非常多的。请看下面的编译实例。

例7 2003 年 5 月 21 日,第五十六届世界卫生大会一致通过世界卫生组织《烟草控制框架公约(WHO FCTC)》。它是由世界卫生组织主持达成的第一个具有法律效力的国际公共卫生条约,也是旨在限制全球烟草和烟草制品的第一个世界范围多边协议。2005 年 2 月 27 日,《烟草控制框架公约》在首批批准的 40 个国家正式生效,以下是路透社记者在生效日当天采写的英语新闻稿。

英文原稿:

Global Anti-Smoking Pact Goes Into Effect

By Stephanie Nebehay | Sun Feb 27,2005

(1) **GENEVA (Reuters)**— A global treaty aimed at dissuading children from smoking and helping adults kick the habit came into force on Sunday with the United Nations saying it could save millions of lives.

(2) The World Health Organization (WHO) applauded the strong warnings on cigarette packages and the eventual ban on tobacco advertising and sponsorship laid down in the world's first international public health treaty.

(3) "It's entry into force is a demonstration of governments' commitment to reduce death and illness from tobacco use," said WHO Director-General Lee Jong-wook in a statement to mark the event.

(4) Tobacco, the second leading cause of preventable deaths globally after hypertension, kills 4.9 million people a year, the U.N. agency says.

(5) And the annual death toll from tobacco-related diseases—lung cancer, heart attacks and cardiovascular diseases—could soar to 10 million by 2020, with 70 percent of the deaths in developing countries, it adds.

(6) The treaty, known as the Framework Convention on Tobacco Control, gives members three years to slap strong health warnings on tobacco packages and five years to ban advertising, promotion and sponsorship.

(7) It also recommends tax increases on tobacco products, a crackdown on smuggling, and reducing exposure to second-hand smoke.

(8) Approved by the WHO's 192 member states in May 2003, the pact became law on Sunday, 90 days after the 40th state had ratified it.

(9) It will only carry legal weight in those countries which have ratified it, now numbering 57. In total, 167 countries have signed the pact—but have not necessarily sent it to parliament for ratification.

LOBBYING

(10) WHO officials and activists say the powerful tobacco industry is lobbying intensively to restrict the number of countries applying the treaty, including the United States which has signed

up but not yet sent it to the Senate.

(11) "The tobacco industry wants to be free to sell and market their deadly products in such a way that they have more and more profits. This is the only language the tobacco industry knows," Vera Luiza da Costa e Silva, director of the WHO's Tobacco Free Initiative, told journalists.

(12) "In Brazil, my country, the tobacco industry is furiously lobbying the Congress and the Senate in order not to get the treaty ratified. They are using the tobacco farmers to make the case, saying that they will lose their jobs."

(13) Activists accuse the Bush administration, which signed the pact last May, of having worked hard to dilute it.

(14) "U.S. ratification of the treaty would send a strong message to the rest of the world that we will not support these efforts and instead put protection of public health ahead of tobacco industry interests," the U.S.-based Tobacco Free Kids lobby group said.

(15) Douglas Bettcher, treaty coordinator, was upbeat. "We are happy to report that industry is not winning this game."

(16) Some of the largest tobacco growers—India, Japan, Pakistan, Thailand and Turkey—as well as cigarette producing countries such as Britain, Germany, the Netherlands and Turkey are among those which have ratified the treaty, he said.

英文原稿分析：

《烟草控制框架公约》正式生效是人类在世界卫生健康领域取得的重大进展，为了把问题讲清楚，路透社的记者在采写新闻时，重点放在了公约的重要意义上，简化了一些不必要的程序性内容。从英文原稿的内容安排上看，记者依次安排了以下内容：

标题	点出主要新闻事实
Para 1	导语：概括主要新闻事实，强调公约的意义
Para 2-3	强调公约生效的意义
Para 4-5	公约的主要内容
Para 6-7	控制烟草对人类健康的促进
Para 8-9	公约生效的程序
Para 10-15	公约生效的阻力，特别是来自美国和巴西方面的阻力
Para 16	背景：公约在主要烟草种植国的批准情况

英文原稿这样安排结构，有助于讲清楚新闻事实，符合西方人的接受习惯。在对这条新闻进行编译报道时，我们要根据中国人的接受习惯对原文的内容进行取舍和调整。

请看下列根据新华社两位记者采写的稿件合并编译而成的汉语新闻稿。

汉语编译稿：

限制全球烟草及其制品的《烟草控制框架公约》生效

2005年2月27日　来源：新华社

(1)**新华网北京2月27日电(记者李忞、蔡施浩)**　——世界第一个旨在限制全球烟草和烟草制品的公约《烟草控制框架公约》今天在最早批准该条约的40个国家生效，这是世界卫生组织第一个具有国际法约束力的全球性公约，也是针对烟草的第一个世界范围多边协议。

(2)《烟草控制框架公约》2003年5月在日内瓦召开的第56届世界卫生大会上获得一致通过，迄今已有167个国家在公约上签字。但公约要获得法律效力，还必须经过缔约国国内立法机关的批准。随着秘鲁去年11月30日成为第40个批准该条约的国家，《烟草控制框架公约》的批准国家达到了符合国际法效力的规定数目，公约在90天后自动生效。目前已有57个国家批准了该公约，总人口为23亿。

(3)公约一旦生效，已批准公约国家必须将公约的总体条款纳入本国的法律法规。从生效之日起3年内必须在香烟盒上标注“吸烟危害健康”的警示语，在5年内完全禁止烟草广告、烟草促销和宣传活动。此外，各缔约国必须严格遵循公约，大幅度提高烟草的价格和税收，打击烟草走私，禁止向18岁以下未成年人出售香烟并对自动售货机进行必要改造，通过立法禁止在公共和工作场所吸烟，保护不吸烟者免受被动吸烟危害等。

(4)中国政府积极参与了《烟草控制框架公约》的缔结过程，于2003年11月10日签署了公约，是第77个签约国。中国政府非常重视这一公约，不仅参与了其缔结过程，而且在国内积极宣传和进行禁烟工作。中国卫生部下发的《2005年卫生工作要点》决定，重点开展无烟草广告城市认定、青少年和公共场所控烟工作，履行《烟草控制框架公约》，加强控烟能力建设。

(5)世界卫生组织的研究表明，全球目前有烟民约13亿人，每年有近500万人因吸烟而死亡，烟草已成为继高血压之后的第二号杀手。如果不加以控制，到2020年每年因吸烟致死的人数有可能增加一倍。中国目前的烟民数量约3.2亿。近年来，中国的吸烟率呈下降趋势。(有修改和合并编辑)

编译稿点评：

在对英语新闻进行编译时，汉语编辑首先对原稿的内容进行了一定的调整，按照概括新闻事实→介绍公约生效程序→介绍公约内容→交代中国履行公约的情况→指明公约在人类健康方面的促进意义的顺序安排了编译稿的内容。

其次，在汉语编译稿中，编辑补充交代了英文原稿中所没有的关于中国参加缔结公约以及履行公约的情况。由于中国是该公约的缔结国，而编译稿又是针对中国受众传播的，介绍中国的相关情况就变得非常必要了，从中也可以反映出我国积极参加有助于促进人类社会进步的国际事务的态度。值得表扬的是，记者在交代烟草对世界健康的危害时，还细心地补充了中国的相关数据。

从以上几个例子中我们可以看到，在进行日常性政治新闻编译报道时，重点在于对英文原稿的内容梳理，按照中国受众接受的习惯方式来报道新闻，另外要注意相关背景的补充。

复习思考题：

1. 政治新闻可以怎样分类？常见的国际政治新闻有哪些？
2. 政治新闻有哪些常见的结构形式？它们都用在哪些体裁的新闻稿中？
3. 在进行国际政治新闻编译时需要注意哪些原则？
4. 突发新闻具有哪些特点？突发性国际政治新闻编译的基本方法是什么？

5. 政要遇刺类新闻的编译要点有哪些？爆炸和恐怖袭击类新闻的编译要点呢？
6. 编译突发性政治新闻的后续报道需要注意什么？
7. 选举类新闻的编译涉及哪些内容？对不同内容进行编译报道时分别需要注意什么？
8. 怎样提高新闻综述稿的可读性和易读性？
9. 在编译报道政治性谈判和会议时，如何做到“跳出会议写会议”？
10. 日常性政治新闻编译的重点是什么？

第四章　国际经济新闻

2008 年 9 月 15 日，华尔街第四大投资银行，具有 150 年历史的雷曼兄弟公司正式宣布破产，宣告了美国次贷危机全面爆发。从那以后，一场由美国次贷危机引发的全球金融危机席卷了全球。在高度全球化的今天，世界经济的多米诺骨牌效应正在展现，其中一块骨牌倒下了，连带着其他骨牌一块块倒下。我们看到世界经济的强大，同时也看到了世界经济的脆弱。而这次世界性的经济危机，也历史性地在本章中留下了印记。

本章的主题是经济新闻。经济活动是人类社会最基本的活动，人的衣食住行、生老病死，没有哪一样不与经济挂钩。国家间的各种关系和变化，包括合作与竞争、战争与和平、冲突叛乱与和解等，说到底都同经济密切相关。比如 2001 年的“9·11”事件，虽然看起来只是一起恐怖袭击，但却使全球的航空业、旅游业受到严重的打击。2010 年冰岛火山爆发，也同样使全球的航空业、旅游业等遭到重创。

经济全球化使国际经济新闻报道的领域不断拓宽，报道深度不断加强，报道形式更加丰富多彩。它在媒体上所占的版面、时间段越来越重要，成为头条的频率越来越高，国际经济新闻已经成为各类媒体不可缺少的内容。

第一节　经济新闻的分类与特点

一、经济新闻的分类

国际经济新闻报道的内容十分广泛，范围相当大，包括社会产品的生产、分配、流通、消费领域。从经济学理论、流派、研究动向到企业管理理念、模式、营销手段，从国与国、地区与地区之间的经济关系到各国的资源、人口、经济政策，从人们的衣食住行、流行时尚到生老病死等等，[①]无一不包括在其中，很难对其进行很准确的分类。如果根据经济活动所管辖的范围来分，我们可以将经济新闻大致分为以下几类。

1.全球经济

这部分内容是国际经济报道的重点，涵盖了全球经济和地区经济等，国家、地区间的合作与冲突等也包括在里面。具体说来，全球经济报道的重点有以下这些：

- 经济全球化（国际经济秩序、南北关系、南南关系、发达国家之间的经济关系）
- 双边/多边贸易（WTO 谈判、贸易合作/纠纷、国民待遇等）

---

① 马胜荣、薛群：《描述世界——国际新闻采访与写作》，新华出版社 2009 年版，第 169 页。

- 全球、地区经济组织的活动(IMF、UNFAO、WHO、APEC、ASEAN、OPEC、EU 等组织的动态、例会、年会及其决策、公告、预测和年度报告等等)

2.政经新闻

这部分内容是宏观经济的报道领域,主要报道世界各个国家的经济运行状况,以及各个国家实行的一些经济政策等,包括以下这些报道重点:

- 国家的宏观调控(央行加息、减息,重大经济战略和方针等)
- 国家的财政税收政策(加/减税、财政预算、增加/减少预算、财政赤字、财政开支,包括福利开支、医疗保险开支等)
- 国家的经济运行状况(经济增长率、失业率、通货膨胀率等)

3.产经新闻

这部分内容是微观经济的报道领域。报道的主要是经济活动的主体和主要参与者、各大公司的一系列活动等。公司经营状态的好坏是经济是否运行良好的指标。这部分的报道内容主要包括:

- 行业新闻(钢铁业、汽车业、建筑业、信息业、零售业等各产业发展状况/数据等)
- 公司新闻(业绩、人事变动、裁员、丑闻等)

4.财经新闻/金融行情

财经新闻是经济新闻报道领域中专业性最强的一块,它主要服务于投资者。财经新闻最主要的报道对象是资本市场,包括以下三大体系:

- 金融机构(银行、保险、证券、信托机构及其业务)
- 金融市场(金融行情,如股市、汇市、期货、原油,上市企业经营情况报告以及市场趋势等)
- 金融调控监管(金融政策法规、年度报告等)

5.消费新闻

这部分内容主要服务于消费者,报道的内容主要是关乎民生的个人消费品的情况,大概也是经济新闻中受众面最广的新闻了。主要包括以下一些报道重点:

- 物价涨跌、物价水平
- 消费品供应信息
- 消费品市场(房地产、零售业、车市等)
- 消费者信心指数

我国财经类媒体较多,分工也比较细。不同的财经媒体定位不同,所关注的重点也不一样。基本上,综合财经类媒体关注的内容比较杂,上述类别的国际经济新闻在这些媒体的报道中都有所体现,一些专业类的经济媒体则更关注各自的领域。我国早期的财经媒体以综合性为主,报道内容偏重于政经新闻,以政策解读为主。随着我国改革开放的加快,财经媒体又增加了全球经济的内容。而随着我国资本市场的发展,尤其是中国股市的出现和发展,一大批专注于报道股市、汇市等投资领域新闻的专业性媒体大批涌现,比如《中国证券报》等。后来又出现了类似于《精品购物指南》这样以消费类新闻为主的财经媒体。

二、经济新闻的特点

1.多为日常性报道或者预测性的报道,突发事件比较少

一般来说,经济新闻很少有突发性的新闻,即使是股市暴跌也会有些前兆。国际经济新闻的记者和编辑必须对日常的国际经济运行状况有清晰和准确的认识,能敏锐地捕捉到日常国际经济运行中的各种异常信号,并对其意义作出解释和预测。

经济新闻报道中还有一部分报道为预测性报道。每年,世界各大金融机构以及一些经济学家都会对国际经济作出一系列预测,媒体对这些预测进行报道,也是国际经济报道中的一项重要内容。国际经济新闻的编辑和记者,要能对这些预测进行判断,挑选出其中比较可信的进行报道。

2.经济活动复杂,报道难度大

经济基础决定上层建筑,国际经济是一切国际政治、军事、外交的基础,只有把经济与政治、军事、外交的联系在报道中体现出来,受众才能意识到经济变化背后隐藏的因素。而要把这些都报道清楚,对编辑和记者的要求比较高,难度也比较大。

3.经济报道术语多、专业性强,对记者和编辑的要求高

经济报道,尤其是其中的财经新闻/金融新闻部分,术语比较多。而行情信息方面的股市、汇市、期货的报道专业性更强,对于那些非财经专业领域的记者或者编辑来说,报道的难度相当大,所以做经济报道的记者和编辑,必须努力学习相关经济学知识,日常加强国际新闻的积累和调研。

但是,编辑和记者光自己能读懂、看懂国际经济报道,能写出专业性的国际经济稿件,远远不够。因为更多的受众并非经济领域专业人士,为了让他们看懂报道,经济新闻的编辑和记者还必须具有能够深入浅出地将经济新闻解释清楚,或者说“翻译”经济新闻的能力。《华尔街日报》的一位主编曾说过,二流的记者能把事情向专家说清楚,而一流的记者则能把事情向一个中学生说清楚。可是,现在有些经济报道是“内行不愿看,外行看不懂”①,说明编辑和记者在“翻译”经济新闻时做得还不够好。

4.经济数据多,不易给受众留下印象

数据是经济新闻报道的核心和灵魂,缺少了数据,经济新闻可以说是寸步难行。但数字运用不当或者用得太多又会给读者理解带来一定的困难,使报道显得沉闷和枯燥,影响受众的阅读兴趣。一篇报道中如果数据过多,反而会干扰受众对数据的接收,让他们一个数字也记不住。因此,对于经济新闻的记者和编辑来说,处理数据是一个重要的课题。“英国著名科学家霍金在写《时间简史》时曾说‘多一个公式,少一千个读者’。虽然科学公式与数字不能完全相提并论,但这句话对在经济新闻报道中科学、巧妙地运用数字还是有借鉴意义。”②

---

① 马胜荣、薛群:《描述世界——国际新闻采访与报道》,新华出版社 2009 年版,第 177 页。

② 马胜荣、薛群:《描述世界——国际新闻采访与报道》,新华出版社 2009 年版,第 194 页。

三、国际经济新闻编译的方法

经济新闻的特点决定了做好经济新闻报道绝非易事。马胜荣说，经济新闻有"三难"，即"难写、难懂和难以留下印象"①。这"三难"不光存在于国内经济新闻稿的写作中，在国际经济新闻的写作和编译中也同样存在。

国际经济新闻的英-汉编译，虽然在很大程度上受到英语原文写作水平的限制，但编辑在编译过程中并非完全被动，全无主观能动性。如果英语原文中出现了非常有用的经济信息，但原文又写得晦涩难懂、难以给人留下印象，编辑就要想办法改变原文的状况，使编译文能够通俗易懂又给人留下深刻印象。不过，通常西方记者采写的经济新闻相对说来可读性比较强，编辑在编译的过程中要注意保留有价值、有意思的内容。

如何克服这"三难"，把国际经济新闻编译得让国内受众喜闻乐见呢？总体说来，在国际经济新闻的英-汉编译中，编辑要注意以下几点：

1.小心处理数据

数据是经济新闻的生命，经济新闻就是围绕着数字在讲故事。处理数据是经济新闻写作和编译中的首要任务。下面我们结合实例来说明在国际经济新闻编译中处理数据的基本方法。

例 1

英文原稿：

US Job Market under Strain

by Justin Cole, Agence France Presse | Fri May 4, 2007

(1) America's job market showed signs of strain Friday as government figures revealed just 88,000 new jobs were created in April, marking the weakest reading in over two years.

(2) A slowdown in nonfarm payroll hiring, seen as one of the best indicators of economic vitality, had been expected but the strength of the deceleration caught economists off guard. Most analysts had forecast April growth of at least 100,000 new positions.

(3) The national unemployment rate ticked up to 4.5 percent, in line with most forecasts, from 4.4 percent a month earlier, the Labor Department said.

(4) "Today's employment report for April gave a hint that the labor market may be starting to soften," said Nigel Gault, chief US economist at Global Insight.

(5) The labor snapshot comes days before the Federal Reserve is due to meet May 9 to mull US interest rates, but several economists said they still expect the Fed to keep rates unchanged next week.

(6) The Fed's fed funds short-term interest rate has been anchored at 5.25 percent since June.

(7) The sharp slowdown in employment growth was fairly widespread as the retail sector shed

① 马胜荣、薛群：《描述世界——国际新闻采访与报道》，新华出版社 2009 年版，第 176 页。

26,000 posts, manufacturing firms trimmed 19,000 and the construction industry lost 11,000.

(8) Auto manufacturers and home builders are two industries that have announced job cutbacks in recent months.

(9) "The report was disappointing not only for the lack of job gains, but also for where the weaknesses were, in particular the retail sector was weak, perhaps suggesting that US consumers are pulling back a little bit, and that will have implications for growth going forward," observed Drew Matus, an economist at Lehman Brothers.

(10) American consumers, renowned as shoppers, have shown signs of tightening their belts of late amid a housing market slump and high gasoline prices.

(11) Consumer spending rose just 0. 3 percent in March as the housing downturn showed no signs of easing. Analysts said cold weather had kept some consumers at home, but that this should change as summer temperatures heat up.

(12) Economists track consumer behavior closely because it accounts for about two-thirds of all US economic growth.

(13) Not all industries saw labor losses. The service sector boasted job growth of 24,000 new positions last month while the education and health fields added 53,000 new posts.

(14) The job report also comes after the government said in late April that growth in the world's biggest economy slowed dramatically to a 1. 3 percent annualized clip during the first quarter.

(15) However, the stock market has been riding a wave of bullish optimism as share gauges have rocketed, with the leading Dow Jones Industrial Average setting fresh record highs almost daily in recent weeks.

(16) Stocks continued to rise Friday despite the weak job reading as traders said they expect economic growth to pick up speed later this year.

(17) Despite fears about some pillars of the economy, particularly housing, corporate profits ballooned in the first quarter and stocks have also been bolstered by a glut of private equity-fueled takeovers and mergers.

(18) The White House applauded Friday's report, even though overall job growth slowed to its weakest reading since November 2004.

(19) "Our economy has now added jobs for 44 straight months, and the unemployment rate remains low at 4. 5 percent," the White House said.

(20) Average hourly wages rose 0. 2 percent in April to 17. 25 dollars, a shade weaker than Wall Street predictions which had called for a gain of 0. 3 percent. The wage data may cheer Fed policymakers as it suggests inflation is under control.

(21) Earnings have risen 3. 7 percent in the past year.

(22) The average workweek fell slightly to 33. 8 hours in April from 33. 9 in the prior month.

(23) Looking in the rear-view mirror, the job picture for recent months darkened.

(24) March job growth was shaved to 177, 000 new jobs instead of 180, 000 as initially estimated, while February's estimate was trimmed to 90,000 from 113,000.

英文原稿分析：

英文原稿是典型的经济指标报道，中心内容是美国劳工部公布的4月份的劳动力市场统计数据。600多字的英语报道中出现了20多个数字，涉及4月份就业率、新增岗位数、各行业领域就业岗位变化情况、美联储的利率、股市反应以及其他月份的背景数字等方方面面。这么多的数字，到底哪些才是真正有必要在编译稿中交代的呢？

由于原稿的“新闻眼”是美国劳动力市场4月份的统计数据，在筛选材料时，编译者应该首先选出那些最能反映4月份劳动力市场情况的数据。然而，4月份一个月的数据是静态的，而数据只有在比较中才能体现出价值，所以编译者还需要把4月份的数据同其他月份的数据进行比较，才能体现出变化来。按照这个思路，我们可以将重要的数字列表如下：

	4月	3月	2月
新增岗位	88,000 (lead)	177,000 (para 24)	90,000 (para 24)
新增岗位预测	100,000 (para 2)	180,000 (para 24)	113,000 (para 24)
失业率	4.5% (para 3)	4.4% (para 3)	

除此之外，能说明美国4月份劳动力市场情况的数据还有每小时的平均工资水平(para 20)和每周的平均工作时间(para 22)。

经过筛选，我们可以将原稿的数字删去一半，编译后新闻稿的篇幅也可以大大压缩。

汉语编译稿：

美国4月份失业率升至4.5%

2007年5月5日

(1)**新华社华盛顿5月4日电(记者胡芳)** 美国劳工部4日公布的报告显示，4月份美国仅新增就业岗位8.8万个，是2004年11月份以来增加就业人数最少的一个月，失业率也从前一个月的4.4%升至4.5%。

(2)经劳工部修正后，美国今年2月份和3月份的新增就业岗位数分别为9万个和17.7万个，分别低于原来估计的11.3万个和18万个。

(3)美国的失业率自2006年9月份以来一直保持在4.4%至4.6%之间。3月份的失业率与过去5年来的最低水平持平。

(4)报告还显示，美国工人的平均小时工资4月份为17.25美元，比前一个月增加0.2%，增幅低于经济学家们预计的0.3%。美国工人4月份每周的平均工作时间则由3月份的33.9小时略降至33.8小时。

(5)分析人士认为，这份报告表明美国劳动力市场开始受到整体经济降温的影响，而失业率上升和工资增长缓慢也有助于减轻通货膨胀压力。(来源：新华社；略有修改)

编译稿点评：

需要特别指出的是，英文原稿Para 19提到白宫表示“the unemployment rate remains low at 4.5 percent”，由于前面提到的是“就业连续44个月增加”，而每个月的失业率不可能都保持在4.5%，编译者特别对此进行了查证，将其修正为“保持在4.4%至4.6%之间”，体现出编译工作的严谨性。

另外，为了更好地帮助受众理解数字，单纯报道数字是不够的，还需要对数字的含义以及数字变化背后的原因进行解释，或增加相应的背景。编译稿中下划线部分就是对数字进行解释。

从上例中，我们可以总结出处理经济数据的基本方法：

1. 数据报道需要有选择。编译者通常只需挑选出全局性的、能说明问题的数据加以报道。
2. 在报道数据时，尽量让数据成对出现，以体现变化。
3. 解释和解读数字的含义以及数字变化背后的原因。
4. 核查数字的准确性，特别是关键性数据，如果有疑问一定要查证。如果英文原稿中出现了单项数据和总数，编译者一定要亲手计算一下单项数据相加的和是不是等于总数，只有这样才能保证经济新闻的准确性。

此外，在处理数据上，为了加深读者的印象，可以采取"化整为零、化零为整"的逆向方法来处理原文的数据。对于一些比较大、比较抽象的数据，可以将其化为一些容易记住的小数字；对于一些看起来比较小的数字，为了彰显其意义，也可以将其"放大"成给人留下深刻印象的大数字。如：

奥巴马巨款"买"总统①

奥巴马当选了美国总统，不仅创造了黑人入主白宫的历史纪录，也创造了美国的另一项纪录：美国建国 232 年来，在 44 位总统中，奥巴马在选举中花的钱最多，成为"最昂贵"的总统。据已公布的数字，奥巴马这次大选经费高达 8 亿 2700 万美元；他获得的选票是 6370 万张，相当于平均每张选票花了 13 美元。

这是一个"化整为零"的例子。我们如果单纯看奥巴马的竞选经费，只能感叹一下这的确是笔不小的经费，但可能没有几个读者看过后会准确记住这个数字，可一旦把这个数字平摊到每张选票上，13 美元这个数字就变得非常清楚而且容易记住了。再比如：

联合国去年印发文件首尾相连长达 27 万公里

如果把联合国去年在纽约和日内瓦印刷的全部文件首尾相连排列起来，总长度将达到 27 万公里。已卸任的一位联合国高级官员说，照此计算，联合国的文件逐页铺起来，两年内即可到达月球。

这是一个"化零为整"的例子。记者没有用联合国去年一年文件的总份数，而是用所有文件首尾相连的长度进行报道，还用地球到月球的距离做形象化的对比，给人留下了深刻的印象。

---

① http://history.news.163.com/09/0103/16/4UODF8BU00011248.html.

2.注意处理细节

西方记者在写稿时比较注重细节，在编译国际经济新闻时，我们要对西方记者稿件中的细节有选择地采用，特别是要保留有现场感、有人活动的细节。“人”的出现，可以使经济新闻“活”起来，“动”起来。如果经济新闻总是“见物不见人，见措施不见人，见数字不见人”，势必影响其可读性。“当然经济报道中写人，着重点在经济活动中人的活动、人的思想、人的喜怒哀乐。写经济新闻人物，与写别的人物略有不同，侧重写人物是如何进行经营活动，如何进行决策；写作为企业界人士、政策制定者，与别人有什么不同之处。经济新闻中有了人的因素，就容易写得‘活’一些，读者就更爱看一些。”①

例如，2008年，美国由次贷危机引发了全球金融风暴，新华社记者陈刚在报道这条新闻时就以写“人”的活动开始，让整条新闻“活”了起来。

特写：华尔街遭遇金融风暴

9月14日晚，在美国纽约的雷曼兄弟公司总部，两名员工抱着个人物品走出公司大楼。英国巴克莱银行当日宣布，撤出对陷入困境的美国大型投行雷曼兄弟公司的竞购行动。这使美国金融监管当局推动的雷曼兄弟公司拯救计划面临困境，这家美国第四大投行或将破产清算。雷曼兄弟公司员工纷纷清理个人物品，打包回家。（新华社记者侯俊摄）

新华社纽约9月14日电（记者 陈刚）——当地时间14日晚上，纽约曼哈顿人流熙攘依旧。在第七大道雷曼兄弟公司总部门口，警察用隔离栏围住大门，周围站满了记者和好奇的行人。“发生什么事情了，雷曼公司真的要倒闭吗？”一位路人询问着。没有人应答，只见从雷曼公司不断走出抱着箱子、拖着行李的员工，走向街头寻找出租车。

继今年3月美国第五大投资银行贝尔斯登因濒临破产而被摩根大通收购近半年之后，华尔街再次爆出令人吃惊的消息：美国第三大投资银行美林证券被美国银行以近440亿美元收购，美国第四大投资银行雷曼兄弟因为收购谈判“流产”而面临破产。在此之前很难有

① 马胜荣、薛群：《描述世界——国际新闻采访与报道》，新华出版社2009年版，第187页。

人能预料到，前后仅半年时间，华尔街排名前五名的投资银行竟然垮掉了三家。

3.做好解释工作

经济新闻的专业性与新闻写作的通俗性是一对矛盾。如何化解，就需要记者和编辑在中间“穿针引线”。应该说，英文的经济新闻相对于中文的经济新闻报道而言，会更加通俗易懂一些，也较少使用专业的经济术语。但是，有时经济新闻的头绪较多，所报道的事件会与过去的某件事有联系，如果缺乏这部分背景，就会造成阅读困难。特别是在跨文化传播的情况下，因为缺少相应的文化背景，理解起来难度会更大，所以在经济新闻的编译中，也会出现需要增加背景和解释性文字的情况。

背景和解释性文字能够帮助读者了解经济事件的来龙去脉、内在联系，从更广阔、更深远的层面理解新闻。一篇成功的报道就要通过记者的梳理和解释，使对这一问题不甚了解的读者有个清晰、完整的认识，这就是经济新闻需要做好解释工作的原因。更重要的是，成功的报道往往能够揭示表面现象背后的症结所在，这才是对读者最有价值的信息。在判断什么时候需要增加有关背景和解释性文字时，编辑和记者要把自己放在一个普通读者的角度来思考和判断。

综上所述，经济新闻的编译虽然有一定的难度，但是只要编辑和记者在编辑稿件的过程中，发挥主观能动性，多为读者考虑，还是可以编辑出通俗易懂、生动有趣的经济新闻的。本章我们将结合实例，探讨经济新闻的编译方法。金融、财税、贸易是发达国家经济新闻的三大支柱，为了讲授方便，我们也将按照这三部分内容分别叙述。

第二节　国际金融新闻编译

金融新闻是财经类媒体赖以生存的新闻品种，它重点关注资本市场、金融市场以及与投资相关的要素市场，并用金融资本市场的视角看经济生活。

国外新闻媒介的金融报道一般分为两大类：一类侧重于新闻服务，提供一般性金融新闻报道，为一般受众服务；另一类侧重于行情信息服务，提供专业性信息，为投资者服务。国内的财经媒体情况与此类似。鉴于在国际经济新闻编译中，前一类的新闻居多，本节将重点关注第一类新闻。

参与者（投资者、公司、金融机构）、监管者和市场是金融/资本市场的三要素，金融新闻是围绕着这三要素展开的。但由于经济活动中的任何因素都会影响并反映到金融市场上，特别是有着“经济晴雨表”之称的股市，所以在泛金融新闻的报道中，涉及的新闻类型可以说几乎涵盖了本章所讲的所有新闻类型。

经济新闻实质是围绕着数字讲故事，处理数据是经济新闻写作和编译的首要任务。这一点，在金融新闻上体现得再明显不过了。金融新闻是所有的经济新闻中数字运用最多的类型，比如股市行情，内容除了数字还是数字。

本节我们将继续探讨第一节中提到的处理经济数据的方法，从股市报道谈起，总结国际金融类新闻的编译方法。

对于股票行情，或者说交易日的报道，一般以股市数据为核心，分三个时段进行：第一时段为开盘时段,一般报道开盘半小时内股市的有关数据;第二时段为中盘时段,即报道中午一点前股市的有关数据;第三时段为收盘时段,报道收盘时的数据。

西方记者采写的股市新闻,一般除了提供股市数据和解释数据变化的原因外,还会对表现突出的个股进行报道,并提供这些个股股价变化的数据及其原因。编译这种新闻的方法跟例 1 基本相同,只需简明扼要地报道大盘数据以及数据变化的原因即可,无需报道各国具体个股的表现,因为国人一般不投资外国股票,对于这方面的信息没有什么需求。

不过,如果大盘出现暴涨或者暴跌,国内外媒体一般都会用较长的篇幅进行重点报道,因为这往往预示着整体经济出现了一些问题。在这种情况下,股市新闻往往会成为综合性新闻媒体的头版头条,以引起更多受众的注意。全球经济时代,一国股市的暴涨和暴跌会造成全球范围的连锁反应,引起全世界的关注。以下是一组有关美国股市大跌及其连锁反应的英文报道,以及根据这些报道综合编译出来的中文报道。

例 2 2007 年 7 月 26 日,受房地产市场次贷危机的影响,美国股市大幅下挫,道琼斯指数下跌了 300 多点。美股下跌向全球股市发送了震荡波,造成全球股市下挫。全球主要媒体都对这一重大市场信息进行了报道。

英文原稿一:

Dow Plunges More Than 300 Points

July 27,2007

(1)(**Xinhua**)— U.S. stocks fell sharply on Thursday amid concern over cooling housing market and subprime loan crisis, with the Dow falling more than 300 points.

(2) In the closing trading, the Dow Jones Industrial Average, which after falling as much as 449.77 in earlier trading, was down 311.50 points, or 2.26 percent, the biggest loss since Feb.27, to 13,473.57. The Standard & Poor's 500 index fell 34.98 points, or 2.30 percent, to 1,483.11. The Nasdaq composite index fell 48.83 points, or 1.84 percent, to 2,599.34.

(3) New home sales in the United States fell by 6.6 percent in June, the largest amount in five months and more than triple what had been expected, the Commerce Department reported Thursday.

(4) The median price of a new home, the point where half of the new homes are sold for more and half for less, was 237,900 dollars, down 2.2 percent from a year ago. It was the biggest year-over-year price drop since this April.

(5) Due to the cooling housing market, the No. 1 subprime lender Countrywide Financial reported a 33 percent decline in quarterly profit.

英文原稿分析:

新华社的英文原稿比较简洁,以数据报道为主。导语段总结了本条新闻的核心——美国股市大跌及其原因;Para 2 是股市 26 日收盘数据;Para 3-5 是房地产业的数据指标,是对股市下跌原因的解释。

英文原稿二：

Nikkei Sheds 400 Points; Region In Retreat

By Chris Oliver, *MarketWatch* | July 27, 2007

(1) **HONG KONG**—Shares tumbled across Asia on Friday, sparked by risk aversion after Wall Street's hefty decline, with investors spooked by fears for the U.S. housing and credit markets.

(2) Japan's 225-issue Nikkei Stock Average shed more than 400 points to its lowest level in almost three months as export stocks such as Canon Inc. and Honda Motor Corp. were hit hard on concerns for the U.S. economy.

(3) Tokyo stocks were also pressured ahead of weekend elections that will see half the seats contested in the upper house of Japan's parliament. Polls conducted by the business daily Nikkei suggest the ruling Liberal Democratic Party will face an uphill battle in Sunday's election to maintain its grip on power.

(4) "Last March this type of fall was a big opportunity for individual investors to come in and buy stocks, but this time the buying is a bit slower because of the election concerns," said Yoji Takeda, a fund manager with RBC Investment Management Asia.

(5) Indexes across the region all declined. Those in Taiwan, South Korea, Singapore, India and Thailand retreated more than 3%. Shallower losses were recorded in Kuala Lumpur, Shanghai, Hong Kong, Sydney, Wellington and Jakarta.

(6) The Nikkei ended down 418.28 points, or 2.4%, to 17,283.23, its lowest close since May 1. The Topix index retreated 2.2%, or 37.47 points, to 1,699.71.

(7) Mining stocks were weaker in Sydney, pacing declines in the price of base metals and crude oil. Shares of BHP Billiton, the world's largest miner by capacity, tumbled 3.6%. Rival Rio Tinto was off 3.5%.

(8) Hong Kong's Hang Seng Index shed 2.8%, or 641.28 points, to 22,570.41, its biggest single-day points decline since March 5. The China Enterprises Index, a gauge of 41 mainland incorporated companies listed in Hong Kong, fell 3.2% at 12,926.43.

(9) Shanghai's Composite Index ended the session little changed, easing 0.03% to 4,345.36.

(10) The fate of Asian markets next week rests with investor reaction to second-quarter U.S. gross domestic product figures, due out later Friday, analysts said.

(11) "If that is able to install confidence in the general investing public, then we should be seeing some rebound or stabilization next week," said Pauline Dan, a fund manager with Manulife Asset Management in Hong Kong. She expected the U.S. data to provide some support.

(12) Dan cautioned that Friday's sell-off in Hong Kong hadn't done much to knock back valuations, with the market ending just 4% shy of its record close Tuesday.

(13) "I wouldn't say that we are a screaming buy at this point yet," Dan said.

(14) In other regional action, South Korea's Kospi index tumbled 4.1%, Taiwan's Weighted price index retreated 4.2% and Singapore's Strait Times Index fell 3.1%.

(15) Australia's S&P ASX/200 shed 2.8% and New Zealand's NZX 50 Index retreated

1. 8%.Thailand's SET index shed 3%, Indonesia's JSX Composite was down 2. 8% and India's Sensex index sank 3. 4% in late trading.

(16)"The hot money is not being so hot anymore," said Andrew Clarke, a sales trader with Societe Generale in Hong Kong. "I think possibly what we could start to see is the unwinding of carry trades, and that is not going to sit well in places like Hong Kong, where people have been chasing up stocks regardless of valuations."

英文原稿分析：

英文原稿二是美国股市大跌后亚太股市的反应。亚太股市是日经指数领跌，所以英文稿在导语段总结了亚太股市普遍下跌的事实后，立刻在 Para 2-4 介绍了日本股市下跌的情况及其两个影响因素——美国股市下跌和周末的议会选举。Para 5-9、Para 14-15 段是亚太股市下跌的详细情况和股市收盘数据。Para 10-13 和 Para 16 都是引用有关人士的话对股市进行分析。这里面涉及数据的内容是比较核心的。

英文原稿三：

New Home Sales Down Substantially

By MARTIN CRUTSINGER, The Associated Press | Thursday, July 26, 2007

(1) **WASHINGTON**— Sales of new homes tumbled in June by the largest amount in five months, provoking new worries on Wall Street about how much the prolonged housing slump will hurt the overall economy.

(2) The Commerce Department reported Thursday that sales of new single-family homes dropped by 6. 6 percent last month to a seasonally adjusted annual rate of 834, 000 units. The decline was more than triple what had been expected and was the largest percentage drop since sales fell by 12. 7 percent in January.

(3) The fall in new home sales was the latest piece of evidence this week of housing's troubles. Sales in the much larger existing home market also fell in June, dropping by 3. 8 percent to an annual rate of 5. 75 million units, the slowest pace in nearly five years. Also this week, Countrywide Financial, one of the largest mortgage lenders, reported a sharp drop in second-quarter profits. The company said rising default rates were spreading from subprime to more conventional mortgages.

(4) All these developments unnerved Wall Street, where concern is growing that the problems with subprime mortgages could mean more widespread credit problems are ahead. The Dow Jones industrial average plunged by 311. 50 points to close at 13, 473. 57. It was the biggest one-day point loss since the Dow fell 416. 02 points on Feb. 27, when a drop in China's Shanghai stock market rattled investors.

(5) Asked about market turmoil, Treasury Secretary Henry Paulson said Thursday it showed investors were reassessing the risks involved in credit markets.

(6) "Whenever we have extended periods of good markets and benign economic situations, there is a tendency for laxness," Paulson said in a Bloomberg television interview. "I do believe

this is a wake-up call that lenders need to be very careful when they price risks."

(7) Paulson said he expected the market turmoil will be contained because of the overall strength of the economy. But he said it was his job "to be vigilant and be prepared if and when we have a global financial shock."

英文原稿分析：

英文原稿三是对美国房地产市场的报道。由于本次道指大跌是由美国商务部公布的房地产数据引起的，所以本稿可以作为前两篇稿件的配套稿件，提供详细的背景和解释。原稿的内容有数据、有分析，具体的安排如下：

标题	强调房市销售量下滑
Lead	总结主要新闻事实：房地产市场下跌，影响华尔街
Para 2-3	房地产市场的具体情况和数据
Para 4	房地产市场对华尔街的影响：导致美国三大股指下跌
Para 5-7	美国财长保尔森对于股市震荡的看法

这里面有关房市和股市的重要数据，前两篇都已经涉及了，但本稿中有美国财长对股市的看法，是比较重要的内容，有一定的参考意义。

汉语编译稿：

道指狂泻300点　全球股市现多年罕见暴跌

2007年7月28日

(1)由于投资者对次级贷款危机以及房地产市场的担忧席卷华尔街，美国股指26日收盘暴跌，道琼斯工业平均指数下跌了300多点。受此影响，亚太股市27日纷纷下挫，日经指数跌幅较大，而澳大利亚、韩国等股指更是创造了今年以来的最大单日跌幅。纽约股市大跌同样波及欧洲股市，伦敦、法兰克福和巴黎股市指标股指26日纷纷下挫。

道指大跌300余点

(2)由于美国利空新房销售数据引发投资者对住房市场前景的担忧，26日纽约股市大幅下挫，其中道琼斯指数终盘跌幅超过300点。

(3)美国商务部当天发布报告说，今年6月份美国新房销售量下降6.6%，降幅远远超过市场预期，且是过去5个月来的最大月降幅。这一数据打击了投资者对美国住房市场复苏的信心。

(4)同时，由于住房市场低迷，向房地产开发商提供大量贷款的银行等金融机构遭受冲击，市场担心这可能引起未来企业借贷难度增加。这种市场情绪也使当天股市大盘承压。

(5)至收盘时，道琼斯30种工业股票平均价格指数比前一个交易日下跌311.50点，收于13473.57点，跌幅为2.26%，盘中一度深跌449.77点。

(6)此外，标准普尔500种股票指数下跌35.43点，收于1482.66点，跌幅为2.33%。以技术股为主的纳斯达克综合指数下跌48.83点，收于2599.34点，跌幅为1.84%。

(7)美国当地时间27日9时20分，美商务部公布数据显示，今年第二季度美GDP按年率计算增长3.4%，增速远大于第一季度的0.6%。尽管美国经济数据向好，但27日美国股市早盘,道指依然延续下跌趋势,跌25.85点为13447.72点。标普500指数下跌3.65点为1479.01点,纳斯达克综合指数下跌8.24点为2591.10点。

大跌是市场正常波动

(8)美国财政部长保尔森26日表示,美国股市当天的大跌不过反映了市场的正常波动,同时这种波动也在可控范围内。

(9)保尔森当天在接受采访时说,市场总会有波动,股市的大幅下挫显示投资者正重新对投资风险进行评估。但他强调,股市的动荡并不会失控,因为美国整体经济仍保持着健康运行。

(10)对于引起股市大幅震荡的美国房地产市场,保尔森承认,美国住房市场正在进行"非常重大的调整",还需要一段时间才能走出困境。对于次级贷款危机,美国也需要更长时间才能消化处理。

全球股市普跌

(11)受纽约股市三大股指全面下挫和日元升值等因素的影响,27日东京股市日经225种股票平均价格指数大幅下跌。当天东京股市收盘时,日经指数比前一个交易日大幅下跌418.28点,跌幅达2.36%,收于17283.81点,为今年5月1日以来的最低收盘点位。日经指数盘中一度下跌超过500点。

(12)跟随全球股市跌势,27日中国香港股市恒生指数暴跌2.76%,为自3月以来最大单日跌幅。恒指收盘报22570.41点,跌641.28点。

(13)中国台北股市大跌404点,下跌指数创下史上单日第四大跌点。根据中国台湾证券交易所资料,史上中国台北股市单日下跌指数最大是2000年3月13日,下跌617点;其次为同年4月15日,下跌507点;第三为2004年3月22日,下跌455点。

(14)韩国股市收盘重挫4.1%,创三年最大单日跌幅,外资大举超卖。

(15)澳洲股市收跌2.73%,为2001年以来最大单日跌幅。

(16)纽约股市大跌同样波及欧洲股市。伦敦、法兰克福和巴黎股市指标股指26日分别下挫3.15%、2.39%和2.78%。(来源:《上海证券报》朱贤佳)

汉语编译稿分析:

汉语编译稿对前三篇英语报道进行了综合,有选择地运用了三篇原稿中不同的内容。编译稿在新闻的第一段总结了整条新闻的主要内容,然后分三个部分,分别介绍了道指大跌、财长看法和全球股市的相关情况。第一部分道指大跌,主要来源于英文原稿一,介绍了美国三大股指下跌的情况以及收盘数据;第二部分来源于英文原稿三,主要是美国财长对股市下挫的看法;第三部分来源于英文原稿二,但主要挑选了市场数据进行报道。除了英文原稿外,记者在报道这条新闻时还参考了其他相关内容,而且在报道新闻时,还特别交代了27日纽约股市早盘收盘的数据(画线部分)。特别需要指出的是,编译稿的新闻标题,在写作时突出了中文标题的特点,使用了一些形容词和副词来强调股市变化之强烈,并将本条新闻置于一定的上下文之中,凸显了新闻的意义。

从上例中我们可以总结出重大股市新闻的编译要点：

1.大盘数据，特别是收盘数据，是报道的重点，包括收盘点数、上涨和下跌的点数、上涨和下跌的比值等。如非必要，一般不报道外国股市表现较突出的个股及其股价变化。

2.大盘变化的原因，即什么导致大盘上涨或者下跌，也需要进行报道。如果在解释原因时，其他经济情况的数据能说明问题，对这些数据进行报道也是有必要的。

3.除了数据外，对数据的解读也是帮助受众理解经济新闻的关键，如果原文中有权威人士（经济专家或经济人物）对数据的解读，可以选择性地加以选用。

4.如果一国股市的震荡造成了全球范围的影响，在编译中需要加以体现，哪怕是需要用数据来说明问题也是必要的。

例3 在世界许多国家，都有对金融市场进行监管的专门机构。在美国，对资本市场进行监管的最重要的机构是美国证券交易委员会（SEC），它负责监管美国股市，给违规行为"吹哨"。以下是对其一次调查活动的英文报道。

英文原稿一：

US Regulators Probe Trading in Dow Jones Before Murdoch's Bid

Agence France Presse | Sat May 5, 2007

(1) US authorities have reportedly launched investigations into suspicious trading in Dow Jones Co.before a bid for the company by Rupert Murdoch's News Corp.

(2) Dow Jones received a subpoena from the New York state attorney general's office and an inquiry from the Securities and Exchange Commission (SEC), a company spokesman told the *Wall Street Journal*.

(3) "We will cooperate fully with the authorities investigating the matter," an unnamed spokesman for Dow Jones was quoted as saying.

(4) An official with News Corp. confirmed the company had received a subpoena from the attorney general and the SEC, saying the company was ready to cooperate "fully."

(5) The investigations come after news of Murdoch's five-billion-dollar bid for Dow Jones emerged last week, two weeks after the Dow Jones board received his unsolicited offer.

(6) Trading in Dow Jones options increased markedly in late April, with more than 10,000 call options on the stock traded compared with 7,000 over the whole first quarter, the paper reported.

(7) Some options traders made big profits as Dow Jones shares rocketed over 57 percent to around 57.28 dollars a share in the wake of the report of Murdoch's bid.

(8) The board of directors for Dow Jones announced earlier in the week that it will take no action on the surprise offer. Controlling shares belong to the Bancroft family, and a representative has told the board the family opposes the bid.

(9) The Wall Street Journal is the prize asset of Dow Jones and the most prominent daily business publication in the United States.

英文原稿分析：

英文原稿的主要内容是道琼斯公司的股票交易受到了美国监管部门的调查，原因与传媒巨头默多克的新闻集团对道琼斯的一项收购提议（要约）有关。因为新闻稿的核心是可能的违规现象，在对其进行编译时，编辑或记者要注意弄清楚违规事实（也是新闻中的 Why 这个要素），并在编译稿中交代清楚。涉及违规事实的英文原稿段落有：

Lead　交代主要事实：美国监管部门已对道琼斯公司的交易进行调查

Para 5-7　介绍了交易中的疑点，即在 4 月下旬道琼斯公司的股票期权交易额出现异常，在默多克对道琼斯公司提出购买要约后，道琼斯股价猛涨，让一部分交易者获得巨大利益

除了涉及违规事实的段落外，文章的其他段落还交代了一些相关事实，包括：

Para 2-4　调查的进展以及道琼斯公司和新闻集团对调查的表态（新闻事实）

Para 8　道琼斯公司对要约的态度

Para 9　背景：报道该消息的《华尔街日报》与道琼斯公司的关系

总体上来说，英文原稿一简要报道了道琼斯公司交易受到美国监管部门调查的事实，但对违规事实仍然交代得不够清晰，仅凭英文原稿一的内容，我们很难准确地解释清楚道琼斯公司交易被调查的原因，因此在编译这条新闻前我们还需要查证一下，以弄清和确定新闻事实。因为英文原稿一交代了新闻的出处是《华尔街日报》，所以还需找到《华尔街日报》报道的原稿。

英文原稿二：

Regulators Probe Suspicious Trading in Dow Jones

By KARA SCANNELL, *The Wall Street Journal*

Sat May 5,2007;Page A3

(1)The New York state attorney general's office and the Securities and Exchange Commission are investigating suspicious trading in Dow Jones & Co. stock and options prior to the public disclosure of News Corp.'s $5 billion offer for the company this past week, people familiar with the matter said.

(2)News of the bid broke on Tuesday, two weeks after the board of Dow Jones received the unsolicited, $60-a-share offer from News Corp.'s Rupert Murdoch.

(3) A Dow Jones spokesman said the company had received a subpoena from the attorney general and an inquiry from the SEC. "We will cooperate fully with the authorities investigating the matter," the spokesman said. A News Corp. spokesman said that company too had received a subpoena from the attorney general and an SEC inquiry. "We are cooperating fully," the spokesman said.

BID FOR DOW JONES

(4)Eric Corngold, New York state's executive deputy attorney general for economic justice, declined to comment, as did an SEC spokesman.

(5)Several investment banks are advising News Corp.and Dow Jones.It isn't clear if any have been contacted yet by authorities.

(6)The investigations into trading ahead of the Dow Jones bid come as the SEC has ramped up its focus on potential insider trading, especially involving Wall Street professionals and merger activity. On Thursday, the SEC and federal prosecutors in Manhattan filed insider-trading charges against a former Credit Suisse Group banker, accusing him of passing inside information about nine pending deals, including a takeover of Texas utility TXU Corp., to a financial executive in Pakistan while he was still at the bank.

(7)The authorities likely will be looking at trading in Dow Jones options from late April. More than 10,000 call options on the stock changed hands in that period, compared with about 7,000 during the entire first quarter.

(8)The gains that traders hoped to see came Tuesday, when shares of Dow Jones rose \$19.87 to \$56.20 in 4 p.m. New York Stock Exchange composite trading on news of the News Corp. offer. Yesterday, shares of Dow Jones rose three cents to \$55.80.

(9)The stock move left some option traders with enormous profits. For example, on April 30, with Dow Jones shares trading around \$36, traders snapped up call options that give them the right to pay \$45 for the stock in the coming months. More than 3,400 of the call options changed hands during the session, which was the first time these traded at all in almost three months, according to Track Data. The following day, as the stock surged on news of Mr. Murdoch's offer, the positions rose to \$12 from 35 cents—a more-than-34-fold return.

(10)Dow Jones's shares themselves traded very heavily on April 17, the day Mr. Murdoch sent a letter containing his proposed offer to the Dow Jones board. The company reported its first-quarter earnings the same day, and held its annual shareholder meeting the following day. The share price rose \$1.13, or 3.2%, to \$36.24, while nearly 2.8 million shares changed hands, more than double the average daily volume.

(11)The outcome of the bid is in the hands of Dow Jones's controlling shareholders, the Bancroft family, which controls 64.2% of the voting stock through special Class B shares. Earlier this week, Dow Jones said members of the family accounting for about 52% of the voting stock opposed the offer.

(12)Separately, Nora Vides, a Dow Jones shareholder, filed suit May 3 in New York state court, claiming that Dow Jones directors, including members of the Bancroft family, breached their fiduciary duty through a "hasty" rejection of News Corp.'s bid. The bid was rejected, the plaintiff claimed, so that the directors could maintain "their controlling voting position against any real or perceived threat." Ms. Vides filed the suit, which seeks class-action status, on behalf of other shareholders. Legal representatives for the family couldn't be reached for comment. Dow Jones said it hadn't received the complaint and didn't have any comment.

英文原稿分析：

英文原稿二是《华尔街日报》的原稿，其中涉及道琼斯股票和期权交易违规事实的内容有：

Lead 关键词是“prior to the public disclosure of...”,在“公布默多克的收购提议之前”的可疑交易

Para 2 从发稿时间和这段中交代的时间推算,正式公布消息是5月1日,而道琼斯公司收到默多克的收购提议是在公布消息的两周前,也就是4月17日。

Para 6 交代了背景——美国监管部门加大了对华尔街的金融从业人员和并购交易的监管力度,但其中有一个关键词对理解道琼斯公司的违规事实有所帮助,那就是“potential insider trading”,即金融从业人员违反职业操守,进行内部交易

Para 7-10 详细介绍了可疑交易的具体情况,在默多克的收购提议正式公布的前一个交易日,道琼斯公司的股权交易猛增,第二天正式消息公布后,道琼斯公司股价大涨,使期权交易者猛赚了一笔。而且在默多克向道琼斯公司提交收购协议的当天,也就是4月16日,道琼斯公司的股票交易额也大增,这些和“内部交易”联系起来看的话,说明有些内部人员提前透露了收购协议的消息,导致了市场交易的异常变化,这就是道琼斯公司股票和期权交易的疑点,也是为什么该公司和默多克的新闻集团同时受到美监管部门调查的原因

英文原稿二的其他内容和英文原稿一差不多,只是更详细些。结合英文原稿一和英文原稿二,我们可以弄清基本的新闻事实,只需对内容稍作梳理,就可以编译出汉语新闻稿。

汉语编译稿:

新闻集团与道琼斯公司因涉嫌可疑交易遭调查

(1)**新华社纽约5月6日电** 据美国《华尔街日报》报道,美国司法部门与证券交易委员会已对新闻集团和道琼斯公司发起调查,理由是在新闻集团日前宣布收购道琼斯公司前,道琼斯公司的股票和股票期权出现可疑交易。

(2)道琼斯公司本月1日发表声明,宣布其接到新闻集团提出的50亿美元收购提议。但在这一声明发布前的几个交易日里,道琼斯公司的股票期权大受市场追捧,交易量超过今年第一季度的交易总量。与此同时,道琼斯公司股价也随之飙升,在4月份最后几个交易日里猛涨了57%。这意味着,上述收购提议可能被提前泄露。

(3)此外,在道琼斯公司收到新闻集团收购提议的当天,也就是4月17日,道琼斯公司的股票也上涨了3.2%,同时有大约280万股股票易手,是平常日交易量的两倍多。

(4)道琼斯公司发言人以及新闻集团负责人均表示,已收到纽约州总检察长办公室的传票以及美国证交会的调查要求。

(5)道琼斯公司创立于1882年,旗下拥有以对商业和财经领域的深度分析报道著称的《华尔街日报》报系和提供实时财经报道和市场评论的道琼斯通讯社。而由传媒大亨默多克控制的新闻集团则是目前世界上规模最大、国际化程度最高的综合性传媒公司之一,拥有21世纪福克斯电影公司、福克斯网络和35家电视台。(来源:新华社;有修改和增补)

汉语编译稿分析:

汉语编译稿简明扼要地交代了道琼斯公司和新闻集团因为涉嫌可疑交易而受到美国监管部门调查的事实。编译稿的导语概括了主要新闻事实,第二和第三段交代了这两家公司受到调查的原因,也就是两个公司涉嫌违规交易的事实。值得注意的是,在交代违规事实时,编辑并没有局限于英文原稿的一系列数据,而是有选择性地挑选了一些能够说明道琼斯

股票和期权交易异常的数据，把事实交代得清晰易懂。第四段交代了调查的进展，相对于道琼斯公司交易受调查的原因而言，重要性要弱一些，所以放在了原因的后面，这样安排更加合理。第五段是背景，主要是向不是很熟悉道琼斯公司和新闻集团的中国受众简要介绍一下这两家公司。虽然是背景，但还是必要的，而且背景介绍也没有局限于英文原稿，而是针对国内受众量身定做，处理得很好。

在对监管类新闻进行编译报道时有以下一些要点：

1.在交代了哪个监管部门对哪个（或哪些）公司进行调查后，接下来就应该交代公司违规的具体事实或者过程。

2.关于调查的最新进展，是放在开头还是违规事实后，可以根据编译稿的行文需要灵活安排，关键看怎样可以更好地方便受众阅读和理解。

3.最好在编译稿的最后交代一下受调查公司的相关背景。

以上我们通过一些编译实例总结了一些常见的金融新闻编译报道的方法，实际上，金融新闻报道的领域远比本节所讲的内容要宽泛得多，限于篇幅，这里就不一一举例了。但不管哪种类型的金融新闻，编译报道都离不开数据这个核心，基本方法都是报道数据和数据变化，以及数据变化背后的原因或者说明的问题。

第三节 国际贸易新闻编译

国际贸易的历史跟国家的历史一样久远，早期国际贸易规模很小，直到15世纪末、16世纪初的地理大发现，才极大地推动了国际贸易的发展。如今，在我们生活的这个全球化的时代，国际贸易已经成为了一种常态——我们的吃、穿、住、行、用，恐怕没有哪一样不跟国际贸易沾边。

国际贸易是在国际分工和商品交换的基础上形成的。参与国际贸易的主体，既有个人、公司，也有国家。不管是哪种层次的国际贸易主体，参与国际贸易的目的都是为了获利，也因此，国际贸易的过程并不总是一帆风顺，而是始终伴有各种摩擦。这也是我们需要国际贸易组织（WTO）、亚太经合组织（APEC）这样的世界范围和地区范围内的组织，来协调和监管国与国之间贸易的原因。在这些组织中，最重要的当属WTO。

例4 成立于1995年1月1日的WTO是当代最重要的国际经济组织之一，该组织负责管理世界经济和贸易秩序，有“经济联合国”之称。WTO除了制定国际贸易和经济政策、调节国际贸易纠纷等工作外，还会定期发布报告，对世界贸易和世界经济进行评价，以下是法新社记者根据该组织2009年的一份报告做出的英文报道及其中文编译稿。

英文原稿：

WTO Cuts Trade Forecast, Sees Rising Protectionism

July 2,2009 AFP

(1) The World Trade Organisation has warned of rising protectionism amid the economic crisis

as it sharply cut its forecast for trade volumes of developed and developing economies this year.

(2) Making its latest assessment of the global economic situation, the WTO on Wednesday also observed that the sharp contraction of the global economy registered in the first quarter this year "appears to be slowing down".

(3) However, citing risks including rising unemployment and oil prices, the organisation lowered its forecast of global trade contraction to 10.0 per cent from its March forecast of a shrinkage of 9 per cent.

(4) Trading volumes of developed economies are now expected to shrink by 14 per cent instead of 10 per cent while those of developing economies would contract 7 per cent, rather than the earlier forecast 2 to 3 per cent.

(5) Amid the economic crisis, the WTO said in its report to member states that there has been a growing number of instances of protectionism.

(6) "In the past three months, there has been further slippage towards more trade restricting and distorting policies," it said in the report obtained by AFP.

(7) The WTO added that "resort to high intensity protectionist measures has been contained overall, albeit with difficulties."

(8) It noted that even without taking into account trade measures put in place due to the swine flu pandemic, there were more than twice as many new trade barriers introduced than new trade liberalising measures.

(9) It said restrictions related to the A(H1N1) flu pandemic has been "most noticeable," listing at least 39 member states which have imposed measures such as import bans on pork products from swine flu-affected countries.

(10) "A worsening of the A(H1N1) flu pandemic could also create further downside risk to global economic recovery," it said.

(11) The trade organisation also raised renewed concerns over stimulus programs put in place by governments in a bid to lift economies out of the recession.

(12) It said that there is "very limited information that is available publicly" on these programs, therefore, it is difficult to assess how these measures could distort markets and competition.

(13) In addition, it is unclear when support or subsidies provided by the state to prop up ailing industries such as automobile or banking would be withdrawn when the problems are dealt with.

(14) "An important consideration for the G20 countries, therefore, is to design and announce as soon as possible an exit strategy from their crisis measures that will allow world markets to return to normal again," it said.

(15) On Monday, the top central banking body BIS also called on governments to end stimulus programs "promptly" once economic recovery bites, so as to avoid distorting markets and raising inflationary risks.

(16) "Once the recovery becomes evident, the stimulus will have to be withdrawn promptly

and markets allowed to regain their role in allocating resources," Jaime Caruana, General Manager of the Bank for International Settlements, said during the bank's annual general meeting.

英文原稿分析:

原稿的核心内容是世界贸易组织对全球贸易的预测,以及对贸易保护主义增多的警告。从内容上看,新闻前半部分侧重贸易预测,后半部分侧重贸易保护主义。具体内容安排如下:

标题	强调预测中的贸易额下降以及贸易保护主义增多
Para 1	概括新闻核心内容
Para 2-4	具体的预测数据
Para 5-7	贸易保护主义增多
Para 8-10	贸易保护主义增多的原因之一:H1N1 流感
Para 11-16	贸易保护主义增多的原因之二:国家刺激经济的措施

整条新闻基本围绕核心内容展开,没有过多冗余的信息。在编译处理时,也应围绕着核心内容展开,交代清楚必要的信息。

汉语编译稿:

法新社:世贸组织预测全球贸易额今年将下降 10%

2009 年 07 月 03 日

(1)**据法新社 2 日报道**　世界贸易组织(WTO)今天大幅降低了对今年全球贸易的预测,并警告说贸易保护主义可能在经济危机中抬头。

(2)WTO 日前对全球经济形势进行的最新评估显示,全球经济今年一季度出现的大幅收缩的趋势"似乎开始放缓"。

(3)但 WTO 也指出了包括失业率上升和油价上涨在内的风险,并预测今年全球贸易额将减少 10%。其中,发达经济体的贸易总额将减少 14%,而不是早前预测的 10%;发展中经济体的贸易总额将减少 7%,而不是早前预测的 2%-3%。

(4)WTO 在给成员国的报告中称,在当前的经济危机中,贸易保护主义现象越来越多,"过去 3 个月,出现了贸易限制和干扰政策增多的趋势"。报告还说,H1N1 型流感和各国为了摆脱经济衰退的刺激措施是导致贸易保护主义增多的原因。

(5)但 WTO 也表示:"尽管困难重重,诉诸高强度贸易保护主义措施的做法总体上受到了抑制。"(来源:新华社;有修改)

汉语编译稿点评:

汉语编译稿基本遵从了原稿的内容安排,先在导语段概括了新闻的两点核心内容,接着在后面分别展开,补充交代了与核心内容相关的必要信息,如第 2-3 段围绕贸易预测展开,第 4-5 段集中交代贸易保护主义的相关内容。同英文原稿相比,汉语编译稿在造成贸易保护主义增多的原因方面处理得更言简意赅。

从以上英文原稿及汉语编译稿的处理方式中，我们可以大致总结出经济报告的报道和编译方式：

1.如果有重要数据需要报道，应该按照数据编译报道的一般方法进行处理。

2.除了数据之外，如果还有其他重要内容，可以一并进行编译报道，但要注意对内容的挑选，不能眉毛胡子一把抓。

贸易保护主义是国际贸易的壁垒之一，往往容易造成贸易摩擦。不过，造成贸易摩擦的原因就不仅仅是贸易保护主义了。以下这条关于俄罗斯与乌克兰之间天然气纠纷的新闻，说明了造成贸易摩擦的根本因素是国家利益。

例5 俄罗斯与乌克兰在天然气价格和过境费等问题上的争执已持续多年。乌克兰天然气储量匮乏，每年消费天然气800亿立方米，其中约四分之三需要进口，对俄罗斯能源依赖程度很大。欧盟国家约四分之一的天然气从俄罗斯进口，其中约80%经由乌克兰输送。俄罗斯与乌克兰互为盟国时，俄罗斯以远远低于国际市场行情的价格向乌克兰提供天然气。2004年乌克兰“橙色革命”后，乌克兰开始疏远俄罗斯而倾向西方，俄乌关系随之恶化，俄罗斯开始要求乌克兰以市场价格从俄购买天然气。

2005年12月，俄罗斯与乌克兰就俄向乌提供的天然气涨价问题出现争议。在双方谈判陷入僵局后，俄罗斯于2006年1月1日降低了通向乌天然气管道的送气压力，一些欧洲国家的天然气供应因此受到影响。后经谈判，俄乌两国暂时达成妥协。但此后俄乌双方在天然气价格和债务偿还等问题上依然争执不断。

2008年3月3日和4日，俄罗斯与乌克兰就乌偿还天然气债务问题的谈判陷入僵局后，俄天然气工业股份公司先后两次减少对乌供气量，削减总幅度达50%。经过多轮谈判，乌俄就解决债务等问题达成一致，并签署了2008年的供气合同。

到了2008年末需要签订2009年的天然气合同时，俄乌双方的争端再次浮出水面。以下是世界主要通讯社对这一问题的报道，以及根据这些英语报道编译出来的汉语报道。

英文原稿一：

Ukraine President Tells Govt to Settle Gas Disputes

Saturday Nov 21,2008

(1) **KIEV, Nov 21 (Reuters)**— Ukraine's President Viktor Yushchenko told the government on Friday to settle arrears for gas supplies from Russia and agree on a price for 2009 imports, a day after Moscow said its neighbour had $2.4 billion in debts.

(2) Yushchenko put the blame for the new announcement of unsettled arrears squarely on the government led by his former ally turned rival, Prime Minister Yulia Tymoshenko.

(3) "It is your personal responsibility that a state monopoly over which the government exercises direct control has arrears of more than $2 billion," he told a meeting of the National Security and Defence Council.

(4) "A few days ago you said that everything was settled with gas. You must therefore prove in five days that you have resolved everything, starting with bills for gas supplied."

(5)Tymoshenko, on a visit to Sweden, told Ukrainian media a deal would soon be signed with Russia settling any debts and setting down a gradual rise in prices, under a deal she struck with Russian Prime Minister Vladimir Putin in October.

(6)Ukraine's state energy company Naftogaz says the arrears amount to only $1.27 billion to RosUkrEnergo—the intermediary that supplies Russian gas to Ukraine. It vowed to do "everything possible to settle the arrears as quickly as possible".

(7)The European Union is concerned about disagreements over gas between Moscow and Kiev as these can disrupt Russian supplies to Europe that flow through pipelines across Ukrainian territory.

(8)Ukraine and Russia are engaged in talks on a 2009 price for gas, currently set at $179.50 per 1,000 cubic metres.

(9)Gazprom has suggested an increase to $400 from next year, though Ukraine's industrial policy minister, Volodymyr Novytsky, on Friday dismissed the amount as a "political price".

(10)Tymoshenko, quoted by Interfax news agency in Stockholm, said: "We need to be patient and wait for the signing of an agreement, where I believe the price will be that set down in the memorandum I signed with Vladimir Putin, where it is stressed that we will move gradually towards market prices."

(11)Such a deal, she said, would also cover arrears.

"POLITICAL PRICE"

(12)The latest of several recurring rows over gas underscored uneasy relations between the neighbours since the 2004 "Orange Revolution" brought pro-Western leaders to power in Kiev.

(13)Moscow and Kiev are also at odds over Ukraine's bid to join NATO, its call for Russia's Black Sea Fleet to leave the Crimea peninsula by 2017 and interpretations of Soviet-era history.

(14)Analysts said a possible sharp rise in gas prices would hurt both Gazprom and Ukraine, which has secured a $16.2 billion loan from the International Monetary Fund amid the financial crisis.

(15)"...A substantial rise in gas prices could push the economy over the edge, hence a confrontation between Gazprom and Ukraine is possible," Russia's Uralsib bank said in a note.

(16)"A conflict would damage both sides but Gazprom would suffer more as the situation would again bring Russia's status as a reliable energy supplier into question once more..."

(17)In his remarks to the council, Yushchenko said money had to be found to pay off the arrears.

(18)"This is your personal matter, regardless of subsidised prices and pointless rate policies. Don't drag people, or us, into this," he said.

(19)"My second piece of advice is to press on with the talks," he said. "Effective negotiations, not with just one round, but based on clear, understandable principles will produce an answer as to whether we will have a political price in 2009."

(20)Tymoshenko's government has tried to maintain its popularity by keeping down price increases for communal services and subsidising gas prices paid by households.(Writing by Ron Popeski,Editing by Anthony Barker)

英文原稿一分析：

每年年底，俄罗斯和乌克兰的天然气争端都会成为媒体关注的焦点，因为到了双方要签明年的合同时，在天然气价格、债务方面的矛盾会更激烈一些。英文原稿一透露出来的信息有：

Lead,Para 17-18 乌克兰总统尤先科敦促总理季莫申科尽快偿还欠俄罗斯的天然气费

Para 2-4,Para 19 尤先科责备季莫申科没有处理好天然气的债务问题

Para 5,Para 10-11 季莫申科就俄乌天然气价格以及债务问题上的表态

Para 6,Para 8-9 俄乌双方的债务问题以及相关背景

Para 12-16,Para 20 俄乌天然气价格争端及其相关背景

英文原稿的信息较多，但主要是围绕着乌克兰总统敦促总理偿还俄罗斯天然气债务展开的。当然，国际背景知识丰富的记者和编辑也知道乌克兰和俄罗斯的天然气纠纷不仅仅是俄乌两国的事，也是乌克兰内部政治斗争(总统和总理不和)的体现，从英文原稿我们可以清楚地看到这一点。显然，英文原稿的内容涉及了三方面：价格、债务、不和。或许我们可以从这三方面来总结俄罗斯和乌克兰目前的天然气争端。

英文原稿二：

Yushchenko Blames Timoshenko for Outstanding Gas Debt

(1)**KIEV, November 21 (Itar-Tass)** — Ukrainian President Viktor Yushchenko blamed the government led by Yulia Timoshenko for"an unprofessional energy policy."

(2)"The incumbent government began its history with not affecting any payments in the first quarter for the gas supplied to Ukraine,"Yushchenko said at a meeting of the security council on Friday, in comments on Russian President Dmitry Medvedev's statements regarding Naftogaz Ukrainy's debt to Russia's Gazprom.

(3)Timoshenko's government is personally responsible for the outstanding debt."Seek this money either in non-compensated pries or in the talentless tariff policy.It's your personal issue.Do not involve a person and the nation in it,"Yushchenko said addressing the Ukrainian government.

(4)He also urged the Cabinet to conduct more effective talks with Russia over supplies of natural gas.

(5)"Keep the negotiating process.You live in a country where the president does not fix the price of gas.Effective negotiations with more than one round will give an answer as to whether the gas price in 2009 will be political,or we'll have our own position,"the president said.

(6)On Thursday,Russian President Dmitry Medvedev ordered Gazprom CEO Alexei Miller to exact the gas debt from Ukraine.

(7)Medvedev, at a meeting with senior Gazprom officials, said,"we have to clear up our stand on the Ukrainian gas debt, and exact it under the voluntary or compulsory procedure, as established by the effective legislation and within the framework of our bilateral relations."

(8)Miller told the president that the Ukrainian gas debt reached 2.4 billion dollars.

(9)"Our Ukrainian partners owe us more than 2.4 billion dollars.It's much money for any state or company,including Gazprom,"the president said.

(10)He reminded that during Ukrainian Prime Minister Yulia Timoshenko's visit to Russia, an accord was reached that"Ukraine will pay the money according to the established procedure."

(11)Miller said Gazprom had been in talks with Ukraine over a long-term contract of gas supplies in the past few days,but that the outstanding debt had been hampering the negotiations.

(12)"The level of readiness is high at the corporate level;all the necessary documents are prepared."Under an agreement,the countries should begin settlements for gas supplies at market prices,under the formula effective for European states.

(13)The transfer to the new system of relations,to Gazprom's direct supplies to Naftogaz,and the signing of contracts under which gas would be delivered at fixed prices in the first two years,i.e.in 2009 and 2010,is a condition,which Ukraine has failed to meet.

(14)"The debt issue remains unsettled as of today.The sum of the debt is astronomical," Miller said.

英文原稿二分析：

如果说英文原稿一还是从乌克兰总统敦促总理偿还欠俄罗斯的天然气债务这一积极方面来写新闻的话,那么,英文原稿二则直接从乌克兰总统责备总理这个内部斗争的角度来写了。从英文原稿二中我们可以获得以下信息：

Lead,Para1-5 乌克兰总统批评总理的能源政策"不够专业"

Para 6-10 俄罗斯总统梅德韦杰夫敦促乌克兰归还欠俄罗斯的天然气债务(这是英文原稿一中的"前情")

Para 11-14 俄罗斯天然气工业股份公司(Gazprom)总裁米勒表示,公司已经准备好按照固定的市场价格向乌克兰输送天然气,但债务问题阻碍了谈判的进展

在这些内容中,第二部分可以补充英文原稿一中乌克兰总统敦促总理还债的内容,因为英文原稿二提到了将双方债务问题提上日程的重要原因——俄罗斯总统亲自敦促乌克兰方面归还欠俄罗斯 24 亿美元的债务。另外,英文原稿二更加清晰地勾画了乌克兰总统和总理的不和。

英文原稿三：

Ukraine Has No Gas Debt to Russia-Timoshenko

(1)**STOCKHOLM, November 21 (Itar-Tass)**— Ukraine has no gas debt, Ukrainian Prime Minister Yulia Timoshenko said on Friday.

(2)"I think President [Viktor Yushchenko] must know that debts he is talking about are not the debts of Ukraine but bad debts of RosUkrEnergo.Ukraine owns nothing to RosUkrEnergo," Timoshenko said.

(3)The premier urged investigation into gas sector corruption and voiced hope that her government would manage to suppress corruption and to sign direct and transparent contracts.

(4) Timoshenko also hopes that next year's gas price for Ukraine will stay at the level declared in the recent memorandum of the Ukrainian and Russian premiers. "We should wait for signing a [gas] agreement. I think that the agreement will confirm the price declared in the memorandum signed by Mr. Putin and me. The memorandum says that we will switch to market prices within three years, and the switch will be proportionate and gradual," Timoshenko said.

(5) The Ukrainian premier hopes that Ukraine and Russia will sign strategic agreements within weeks and "there will be no questions of middlemen or gas debts."

(6) Russian President Dmitry Medvedev ordered Gazprom CEO Alexei Miller on Thursday to collect the gas debt from Ukraine. Miller told the president that Ukraine owed $2.4 billion for Russian gas.

(7) Neftegaz Ukrainy CEO Vladimir Trikolich said that Neftegaz owed $1.26-1.27 billion to RosUkrEnergo. "That is the entire sum of the debt," he said. Neftegaz has no debt to Gazprom, he added.

(8) Neftegaz signed a contract with RosUkrEnergo "which was and remains the only supplier of imported natural gas in Ukraine," Trikolich said. In his words, the contract was about the delivery of 49.8 billion cubic meters of gas in 2008 at the price of $179.5 per 1,000 cubic meters.

(9) Yushchenko ordered the Ukrainian government to repay the gas debt within five days and accused ministers of an unprofessional energy policy. "The history of the incumbent government started with the complete lack of gas settlements in the first quarter of the year," Yushchenko said at a Friday meeting of the Ukrainian Security Council.

英文原稿三分析:

英文原稿一和原稿二中都提到了乌克兰总统和总理不和,总统指责总理在俄乌天然气问题上办事不力,但都没有讲到乌克兰总理季莫申科对这一问题的回应,英文原稿三直接报道了季莫申科的回应和表态,而且只讲了这一个中心问题。具体说来,英文原稿三的内容有:

Lead, Para1-2 乌克兰总理季莫申科对总统要求政府归还欠俄罗斯的天然气债务的回应——乌克兰不欠俄罗斯钱

Para 3 季莫申科希望政府能调查能源方面的腐败,最终妥善解决能源问题

Para 4-5 季莫申科希望明年同俄罗斯的天然气合同价格能保持她和俄罗斯总理普京签署的备忘录中的价格,并最终同俄方签署"战略性协议"

Para 6-8 俄罗斯天然气工业股份公司(Gazprom)、乌克兰石油天然气公司(Naftogaz)以及中间商俄乌能源公司(RosUkrEnergo)的关系以及俄乌对债务总额的争议

Para 9 背景:尤先科要求季莫申科政府"五日内"归还欠俄罗斯的天然气债务并指责政府办事不力(英文原稿一报道过的内容)

这些内容,可以补充说明乌克兰总统和总理在俄乌天然气问题上的分歧。

英文原稿四：

Russia Gazprom: No Gas for Ukraine without Contract

By Gleb Bryanski | Sat Nov 22, 2008

(1) **MOSCOW, Nov 22 (Reuters)** — Russia's gas firm Gazprom would like to avoid supply cuts to Ukraine in 2009 but will not continue deliveries without a new contract, Gazprom's spokesman Sergei Kupriyanov said on Saturday.

(2) Russia has often threatened to cut gas supplies during pricing disputes with Ukraine and has fulfilled the threat in early 2006, briefly halting supplies to Europe, 80 percent of which go via Ukrainian territory.

(3) Gazprom said on Thursday Ukraine must repay a $2.4 billion gas debt before new supply contracts are signed, raising fears the two sides face another battle in their gas war.

(4) "We would like to avoid such a scenario (this time). We have time to reach an agreement before the new year but as you understand we cannot supply gas without a contract," Kupriyanov told Vesti 24 television channel.

(5) Ukraine's state energy firm Naftogaz said its debt to RosUkrEnergo, a Russian-Ukraine intermediary gas trader, co-owned by Gazprom, amounts to only $1.27 billion.

(6) Kupriyanov said the Ukrainian side counted only Sept-Oct debt while Gazprom included November debt as well as penalties. He denied there were major differences in the overall debt estimates.

(7) "Everybody understands pretty well who owes to whom and how much," Kupriyanov said.

(8) Ukraine and Russia are engaged in talks on a 2009 price for gas, currently set at $179.50 per 1,000 cubic metres. Kupriyanov said a market price for 2009 gas deliveries was $400 per 1,000 cubic metres.

GAS BURNING IN FURNACES

(9) A memorandum signed in October by Prime Ministers Vladimir Putin and Yulia Tymoshenko sees a gradual transition to market pricing and direct supplies without intermediaries such as RosUkrEnergo.

(10) Kupriyanov said direct supplies as well as lower gas prices for Ukraine in 2009 were only possible if other conditions set out in the memorandum, such as debt redemption in full, were met. He said Russia would not discount for the global crisis.

(11) "If Ukraine's consumption drops, our deliveries will fall as well but it is not happening. Gas is burning in furnaces of Ukraine's economy as it had been before, therefore the crisis has nothing to do with it," Kupriyanov said.

(13) Gazprom supplies a quarter of Europe's gas needs and sends one fifth of its total exports via Belarus with the rest going via Ukraine, giving both countries extra leverage over the firm in pricing disputes.

(14) Kupriyanov said Gazprom's financial standing was sound, debt portfolio "healthy" with

the share of short term loans only 14 percent, while a revision of the capital investment plan will not concern priority projects such as the Nord Stream pipeline. "We can talk about not receiving some of expected profit (from domestic operations). The demand is falling, warm weather in November has also played a role," Kupriyanov said.

(15) He said the firm was in intense talks with Belarus and Moldova to switch to rouble payments. Gazprom supplied 15.32 bcm of gas to Belarus at $128 per tcm in Jan-Sept 2008 and 1.9 bcm to Moldova.

(16) With the Russian rouble under depreciation pressure as a result of falling prices for oil, Russia's main export commodity, Russia is seeking to boost international demand for roubles from its ex-Soviet neighbours.

(17) "The rouble is the most reliable currency. Our expenditure is also in roubles. Matching our revenues and expenses is a reasonable thing," Kupriyanov said.

(18) He added that the transition will require changes to contracts with Belarus and Moldova. He said Russia was not yet talking about switching to roubles with Ukraine but it was "theoretically possible". (Reporting by Gleb Bryanski, Editing by Peter Blackburn)

英文原稿四分析：

英文原稿四是前三篇英文原稿的后续。之前的报道说，俄罗斯方面和乌克兰总统方面都给乌克兰总理施加压力，要求乌克兰政府方面归还欠俄罗斯的天然气债务，现在，在俄乌双方2008年天然气合同即将到期、需要签订明年的合同的时候，俄罗斯天然气公司又表示如果没有新合同，将无法对乌克兰继续供应天然气。除了穿插在文中的背景性信息外，英文原稿四提到的主要新闻事实有：

Lead，Para 4 如果双方不能签署新合同，Gazprom 将停止对 Naftogaz 供气

Para 3，Para 5-7，Para 10 影响双方签订新合同的因素一：债务问题（目前最主要的阻碍）

Para 8-9，Para 11 影响双方新合同签订的因素二：价格因素

Para 14-18 Gazprom 的财务状况以及 Gazprom 同白俄罗斯（Belarus）和摩尔多瓦（Moldova）商谈用卢布支付天然气费用的进展

显然，与此次天然气争端密切相关的内容都在前13段，第14段以后的内容基本上与主题关联不大。英文原稿四前13段的内容，除了交代双方争端的最新进展外，其他内容则可以补充说明我们之前总结出来的俄乌这一轮天然气争端的三个方面——价格、债务、不和中的价格、债务问题。

以下是新华社编辑整合以上英文原稿后编译出来的汉语新闻稿。

汉语编译稿：

俄罗斯乌克兰天然气问题再起争执

2008年11月23日

(1)俄罗斯能源巨头2008年11月22日说，如果俄方与乌克兰今年底未能签署新的能源供应协议，俄方2009年起将停止向乌供应天然气。

(2)乌克兰总统维克托·尤先科前一天命令政府5天内支付欠俄方的天然气债,但主要政治对手、总理尤利娅·季莫申科否认乌克兰欠下债务。

威胁

(3)俄罗斯天然气工业股份公司22日说,公司有意在2009年继续向乌供应天然气,但如果没有新合同,他们只能断供。公司2006年初曾因价格争端暂时切断对乌天然气供应。

(4)公司发言人谢尔盖·库普里亚诺夫对"新闻—24"电视台说:"我们会尽量避免(这次)出现类似情况。我们还有时间,在新年之前达成协议。但你要明白,如果没有合同,我们无法供应。"

(5)乌克兰先前主要从中亚国家进口天然气,俄方天然气仅为补充。中亚国家今年初大幅减少供应后,俄方应乌请求弥补供需缺口,但双方在价格问题上存在分歧。

(6)俄方与乌克兰石油天然气公司本月中旬在莫斯科商谈明年供应事宜,但未敲定价格。俄现供应给乌的天然气价格为每千立方米179.5美元,远低于市场价。俄方有意从明年起将价格提升至每千立方米400美元以上。

(7)双方10月签署天然气领域备忘录,同意从明年1月1日起就天然气供应建立"直接、长期关系",3年内逐步达成合理的市场价格。

(8)俄方公司发言人说,只有备忘录中其他条件得以落实,如乌方全额偿还债务,俄2009年才可能实现直接、低价供应。

索债

(9)库普里亚诺夫说,在乌方付清24亿美元债务前,俄方不会签署新合同。"债务一付清,我们就准备签合同。"

(10)俄罗斯总统德米特里·梅德韦杰夫20日要求俄方公司向乌方讨债。

(11)俄通社—塔斯社援引梅德韦杰夫的话说:"我们的乌克兰伙伴欠我们超过24亿美元,对任何国家以及包括俄罗斯天然气工业股份公司在内的任何公司来说,那都是一笔大数目。我们不得不对乌克兰债务做出最后决定……自愿或强行讨回欠款。"

(12)乌克兰石油天然气公司首席执行官弗拉基米尔·特里科利奇说,公司仅欠"中间商"俄乌能源公司12.6亿美元至12.7亿美元,跟俄天然气工业股份公司没有债务问题。

(13)库普里亚诺夫认为,乌方仅统计今年9月和10月的债款,而俄方将11月份债款以及罚金也计算在内。

(14)"所有人都清楚谁欠谁钱、欠多少,"他说。

内斗

(15)乌克兰总统尤先科21日指责总理季莫申科"不负责任"地任由债务增加,命令政府限期偿还所欠天然气债款。

(16)他在一份声明中说:"我想警告说……你们(政府)在未来5天内必须解决与天然气有关的一切事情,从支付已使用的天然气开始。"

(17)季莫申科21日回应称,乌克兰没有任何天然气债务。"我认为,总统(维克托·尤先科)必须知道,他正在讨论的债务不是乌克兰的债务,而是俄乌能源公司的坏账。乌克兰不欠俄乌能源公司任何东西。"

(18)她希望,俄罗斯明年向乌克兰提供的天然气价格维持备忘录中规定的水平。她说:"我们应等待签署一份(天然气)协议。我认为,那一协议将确认我和俄罗斯总理弗拉基米尔·普京先生所签署备忘录中规定的价格。备忘录承诺将在3年内按比例逐步转向市场价。"

(19)尤先科和季莫申科之间近期冲突不断。季莫申科领导的季莫申科联盟与反对党9月初在议会投票通过法律限制总统权力。作为回应,亲总统的"我们的乌克兰—人民自卫"联盟随即退出执政联盟,尤先科则于10月初下令解散议会并宣布于12月7日提前举行议会选举。(来源:新华社)

汉语编译稿点评:

汉语编译稿选择了四篇英文原稿中最新的事实——俄罗斯天然气工业股份公司表示,如果没有新的天然气合同,将停止向乌克兰供气,并以此为由头,用"威胁""索债""内斗"等小标题,详细交代了我们此前总结出来的俄乌此次天然气争端的三方面的内容:价格、债务、不和。汉语稿的头两段概括了编译稿的主要内容。第一部分"威胁"主要说明俄罗斯方面停气的原因,并补充了相关背景,交代了俄乌双方在天然气价格方面的争端,主要材料来源于英文原稿四;第二部分"索债"主要交代了俄罗斯总统要求乌克兰方面归还天然气欠款,以及俄罗斯和乌克兰对于欠款总额的争议,主要材料来源于英文原稿二和英文原稿四;第三部分"内斗"主要交代了乌克兰总统和总理在天然气问题上的分歧以及双方的不和,主要材料来源于英文原稿一和英文原稿三,另外编辑还补充了英文原稿中没有交代的尤先科和季莫申科之间政治斗争的背景,充实了第三部分的内容。总体上来说,汉语编译稿围绕着这一轮俄乌天然气争端的特点,很好地梳理了各方面的报道,比较清晰地说明了俄乌天然气争端的具体情况,是一篇质量很高的编译稿。

对于贸易摩擦和贸易争端类的新闻,在编译时要注意以下几方面:

1. 讲清争端的具体内容,如果是像本例这样存在长期的争端,要补充相应的背景资料进行解释说明。
2. 注意报道的平衡性,争议双方的观点都需要报道,不能只是一面之词。
3. 如果贸易上的争端还造成了政治影响,最好也要一同报道。
4. 如果原稿中存在像本例这样有意思又能体现人物个性的引语,要予以保留,以增加编译稿的趣味性和可读性。

第四节　人、事、物——经济新闻的趣味点

本章第一节曾提到,经济新闻有"三难",即"难写、难懂和难以留下印象"。但在前几节的编译实例中,不乏一些既易懂又可以给人留下深刻印象的经济新闻编译稿。实际上,经济新闻只要做到了人、事、物的统一,完全可以趣味横生,让人过目不忘。在本节中,我们将通过一些编译实例,来看看如何在经济新闻的编译中实现人、事、物的统一。

例 6　说起微软公司的创始人比尔·盖茨，全世界应该几乎无人不晓吧！该公司的WINDOWS 操作系统，占据了世界个人电脑 90%以上的市场份额。这位连续 13 年蝉联《福布斯》杂志富人榜首富的微软 CEO，在 2006 年宣布将要逐步退出微软的管理。在他即将卸任微软公司执行董事职务之前，他在一次媒体采访中表示要把自己全部的家产捐献给慈善业。消息一出，立刻上了全球媒体的头版，以下是有关这条新闻的英文原稿以及汉语编译稿。

英文原稿：

Bill Gates Pledges to Leave His £ 30billion Fortune to Charity...
Rather than his children

By SOPHIE BORLAND, *DAILY MAIL* | 20 June, 2008

(1) Bill Gates has pledged to give all of his £ 30billion ($ 58billion) fortune to charity-rather than leaving it for his children.

(2) The founder of Microsoft, who steps down from his post next week, said he wants to make a "positive contribution" to the world.

(3) He has promised to transfer his money to the charity he has set up with his wife Melinda, The Bill and Melinda Gates Foundation, which funds health and education projects around the world.

(4) He's revealed his decision a week before he steps down as executive chairman of Microsoft, the firm he founded more than 30 years ago.

(5) The 52-year-old will continue to work as non-executive chairman and will spend just one day a week at the business.

(6) Speaking about the joint-decision he made regarding his fortune with his wife, he said: "We've chosen not to pass it on to our children.

(7) "We want to give it back to society in the way that it will have the most positive impact."

(8) He said he did not want to leave it in his will for his children and added: "It's like saying which children are most important."

(9) In an interview with BBC's *Newsnight* he said: "I want to make a positive contribution to the world."

(10) Bill Gates will step down from his post next Friday, 33 years after he founded Microsoft in 1975.

(11) His success with the computer giant has made him the richest man in the world for 13 years in the row according to *Fortune* magazine's rich list.

(12) When he founded the firm he said he wanted to put "a computer on every desk and in every home."

(13) Many people have said that the computer revolution would not have happened without him and more than 90 per cent of computers in the world run on Microsoft Windows.

(14) He will be succeeded in his post by Steve Balmer, the co-chief executive since 2000.

(15) Although the move was announced two years ago and there has been lots of planning, many people speculate that Gates' departure will leave a big gap in the firm.

Speaking about the joint-decision he made regarding his fortune with his wife Melinda, he said: "We've chosen not to pass it on to our children"

(16) Charlene Li, from consultants Forrester Research said: "What they're going to lose is that founding focus, and the ability to rally the troops."

(17) Microsoft have an outstanding financial performance and currently have profit margins estimated at 30 per cent.

(18) The company currently makes weekly profits of more than £ 0.5 billion, four times as much as Google.

(19) Gate's charity, The Bill and Melinda Gates Foundation, claims to be the biggest philanthropic organisation in the world.

(20) But earlier this year Gates was reported to have blocked £ 1million donation from Microsoft to Prince Charles charity, the Prince's Trust.

(21) Microsoft had agreed in principle to give the money to the organisation's Business Programme, which helps young people start their own companies.

(22) But negotiations between Microsoft and the Prince's Trust broke down and the offer was abruptly withdrawn, despite the software company being one of the charity's patrons.

(23) An insider at the firm said at the time that on closer inspection the specific project the Prince's Trust wanted to use the new money for was not "tightly focused enough around technology" to benefit its recipients.

英文原稿分析:

英文原稿主要围绕盖茨将捐出全部家产这件事展开,同时还交代了盖茨卸任的有关背景材料,以及盖茨的慈善基金会和他在慈善活动方面的一个有争议的行为。具体说来,原稿的内容安排如下:

标题　　强调盖茨把财产捐给慈善机构,而不是留给孩子

Para 1-4　叙述新闻的核心事实——盖茨将捐出全部家产
Para 5　交代盖茨卸任 CEO 以后跟微软的关系
Para 6-9　补充交代新闻主要事实
Para 10　盖茨卸任的具体时间
Para 11-13　有关盖茨及其所创立的微软公司的相关背景
Para 14　盖茨的继任者
Para 15-16　引用有关人士的话分析盖茨卸任对微软的影响
Para 17-18　微软目前的盈利能力
Para 19　有关盖茨和他妻子创立的慈善基金会的背景
Para 20-23　有关盖茨和英国王子信托基金之间的一笔款项的情况

以上材料中,最能够引起受众关注的内容自然是盖茨将要捐出个人全部家产这一点。

汉语编译稿:

盖茨 27 日起卸任微软执行董事长,资产一分不留

2008 年 6 月 24 日

(1)本星期是比尔·盖茨在微软公司最后一段全职工作时光。

(2)这位全球巨富打算从 27 日下午起卸任微软执行董事长,自己连“人”带“钱”全部投入慈善事业。

“一分不留”

(3)盖茨上星期接受英国广播公司记者采访时说,他会把总计市值为 580 亿美元的个人资产悉数捐给慈善基金会。

(4)这项安排由他与妻子梅琳达共同作出,盖茨说,“我们希望把它回馈社会,确保它产生最积极效应”。

(5)他承诺把资产移交至“比尔和梅琳达·盖茨基金会”账户名下。基金会 2000 年由盖茨夫妇创立,致力于在全球推广卫生和教育项目,时下已经成长为美国规模最大的民间慈善机构。

(6)美国《福布斯》杂志连续 13 年把盖茨列为全球首富。《福布斯》今年 3 月公布最新全球亿万富豪排行榜,盖茨以 580 亿美元个人资产总额排名第三。

(7)盖茨夫妇曾打算去世后留给 3 个子女数百万美元遗产,捐出其余资产。如今,他们连遗产也无意留下。“我们决定不给孩子们留财产,”盖茨说,在遗嘱中分配遗产的做法“就像在说哪些孩子最重要”。

淡出微软

(8)“我希望为世界作出积极贡献,”盖茨说。

(9)为全心投入慈善事业,他两年来不断为自己在全球最大电脑软件出版商内部从事的工作“减负”。

(10)盖茨首先把微软首席执行官职务交给哈佛大学同窗斯蒂夫·鲍尔默,自己改任公司首席软件设计师,而后把首席软件设计师职务交给原首席技术官雷·奥齐,如今又准备卸下微软执行董事长职务。

(11)虽然重心转移,盖茨依然不忍全然不管微软。按计划,他定于27日以后转任微软非执行董事长,每星期在企业待一天。他仍是企业的最大股东。

(12)虽然微软为适应“后盖茨时代”已过渡两年,但业界依然担忧,微软员工们短期可能难以跨过失去主心骨的心理鸿沟。(来源:《深圳商报》;新华社特稿)

汉语编译稿点评:

汉语编译稿虽然以英文原稿为基础,但是并没有受制于英文原稿的结构。汉语稿首先对英文原稿的内容进行了提炼,删除了英文原稿中的一些次要的内容,比如英文原稿最后一部分有关盖茨对王子基金会的一笔捐款的内容(第20-23段);其次,汉语编译稿对英文原稿的内容进行了梳理,对涉及核心内容的段落(第1-4段,第6-9段)进行了压缩合并处理,使编译后的稿件内容更加集中和有条理;最后,汉语编译稿对英文原稿的背景内容进行了调整,除了修改部分内容外(原稿第11段,对应汉语稿第6段),还增加了英文原稿中没有的背景信息(第9-10段),这些是根据国内读者背景知识的情况做出的调整。此外,汉语编译稿的标题是即将卸任和资产一分不留同时强调,不像英文原稿只强调了后者。

本例是以人物报道为主,从中我们可以总结出经济人物编译报道的要点:

1.在报道经济人物时,要以人物的经济活动作为重点。
2.对于人物不同寻常的举动要予以突出,并用人物自己的话来解释其背后的原因。
3.体现人物性格的情节要予以保留。

此外,从本例中我们还可以总结出公司高层变动类新闻的编译要点:

1.要报道清楚人事变动的具体情况,如谁将离开哪个岗位,将由谁继任,离开的人将去往何处,以及为什么离开等等。
2.一般还要交代离开的人在某个岗位工作时作出的贡献,以及继任者的有关履历。
3.在可能的情况下,还要分析一下这一人事变动对公司造成的影响。

从经济新闻人、事、物的统一性的角度看,人的报道多与事的报道交织在一起,因为人物的性格是通过人物的活动展现的;反过来,如果我们在报道事的时候,多加入一些人的活动,必定会增加新闻的可读性。

在本例中,没有过多交代盖茨对微软公司的贡献以及继任者的有关背景,是因为盖茨卸任这一事件影响力太大了,所以关于盖茨对微软的影响,有专门的稿件报道,而且对于这一事件,媒体上还配有专门的分析和评论性的文章进行解读。

例7 在本书第三章政治新闻的编译中,曾经提到过美国总统小布什离任前最后一次访问伊拉克时,在记者招待会上惨遭伊拉克记者“飞鞋”袭击。这一政治事件却造就了一个商机,请看英语新闻报道和据此编译的汉语新闻稿。

英文原稿：

Stampede for "Bush Shoe" Creates 100 New Jobs

Robert Tait in Istanbul, *The Guardian* | Monday 22 December, 2008

(1) Their deployment as a makeshift missile robbed President George Bush of his dignity and landed their owner in jail. But the world's most notorious pair of shoes have yielded an unexpected bonanza for a Turkish shoemaker.

(2) Ramazan Baydan, owner of the Istanbul-based Baydan Shoe Company, has been swamped with orders from across the world, after insisting that his company produced the black leather shoes which the Iraqi journalist Muntazar al-Zaidi threw at Bush during a press conference in Baghdad last Sunday.

(3) Baydan has recruited an extra 100 staff to meet orders for 300,000 pairs of Model 271-more than four times the shoe's normal annual sale-following an outpouring of support for Zaidi's act, which was intended as a protest, but led to his arrest by Iraqi security forces.

(4) Orders have come mainly from the US and Britain, and from neighbouring Muslim countries, he said.

(5) Around 120,000 pairs have been ordered from Iraq, while a US company has placed a request for 18,000. A British firm is understood to have offered to serve as European distributor for the shoes, which have been on the market since 1999 and sell at around £ 28 in Turkey. A sharp rise in orders has been recorded in Syria, Egypt and Iran, where the main shoemaker's federation has offered to provide Zaidi and his family with a lifetime's supply of shoes.

(6) To meet the mood of the marketplace, Baydan is planning to rename the model "the Bush Shoe" or "Bye-Bye Bush".

(7) "We've been selling these shoes for years but, thanks to Bush, orders are flying in like crazy. We've even hired an agency to look at television advertising," he said.

(8) Zaidi has been in custody since the shoe-throwing incident, amid claims that he has been badly beaten. He faces a possible jail sentence for insulting a foreign leader, but has reportedly apologised and requested a pardon from Iraq's prime minister, Nouri al-Maliki.

英文原稿分析：

伊拉克记者扎伊迪向布什扔鞋也许只是出于一时愤怒，但他大概没想到，他的行为会成为人们街头巷尾热议的话题，而且带来了一系列后果：除了他向布什扔鞋的视频被记录下来，在世界各地的网络上广为流传外，他还给土耳其一家制鞋厂带来了经济效益。聪明的商人早就看到了政治活动中的商机。这条新闻充分说明，民众喜欢某一政治人物可以带来商机，民众憎恨某一政治人物同样也可以带来商机。无论是喜欢还是憎恨，普通老百姓消费政治人物总是一件有意思的事情。这条新闻既然从一个有意思的侧面传导出一个信息，就有报道的意义。

从英文原稿的结构看，英文原稿篇幅不长，交代的内容也比较集中。其中，导语、Para 1-5 都是交代新闻事实——土耳其一家制鞋厂由于声称制造了扔向布什的“鞋弹”而订单激增。Para 6-7 交代的是鞋子畅销的原因以及鞋厂的促销手段。Para 8 是一段背景，交代了扔鞋的记者扎伊迪目前的状况。

汉语编译稿：

伊拉克记者扔向布什皮鞋成畅销款式

2008年12月23日

(1)伴随扔向美国总统乔治·W.布什的两只皮鞋,伊拉克记者蒙塔兹·扎伊迪一夜成名,这双鞋也成为人们谈论焦点。

(2)土耳其一家制鞋厂跟着沾了光。自从声称是扎伊迪“鞋弹”的生产厂家以来,这家制鞋厂订单数量飙升,以至于不得不新招人手,加班赶工。

销量大增

(3)扎伊迪仿佛是土耳其巴伊丹制鞋厂最好的广告“代言人”。

(4)英国《卫报》22日报道,位于土耳其首都伊斯坦布尔的巴伊丹制鞋厂自从跟扎伊迪的鞋子搭上关系后,世界各地的订单纷至沓来。

(5)鞋厂老板拉马赞·巴伊丹说,扎伊迪所扔的黑色皮鞋成为鞋厂最抢手款式,迄今收到近30万份订单,比以往年销售量多出4倍。为应付这些订单,鞋厂不得不新招100名员工,全力制作。

(6)巴伊丹说,订单主要来自美国、英国和周边的阿拉伯国家。伊拉克订单量约为12万双,叙利亚、埃及和伊朗等地的订单量也激增。

(7)《卫报》说,一家英国公司有意成为巴伊丹制鞋厂在欧洲的经销商。

“感谢布什”

(8)对突如其来的热销,巴伊丹认为,布什“功不可没”。

(9)巴伊丹说:“我们卖这款鞋已有些年头,但多亏了布什,订单潮水般涌来。我们甚至雇了家公司,准备做电视广告。”

(10)为进一步挖掘市场潜力,巴伊丹打算把这款皮鞋重新命名为“布什皮鞋”或“告别布什”皮鞋。

(11)扎伊迪14日在布什与伊拉克总理马利基召开的联合新闻发布会上脱下自己的鞋,扔向布什,对美国政府的伊拉克政策表示抗议,称这是给布什“告别的礼物”。他随后遭拘押。

(12)扎伊迪的行为在伊拉克等阿拉伯国家引起强烈反响,许多伊拉克人上街示威,要求释放扎伊迪。

(13)《卫报》说,中东的制鞋业组织表态,愿意为扎伊迪及其家人提供一辈子的鞋。

汉语编译稿点评：

英文原稿虽然篇幅很短,但却是一则很有趣味的软性经济新闻,所以编辑在对原稿进行编译时,不但基本没有删减原稿的内容,而且还增加了一些提高编译稿可读性的文字,并增配了小标题。汉语编译稿的导语开头并没有直接交代新闻,而是介绍了新闻背景,因为这则新闻的背景——扎伊迪向布什扔鞋事件,实在太有名了,所以有必要在开头提示和强调一下。新闻的核心内容出现在汉语编译稿的第二段。

在接下来的段落中，汉语编译稿分两个部分介绍了新闻的具体内容。第一部分是新闻事实的核心——“销量大增”。这一部分内容是英文原稿最先交代的也是最主要的内容。然后，汉语编译稿以“感谢布什”为小标题交代了促使鞋子销量大增的原因，以及鞋厂为了扩大销量而采取的促销手段，并交代了扎伊迪的背景。这样梳理原文和增加小标题后，汉语编译稿的可读性更强，也更容易被受众记住。

此外，编译后的文稿进一步“软化”了原稿，在措辞上也采用了一些软性新闻的写法，风格比较活泼。英文原稿原本就是一则相对轻松的新闻，汉语编译稿采用这种方式处理完全是合理的，而且效果也不错。

在本例中，人（布什、扎伊迪）、事（飞鞋袭击布什、鞋的订单激增）、物（“再见布什鞋”）做到了完美统一，所以是一篇可读性很强的经济新闻。

通过上例，我们可以总结出软性经济新闻的编译要点：

1. 软性经济新闻虽然是经济新闻中偏“软”的类型，但还是要围绕着数字讲故事，也要遵循报道数据的基本方法。
2. 在编译稿的语言风格上，可以采取较为轻松幽默的写法。
3. 如果涉及背景，不管这个背景是否为受众熟悉，最好都在结尾交代一下。

增强新闻可读性的另一个方式是增加新闻的接近性。从“奥巴马有个弟弟在中国”的编译实例中，我们看到了“中国因素”在政治新闻编译中的作用，这一因素同样适用于经济新闻的编译。

例 8 2008 年，一位中国投资者在美国 eBay 网站拍到了与“股神”巴菲特共进午餐的机会，成交价格是 210 万美金，创下了 eBay 慈善拍卖的最高价，这大概是世界上最贵的午餐了。请看与此有关的英文报道，以及据此编译出来的汉语新闻。

英文原稿：

Chinese Investor Pays $2.1M to Eat with Buffett

Charity auction benefits S.F. poor; most expensive ever held on eBay

By JOSH FUNK, AP Business Writer | June 28, 2008

(1) **OMAHA, Neb.**— A Chinese investment fund manager won the chance to have lunch with billionaire Warren Buffett by bidding $2.1 million in the most expensive charity auction ever held on eBay.

(2) Zhao Danyang of the Hong Kong-based Pureheart China Growth Investment Fund won the auction, which ended Friday evening with a bid of $2,110,100.

(3) A spokeswoman for the Glide Foundation, which receives all the proceeds from the auction, identified the winner Saturday.

(4) It appears that Zhao and Buffett share a similar investment philosophy. But Zhao could not be reached Saturday, and no one answered the phone at Buffett's Omaha office.

(5) The auction will provide a significant boost to Glide, which provides social services to the

poor and homeless in San Francisco. The foundation operates on a \$12 million annual budget, spokeswoman Denise Lamott said.

(6) "It almost feels like a miracle," Glide's founder Reverend Cecil Williams said in a statement. "We are amazed and ready to continue our work of breaking the cycles of poverty."

(7) Last year's lunch brought in \$650,100.

"Absolutely unbelievable"

(8) A group of Glide staff members and supporters gathered in a small hotel ballroom Friday to watch the auction results. Lamott said there were shouts of celebration when the bids topped \$1 million.

(9) "It was absolutely unbelievable," Lamott said.

(10) Zhao and up to seven friends will dine with Buffett at the Smith & Wollensky steakhouse in New York City whenever the two men can schedule it. Last year's winners collected their prize only Wednesday.

(11) The investment philosophy Zhao's fund describes on its Web site is similar to Buffett's approach of finding companies with an enduring competitive advantage that are selling for significantly less than they are worth.

(12) Buffett, chairman and chief executive of Berkshire Hathaway Inc., is primarily known for his investing success. Berkshire owns more than 60 subsidiaries including insurance, clothing, furniture, jewelry and candy companies, restaurants, natural gas and corporate jet firms and has major investments in such companies as Coca-Cola Co., Anheuser-Busch Cos. and Wells Fargo & Co.

Giving away his fortune

(13) But Buffett is also known for his philanthropy.

(14) In 2006, he announced his plan to give away the bulk of his nearly \$49 billion fortune over time. Most of his shares of Berkshire stock will go to five charitable foundations, with the largest going to the Bill & Melinda Gates Foundation.

(15) Lamott said eBay officials confirmed that this year's lunch with Buffett was the most expensive charity item the site has ever sold.

(16) Previously, the most expensive charity item ever sold on eBay was a Harley-Davidson motorcycle autographed by celebrities that Jay Leno offered in 2005 for tsunami relief. It brought \$800,100.

(17) Buffett has been auctioning off lunches online for six years but began auctioning the lunches for Glide off-line in 2000. He offers only one lunch a year.

(18) Williams called Buffett's dedication to the charity lunches amazing.

(19) "Thank you, Warren Buffett, for your deep compassion and sensitivity that empowers us to transform the lives of so many people in need," Williams said.

英文原稿分析：

由于新闻事实本身比较简单，所以在写作时英文原稿作者采取了事实和背景并重的写作方式。英文原稿首先交代了基本的新闻事实：(1)一名中国投资者在拍卖会上赢得了与巴菲特共进午餐的机会；(2)这名投资者的具体情况；(3)拍卖的成交价格、时间地点和具体内容；(4)拍卖的受益方——格莱德基金会的证实、表态以及资金的流向相关情况。接下来原稿又交代了相关背景，包括：(1)巴菲特与格莱德基金会的合作关系及其午餐拍卖的历史；(2)去年的拍卖价，以及这是 eBay 上慈善类拍卖品最贵的一次；(3)巴菲特的相关背景及其投资理念；(4)中国投资者的投资理念；(5)巴菲特的慈善活动。在这些内容中，带有“中国因素”的部分当然是国内受众最感兴趣的内容。

汉语编译稿：

巴菲特慈善午餐拍出 211 万美元　中国投资者赵丹阳赢得竞拍

出价是去年的三倍多，创 eBay 慈善拍卖最高价

2008 年 6 月 29 日

(1)中国一位投资者 27 日在美国拍卖网站 eBAY(电子港湾)当晚结束的一场慈善竞拍中胜出，以创纪录的 211 万美元的出价赢得了今年与美国投资大亨、有“股神”之称的沃伦·巴菲特共进午餐的机会。

(2)拍卖的受益方——美国格莱德基金会的发言人 27 日证实，赢得拍卖的买家是赤子之心中国成长投资基金总经理赵丹阳。他的出价为 211 万美元，比去年的 65 万美元贵了两倍多。

(3)巴菲特近年来每年都会在电子港湾拍卖网站上拍卖与自己共进午餐的机会。赢得这一机会的竞拍者将与巴菲特在位于纽约市的“史密斯和沃伦斯基牛排餐厅”共进午餐，还可带上最多 7 名朋友。

(4)今年的拍卖一共持续 5 天，起价为 2.5 万美元，最终于 27 日晚由网名为“绿色茶虫”的赵丹阳拍得。

(5)巴菲特高居《福布斯》杂志 2008 年全球富豪排行榜榜首，净资产达到 620 亿美元。巴菲特 2000 年开始拍卖与自己共进午餐的机会，并将所得资金捐给慈善机构——格莱德基金会。拍卖活动一开始为现场拍卖，从 2003 年开始转移至 eBay 上拍卖。

(6)格莱德基金会总部设在美国旧金山，其宗旨是帮助穷人和无家可归者。该基金会的年预算高达 1200 万美元。至今，格莱德基金会已从巴菲特的午餐拍卖活动中获得 400 万美元资金。

(7)电子港湾方面说，此次拍卖的成交价格创下公司组织的慈善拍卖活动的最高价格纪录。去年，巴菲特慈善午餐拍出了 65 万美元。(来源：新华社；有修改)

汉语编译稿点评：

对于国内的读者而言，这则新闻的主要兴趣点在于：(1)这次拍卖的赢家是一位中国人；(2)拍卖的成交价是天价；(3)这个中国人为什么愿意花这么多钱跟巴菲特吃饭？换句话说，就是巴菲特是何方神圣？(必须要让不知道巴菲特的读者也能看懂新闻)。汉语编译稿基本回答了这三个问题。汉语编译稿第一至四段是第一部分，回答了前两个问题，交代清楚了主要新闻事实,包括英文原稿这部分的大部分内容。其中第四段的内容为编辑查证 eBay 拍卖网页后补充交代的内容,为原稿所没有。编译稿的第五至七段为背景段落,介绍了巴菲特和格莱德基金会相关的背景,侧重回答第三个问题。这部分的最后交代了去年的成交价,并点明此次拍卖成交价为 eBay 慈善拍卖的最高纪录。汉语编译稿在对两篇英文原稿进行合并压缩时,删除了原稿中对于巴菲特慈善活动的相关背景介绍,因为这并非本篇新闻中最有价值的点,也不是中国读者感兴趣的内容。

小结:

1.本例虽然没有像上例一样,采用比较轻松的写法,但是由于新闻事件本身实现了人(中国投资者)、事(拍到同巴菲特午餐的机会)、物(世界上最贵的午餐)的统一,所以即使是使用平实的语言,也一样给人留下了深刻的印象。

2.不论在哪种英-汉国际新闻的编译中,如果原文存在"中国因素",都可以批判性地选择运用到编译稿中。

复习思考题:

1. 经济新闻有哪些特点? 怎样才能做好国际经济新闻的编译?
2. 怎样处理经济报道中的数据?
3. 重大股市新闻的编译要点有哪些? 监管类经济新闻呢?
4. 政策类经济新闻的编译要点有哪些?
5. 怎样编译经济报告?
6. 在编译贸易摩擦和贸易争端类新闻时需要注意什么?
7. 编译报道经济人物的要点是什么?
8. 经济新闻的编译中如何实现人、事、物的统一?

第五章　国际软性新闻

前几章我们所关注的新闻基本上都是国际新闻中一些意义重大、时效性很强、题材相对比较严肃的新闻，它们自然是媒体关注的重点。不过，新闻媒体除了传播信息、引导舆论、反映舆情、传授知识外，提供娱乐也是重要的功能，主要是通过提供社会新闻、文化新闻、娱乐新闻等所谓的“软新闻”来实现的。

从西方对于新闻的定义来看，软新闻其实是属于新闻本义的内容。比如，在西方新闻学中，就有以下一些新闻的定义①：

狗咬人不是新闻，人咬狗才是新闻。
——博加特(美国《纽约时报》采访部主任)
凡是有趣味的事情，都是新闻。
——美国伦道夫·赫斯特和约瑟夫·普利策
新闻就是同读者的常态的、司空见惯的观念相差悬殊的一种事件的报道。
——阿维因(美国《新闻与宣传》作者)
能让女人喊一声“啊呦，我的天呀”的东西，就是新闻。
——爱德华(美国堪萨斯州《阿契生市环球报》已故主笔)

当然，在今天的媒体上，很多软性新闻已经在很大程度上脱离了“新闻”的模样，比如给读者提供建议的内容，已经变得很不像“新闻”了。于是，一些学者将其排除在软新闻之外。但是，不管软新闻是否本该属于新闻报道的领域，时至今日，软新闻已经成为国内外各个媒体报道的重要内容却已是不争的事实。很多媒体都设有软性新闻专版，如很多报纸都设有娱乐、体育、生活等板块；电视台也有专门的娱乐节目，有的甚至还有专门的娱乐频道；而在互联网等新媒体上，软性新闻也是非常重要的传播内容。随着全球化趋势的发展，发生在外国某一个地方的软性新闻，也成为我国国民喜闻乐见的内容，所以对于发生在其他国家的软新闻，国际新闻报道也不应该忽视。

本章重点介绍社会趣闻逸事以及娱乐新闻等国际软性新闻的编译。国际体育新闻也属于国际软性新闻的报道领域，但由于它具有特殊的报道规律，我们将其作为单独的章节列出(参见第七章)，在这里暂不涉猎。

---

① 雷跃捷：《新闻理论》，北京广播学院出版社 2000 年版，第 68 页。

第一节　软性新闻的概念与特点

一、软新闻的概念

“软新闻”这一概念源于西方新闻界。西方新闻界通常将新闻分为硬新闻(hard news)和软新闻(soft news)两大类,然后在这两个框架之下对新闻文体进行细分。因为硬新闻与软新闻具有不同的特点,西方的新闻写作教科书通常将硬新闻与软新闻分开讲授,两者在导语和主体的写作方法上有诸多不同。这些可以以图 5-1 来表示[①]:

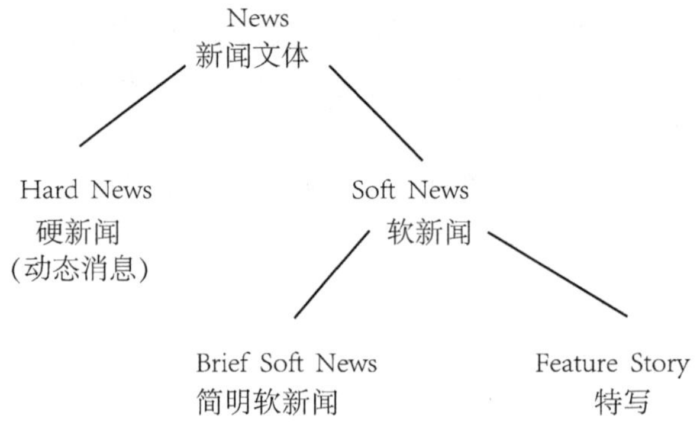

图 5-1

那么,西方新闻界是根据什么来区别硬新闻和软新闻的呢?

判断硬新闻和软新闻有两个决定性因素,一是新闻的重要性,二是新闻的时效性。

硬新闻通常是指那些题材重大的、严肃的、事件性的、时间性强的新闻。硬新闻也称现场新闻或直接新闻。同样,由于它报道即时发生的事件,因此也被称为“易碎新闻”。硬新闻一般重要性和时效性兼具。例如,政治、经济、恶性犯罪、战争、灾难等被认为是严肃的题材,关于这些内容的报道通常属于硬新闻。部分与法律、科学、技术等相关的内容也在此列。而战争进程、政治战役、选举结果、火灾发生、劳工纠纷、重要演讲、囚犯释放、股市行情等内容具有很强的时效性,需要立即报道,也属于硬新闻的报道领域。

相对于硬新闻而言,软新闻一般是指题材不甚重大、时效性要求也不是很高的新闻。软新闻通常是一些背景性的信息或者以趣味性为导向的新闻。“它们的主题可能有些不应时或不甚重大,但绝不枯燥。软新闻主要为愉悦,通告消息并非绝顶重要。它从感情上吸引受众,不以理智上吸引读者为主。这些新闻故事使读者欢笑或悲泣,喜爱或憎恨,嫉妒或遗憾。这些故事用更多姿多彩的风格写就,更多地使用奇闻逸事、引语和描写。”[②]例如,艺术、娱乐、体育、名人、生活、“人情趣味”等题材,虽然不够严肃,但却是人们普遍感兴趣的,它们是软性新闻报道的主要内容。此外,一些不讲求时效的题材,如那些由记者的好奇心驱使而不是由某一特殊新闻事件促成的新闻,也属于软性新闻。

---

① 张威:《硬新闻和软新闻的界定及其依据》,http://academic.mediachina.net/article.php? id=4123。

② Fred Fedler:*Reporting for the Print Media*,Harcourt Brace Jovanovich puiblishers.1993, p.567.

值得一提的是，虽然硬新闻通常是重要性和时效性的统一，但软新闻却不一定是重要性和时效性都不具有的。例如，体育比赛、名人遭遇、电影上映、艺术展览等虽然本身也具有比较强的时效性，但由于其主题不是传统意义上的“严肃新闻”，所以仍属于软新闻的行列。

类似于周年纪念、节假日、年末、季末或者新政府上任一百天的报道等，虽然报道的时间具有特殊性，但由于其更多是从回顾、反思和分析的角度来谈问题，这类报道通常也属于软新闻。

另外还有一些报道，比如对于某些重要的社会、经济、法律、科技趋势的报道，关于腐败、铺张浪费和不道德行为的调查性报道，或者对于某些非特殊原因造成的未解决的政治问题的讨论等，虽然题材严肃，但由于这些报道不是某一特定新闻事件促成的，也并非具有很强的时效性，仍然可以归类为软新闻。

硬新闻和软新闻的另一个区别是报道的基调不同。硬新闻一般采用事实性的报道手法：客观地报道“发生了什么（What）”“谁卷入了（Who）”“在什么时间、什么地点发生（When，Where）”“为什么（Why）”以及是“怎样发生的（How）”。而软新闻则试图为读者提供娱乐或者建议。比如，读者们可能会碰到一些报纸或者电视声称自己报道的是“有用的新闻”，诸如如何选购电脑、如何装扮自己等，这些其实仍然是软新闻。

随着现在新闻“软化”和“娱乐化”趋势的加重，硬新闻和软新闻的界线也越来越模糊。关于某位政治人物私生活的报道应该属于政治新闻还是娱乐新闻呢？关于提前为退休做投资的文章应该属于经济新闻还是生活新闻呢？如果仅凭题材来判断，是很难说清楚的。

另外，“重要性”和“严肃性”这一判断标准有时候也不那么清晰，不同的媒体机构可能会做出不同的判断。例如，一则关于乳腺癌的新疗法的医疗报道，或者关于本地地下水污染的报道，就可能介于硬新闻和软新闻之间。反过来说，人们通常会发现兴趣报道和娱乐报道是他们生活中很重要的一部分，所以从个人的角度来说，“重要性”也是非常主观的。

二、软新闻的价值要素

既然软新闻在重要性和时效性上都不占优势，为什么国内外的媒体要花很多版面和时间来报道软新闻呢？这不仅仅是因为软新闻比较有趣或者能够提供有用信息，还因为软新闻具有很多其他的新闻价值要素，有很强的报道价值。概括起来，软新闻具有以下价值要素：

1.新奇性

人都会对新奇、不寻常的事感兴趣，如96岁老人横渡海洋，贫苦夫妻抚养20个孩子，或小企鹅出生等，都会吸引人的兴趣而成为新闻题材。

2.人情趣味

一些温馨和人情趣味强的故事，比如某地曾出动大批消防员拯救卡在电线杆上的小猫，日本人曾经给从一个池塘迁徙到另一个池塘的鸭子让道等，也非常能吸引受众的注意。

3.显著性

如英国王储查尔斯和戴安娜结婚，就是一则软新闻。新闻中要有名人或政客参与。

4.情绪性

软新闻除了报道名人的生活外,更多的是报道一些非重要事件和非重要人物,但这些非重要人物通常与新闻受众的生活比较贴近,这些软性新闻事件中的新闻人物,不管其是否是名人,他们的情绪因素都可以增加受众的兴趣,并在受众中引起一些诸如恐惧、嫉妒、爱与恨等情绪,从而使受众从心理上卷入新闻报道,并喜爱新闻报道。

5.负面性

不管是硬新闻还是软新闻,坏新闻通常比好新闻更容易受到关注。比如人们平常津津乐道的明星八卦,其实人们记得住的和谈论最多的往往不是某某明星的某项善举,而是某某明星的丑闻和糗事。这也许并不是因为人们的阴暗心理,而是因为人们对于坏事总是记得清楚一些。

三、软新闻的特点

软新闻不同于硬新闻的价值要素造成了软新闻不同于硬新闻的特点。对于软新闻,我们也要按照不同于硬新闻的方式来处理。总体说来,软新闻具有以下一些特点:

1.故事性

如上所述,硬新闻报道的通常是重大的国内国际事件,其报道内容自然是人们所普遍关注的,其报道价值通常体现在重要性和时效性上;而软新闻所报道的题材一般重要性和时效性稍逊,其新闻价值体现在新奇性、趣味性等方面,而比较新奇和有趣的事情一般也具有较强的故事性,尤其是发生在普通人身上的不同寻常的事情,是大家更为关注的。软新闻比硬新闻的可读性更强,很重要的一个原因就是因为软新闻的故事性更强一些。当然,在进行硬新闻的写作时,记者和编辑也要尽量发掘硬新闻中的故事性,但毕竟硬新闻在故事性上先天弱于软新闻。

2.娱乐性

软新闻与硬新闻最大的区别就是软新闻以趣味性为导向,即软新闻最主要的功能不是提供关于世界的重要信息,而是为受众提供娱乐。因为这一特点,软新闻在写作上和硬新闻也有较大区别。在结构上,大部分硬新闻采用"倒金字塔结构",多使用直接性导语;而大部分软新闻在写作时结构非常灵活,通常采用延缓性导语。在语言风格上,硬新闻更为朴实、严谨,以客观叙述为主,很少有主观性的词语或者句子,也不会掺杂记者或者编辑的个人意见或者看法;而软新闻,为了达到娱乐的效果,语言更加活泼,新闻中常会有一些感情或者情绪色彩。

3.人物化

软新闻与硬新闻的另一个区别是硬新闻多为事件性的,在写作时也常常从客观的角度出发,很少以人物为中心来写。而软新闻则完全不受写作角度的限制,可以更加人物化,即更加关注新闻事件中的人物,通过人物来体现社会的变迁。因为写作上可以更加人物化一些,软新闻也就多了一些人情趣味和情绪性,也就更加吸引受众。

四、软新闻的分类

本章所涉及的软新闻并非完整意义上的软新闻，而是就国内媒体上比较常见的国际软新闻进行分类汇总，以方便我们研究和掌握国际软新闻的编译方法，因此，本分类方法并非一种完整和科学的分类方法。

明确了这一点以后，我们可以把国内媒体上常见的国际软新闻分为以下几类：

1.社会新闻：包括某些不甚重大、不甚恶劣的犯罪事件，体现社会人与人之间互相关怀的社会温情事件，以及一些人情趣味比较浓的新闻等。

2.趣闻轶事：包括人的趣闻、动物趣闻，以及一些纯粹以趣味性为导向的事件，如一些趣味比赛、趣味活动等。

3.娱乐新闻：包括明星或者艺人动态、电影或电视节目报道、各大国际电影电视奖项等。一些公众人物私生活的报道等也属于娱乐新闻的报道领域。娱乐新闻的报道几乎都会涉及名人。

以上的分类是为了讲授方便而设置的，下面我们将分节介绍以上三种国际软新闻的编译方法。

第二节　社会新闻的编译

发生在其他国家的不甚重要但又吸引人的故事，能成为我们国际新闻报道的内容，这个故事一定具有一些超出常理的地方，是日常生活中不太常见的。既然是这样的故事，那么我们在对这些新闻故事进行编译处理时，就要注意突出其不同寻常之处，尤其是要注意体现人情味。

在国际新闻中经常出现的社会新闻有两种：一种是人情趣味新闻，一种是犯罪新闻。下面我们分别介绍。

一、人情趣味新闻

这里的人情趣味新闻，指的是发生在其他国家，体现了人和人之间的爱、恨、情、仇等情感，具有浓厚人情趣味的新闻。这些新闻虽然不甚重要，但受众通常比较爱看、爱听、爱读。故事里的主人公大部分都是普普通通的人，但却因为做了某些不寻常的事而成为新闻人物。请看下面的例子。

例 1　2007 年 5 月，巴西一家拍卖网站出现了一则拍卖广告，拍卖的内容非常不同寻常，到底是什么呢？请看下列英语新闻报道，以及根据这篇报道编译而成的中文新闻稿。

英文原稿：

Brazil Nixes Online Ad For Sale of Wife

The Associated Press | Saturday May 5,2007

(1) **RIO DE JANEIRO, Brazil—** The government has ordered an Internet auction site to remove an advertisement in which a Brazilian man offered to sell his wife for about $50.

(2) The Secretariat of Public Policies for Women announced late Friday it had ordered Mercado Livre, partially owned by eBay Inc., to remove the ad and warned it was violating a law banning the offer or sale of "human organs, people, blood, bones or skin."

(3) The advertisement was no longer visible on the site Saturday.

(4) It was posted by a man who gave his name as Breno and said: "I sell my wife for reasons I prefer to keep short ...I really need the money."

(5) He described his wife physically and listed her qualities as a homemaker and companion. He reportedly said she was 35 and "worth her weight in gold."

(6) The Estado news agency said it wasn't clear if the ad was meant as a joke. It said Mercado Livre told it the ad hadn't been noticed earlier because of the large number of products offered on the site—nearly 1 million.

(7) There was no answer Saturday at phone numbers for Mercado Livre or its public relations agency.

汉语编译稿：

巴西男子网上卖妻

2007 年 5 月 7 日

(1)巴西一名男子近日在一家拍卖网站上刊登广告欲出售妻子。该网站 5 日在政府命令下撤下这则广告。

(2)广告出现在全球最大拍卖网站“电子港湾”(eBay)参股的巴西拍卖网站“自由市场”上。一个以“布伦诺”的名字在网上注册的男子表示欲以 100 雷亚尔(约合 50 美元)出售自己的妻子。

(3)“布伦诺”声称卖妻原因不便多言，但自己“真的很需要钱”。他在广告中描述了妻子的体貌特征，称赞她是“持家能手和好伴侣”。他还说自己妻子现年 35 岁，“抵得上与她体重相等的黄金”。

(4)巴西妇女公共政策秘书处 4 日晚下令撤下这则卖妻广告，指责它违反了巴西法律关于“不得销售人体器官、人、血液、骨骼、皮肤”的规定。

(5)卖妻广告 5 日已在“自由市场”网站上消失。网站方面告诉巴西媒体，由于该网站上拍卖物品多达 100 万件以上，网络管理人员没有及时发现这则广告。媒体说，眼下尚不清楚这则广告是否纯属玩笑。(来源：新华社)

编译稿点评：

英文原稿在报道这则新闻时，切入的角度是从新闻的最新进展——政府下令取缔这则卖妻广告——开始的。从新闻要报道事件的最新进展这一原则而言，这样写是符合新闻写作的要求的。但编辑在编译这条新闻时，并没有采取与英文原稿一样的切入点，这是因为，作为一则本身并不是特别强调时效性的软性新闻，英文原稿所体现出来的刊登卖妻广告这一事实，其趣味性要远远高于政府取缔这一广告的这个事实。因此，汉语稿的编辑调整了英文原稿的顺序，先交代广告的内容，再交代政府取缔这一广告的事实。编译后的汉语新闻稿，切入的角度和内容安排更加符合软性新闻的报道要求，更加符合逻辑，可读性也更强。

有人因为“真的很需要钱”可以把妻子卖了，而有人却可以为了妻子自掘坟墓，等候死亡。下面请看一条与上面的新闻主题一样，但结果却截然相反的英语新闻。

例2　与例1所报道的新闻差不多同时，路透社的记者报道了另一则发生在印度的新闻，一位老人已经在自己挖好的坟墓中“躺”了六年，等待死亡的来临。这到底是怎么回事呢？请看下列英语新闻报道，以及根据英语新闻编译而成的汉语新闻。

英文原稿：

Mourning Man Lies in Own Grave, and Waits to Die

Friday May 6, 2007

(1) **PATNA, India (Reuters)**— Hundreds of people are flocking to a remote village in eastern India to catch a glimpse of an old man who has spent six years lying inside his own grave waiting to die as he mourns for his wife, officials said.

(2) Basanta Roy claims he is 103 and spends his day clearing weeds from the grave and lying in it. Belonging to a Hindu caste who bury their dead, Roy dug his grave close to his wife's after she died in the late 1990s.

(3) "He cleans his grave every day and waits for his death, which seems to be eluding him," said Shyam Narayan Ram, a senior government official from Jharkhand state.

汉语编译稿：

印度老翁安居墓中等死

2007年5月6日

(1)在印度东部恰尔肯德邦巴特那郊区一个村庄，一名老翁在自己未来的坟墓中安家，每日祈祷等死，迄今已有6年。

(2)路透社4日援引地方官员的话说，这名老翁名叫巴斯塔纳·罗伊，自称今年已有103岁了。他的妻子于上世纪90年代晚期去世，妻子下葬后，罗伊便在妻子的坟墓旁挖了一个墓穴，并在墓穴中安身，每日清理坟地、拔草，然后躺在墓中哀悼死去的妻子，等待死期来临。

(3)罗伊的举动引得人们纷纷前来观看。当地政府官员希亚姆·纳拉扬·拉姆说：“他(罗伊)每日清扫坟地，安静等死，但死期就像与他捉迷藏。”(来源：新华社；略有修改)

编译稿点评：

英文原稿比较简短，只有三个段落，除了报道主要新闻事实外，并没有其他的枝节，主要趣味点——新闻的人情趣味也比较突出，在编译时要注意处理好这一人情趣味点。编译后的汉语新闻稿，将英文原稿导语开头部分“人们纷纷到印度东部小镇去看一位老人”的内容放到后面介绍，而将新闻的趣味点(老人在墓穴中哀悼亡妻，等待死亡)放在新闻的前面介绍，突出了该新闻的价值。

小结:
1. 人情趣味新闻具有人物和故事,又带有软性新闻的新奇性和情绪性等价值要素,可读性很强,在编译报道时要突出其人情趣味。
2. 在编译报道人情趣味新闻时,也要注意新闻的准确性,不能为了吸引眼球而任意夸大事实,做成低级趣味的"黄色新闻"。

二、犯罪新闻

本章介绍的犯罪新闻报道的是一些时效性不是很强、影响也不是很恶劣的犯罪事件,这些犯罪事件往往因为具有一些新奇的特点,或者具有一些人情趣味的东西而被媒体报道。某些很重大的、影响很恶劣的犯罪新闻,例如 2007 年 4 月发生在美国弗吉尼亚理工大学的校园连环枪击案等,在处理方式上与本节所讲的新闻不一样。这些新闻因为时效性非常强,在处理方式上与一般的硬新闻,甚至与突发事件的报道一样,所以不在本章和本节的范围之内。对于这些重大犯罪新闻的处理方式,请参照第二章、第三章的相关内容。

例 3 2007 年 4 月,美国肯塔基州发生了两起持枪抢劫银行案。5 月,两名案犯被逮捕。这一发生在美国的地方犯罪新闻究竟有什么特别之处,足以引起国内受众的注意呢?请看以下美联社的英文原稿,以及根据这则报道编译的汉语新闻稿。

英文原稿:

Police Say Men Were Masked Bandits in Bank Robbery

Associated Press | May 6, 2007

(1) **NASHVILLE, Tenn.**— Ronald Reagan and Richard Nixon won't be making a third visit to a southern Kentucky bank anytime soon.

(2) Police say two Nashville, Tenn., men wore masks of those presidents during a pair of violent visits to the same bank last month in Bowling Green, Ky., and were arrested around midnight Wednesday at a convenience mart in the Music City, The *Tennessean* reported.

(3) Authorities caught William R. Hendrick, 57, and Richard Parrott, 58, who both were convicted of bank robbery in Florida in the 1980s. The pair were charged on federal armed bank robbery charges.

(4) Police speculated that the two may be fans of an old Patrick Swayze, Keanu Reeves movie in which robbers wore masks of Presidents Reagan, Nixon, Carter and Johnson.

(5) "I don't know if these guys were sitting around watching 'Point Break' before the first robbery," said Bowling Green police Officer Barry Pruitt.

(6) The arrests came from a tip, Pruitt said, adding it wasn't very hard to track the men to Nashville-the cars they used for their trips to Bowling Green were stolen from there.

(7) On April 6, "Reagan and Nixon" entered the bank, one toting a sawed-off shotgun. They robbed the bank and escaped.

(8) When they returned April 25, bank employees saw them coming and locked the doors. The

frustrated robbers fired one round before fleeing. The rubber Reagan mask was discovered inside a stolen red Toyota that was abandoned nearby.

(9) Another Halloween mask, not a president's face, and a sawed-off shotgun were found when investigators searched Parrott's home Thursday.

英文原稿分析：

英文原稿的作者是按照报道犯罪新闻的一般原则来报道这条新闻的，先讲两名戴着总统面具抢劫的犯罪嫌疑人被逮捕，再指出他们将面临的指控，然后援引警方的话讲到这两名犯罪嫌疑人作案手法的特殊性，以及这一手法同一部电影的联系，最后交代警方据以抓获两名犯罪嫌疑人的一些蛛丝马迹和疑犯被捕的相关情况。当然，作者也充分强调了这两个犯罪嫌疑人特殊的作案手法，并使用了一个延缓性的导语来开头，以强调这一特殊性。

汉语编译稿：

美国：男子化装成前总统抢银行

2007 年 5 月 6 日

(1) 两名美国男子戴着前总统罗纳德·里根和理查德·尼克松的面具在肯塔基州抢劫银行，近日被警方逮捕。

(2) 美联社 4 日援引《田纳西人》的报道说，这两名犯罪嫌疑人是田纳西州 57 岁的威廉姆·亨德里克和 58 岁的理查德·帕罗特，他们在上世纪 80 年代就因在佛罗里达州抢劫银行被判刑。

(3) 警方说，两人戴着前总统的面具作案，很可能是模仿一些电影里的情节。

(4) 警官巴里·普卢伊特说："我怀疑，这两个家伙第一次抢劫前，坐在一起看过《终极豪情》这部电影。"

(5)《终极豪情》讲述的是一伙自称为"前总统"的银行劫匪，他们作案时头戴美国前几任总统的面具，手段高超，行踪诡秘。

(6) 警方介绍说，两人 4 月 6 日和 25 日先后两次抢劫银行。在 25 日抢劫案后，警方在一个被遗弃的轿车里发现了一副里根面具。警方对帕罗特住所搜查时，发现了一副万圣节面具和一支被锯短的霰弹枪。

(7) 亨德里克和帕罗特 2 日被警方逮捕，他们将面临武装抢劫银行的指控。(来源：新华社；有修正)

编译稿点评：

英文原稿的导语虽然很有意思，但稍微有点曲折，汉语编译稿直接照搬翻译还是会让国内受众读起来有点摸不着头脑，所以编辑在处理时采用了更为直接的方式。接下来，编译稿重点交代了这两位犯罪嫌疑人作案手法的特殊性，并指出他们可能是受到了一部电影——《终极豪情》——的启发。英文原稿对这部电影的介绍比较短，因为美国人对这部电影非常熟悉。但中国人对这部电影却不一定了解，所以编译稿大致介绍了这部电影的主要情节，这一点是十分必要的。最后，编译稿简要交代了其他与这一抢劫案有关的信息，对原稿的相关内容做了较大程度的简化，因为这部分内容并不是本则新闻的趣味点。汉语编译稿详略得当，重点突出，对英文原稿做了较好的处理。

例 4 有这样一句著名的对互联网匿名特性的表述：“在互联网上，没人知道你是一条狗。”在互联网上，每个人都只是一个 ID 符号，可以隐匿在这个符号下，任意在虚拟空间就任何问题进行匿名表达。这虽然带来了一定程度的自由，但也会带来一些问题，比如下面这条新闻报道的内容。

英文原稿：

Boy, 10, Suspected of Threatening Dutch Leader's Life

By Bruno Waterfield in Brussels, *Telegraph* | 06 Nov 2008

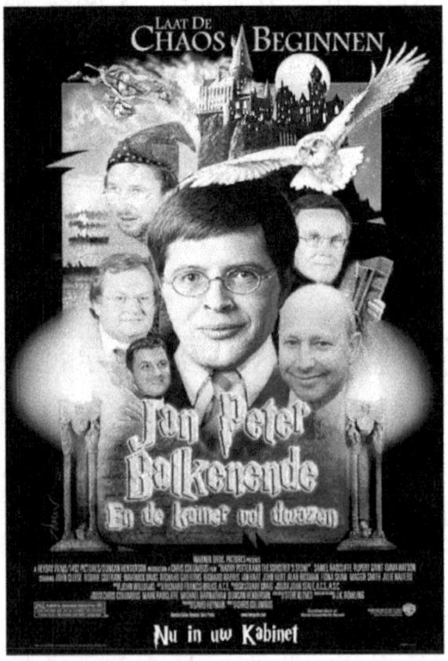

A 10-year-old boy from the Dutch village of Rijssen had his computer confiscated after police raided his home seeking the source of internet threats against the country's leader.

The youngster had left the message "kick Jan Peter Balkenende's ugly head off" on the Dutch prime minister's page on a social networking site.

After the authorities launched a full-scale security investigation and tracked down the boy via the IP address of his parents' computer, police swooped, on the day of his 10th birthday.

As police confiscated the home computer from his angry mother, the boy explained that "he knew the name Balkenende from the television and knew he was important but did not know what he did exactly".

The chastened 10-year old is now planning to write a letter to the prime minister saying he is sorry, reported the TC Tubantia newspaper on Thursday.

Mr Balkenende's page on the Hyves social networking website has been viewed by almost two million people and almost 150,000 have signed up to become the premier's "friend".

The Dutch Christian Democrat, often dubbed "Harry Potter" for his youthful looks and resemblance to the magical film character, has been the prime minister of the Netherlands since 2002.

英文原稿分析：

个人在互联网上发表过激言论，本来也不是什么新鲜事，不过，如果是一个仅仅 10 岁的孩子发表的言论，而且是针对该国的领导人，就有点新奇了。人们对这条新闻要是好奇的话，一定是首先好奇这个孩子都发表了什么激烈言论，以至于引起了警察的注意；其次是好奇这个孩子为什么发表这么激烈的言论，究竟该国首相是怎么“开罪”了一个 10 岁的孩子。其他细节，比如关于警察如何找到这个孩子之类的，简单交代一下就好。英文原稿基本上把事情交代得非常清楚了，编译时在把事情交代清楚的情况下，再突出一下这则新闻的趣味点（10 岁儿童威胁首相）就可以了。

先来看下列这条根据英文原稿编译而成的汉语稿：

汉语编译稿一：

荷兰10岁幼童网上留言威胁首相遭警方拘留

2008年11月10日

荷兰一个小镇一名10岁男孩日前在互联网上散播威胁首相安全的信息遭到警方拘留。

这名男孩日前在该国一个社交类网站上留言称，“将扬·彼得·巴尔克嫩德丑陋的脑袋踢碎”。该留言引起了警方的高度重视。随后警方发动了全方面的安全搜查，通过IP地址顺藤摸瓜找到了男孩家。经调查，男孩是用父母的电脑在家上网时发表了上述留言。当天，正是男孩10岁生日。

男孩解释说：“他是从电视上知道巴尔克嫩德名字的，他知道这是一个非常重要的人物，但并不清楚到底是谁。”目前经过教育，男孩打算给首相写一封道歉信。

据了解，自男孩在网上留言后，他的帖子已经被网友浏览了200多万次，其中约有15万网友签名表示自己是首相的“朋友”。

巴尔克嫩德于2002年就任荷兰首相。由于长相和电影人物哈里·波特非常相似，民众便将“哈里·波特”当作他的绰号。（来源：国际在线）

汉语编译稿一点评：

英文原稿本不长，但这篇对原稿的编译稿却存在几处不准确的地方：

1. 标题中把一个10岁的孩子称为“幼童”并不合适。1–3岁的孩子可以称为“幼童”，超过10岁的孩子最多只能被称为“儿童”。
2. 导语中说到这个男孩被“拘留”，这是不准确的。首先，因为原稿只是提到警方没收了男孩家的电脑；其次，从下文来看，警方只对孩子进行了说服教育，孩子本身还未成年，而且是在还没搞清楚状况的情况下发表了这一言论，还没有到被拘留的地步。
3. 正文第四段的翻译不准确，英语原稿说的是荷兰首相主页到发稿时的浏览量，而不是说帖子被浏览的次数。另外，“sign up”，熟悉网络的人都知道是指“注册”，并不是编译稿所说的“签名”的意思。
4. “Harry Potter”中文译名为“哈利·波特”，而非“哈里·波特”，这是一处译名用字错误。

由此可见，即便是很短的一则软性新闻，如果不注意，也是很容易出错的。

下面请看根据汉语编译稿一修改而成的编译稿。

汉语编译稿二：

荷兰10岁儿童网上留言威胁首相

2008年11月7日

据英国《每日电讯报》报道，荷兰警方日前找到了一则威胁该国首相人身安全的网上留言的来源，发布者竟然是该国一个小镇的一名10岁男孩。

这名男孩不久前在荷兰一个社交类网站上该国首相巴尔克嫩德的主页上留言说，“将扬·彼得·巴尔克嫩德丑陋的脑袋踢掉”。荷兰警方通过该留言的电脑IP地址找到了男孩家。原来，男孩是用父母的电脑在家上网时发表了上述留言。警方没收了男孩家的电脑，而当天正好是男孩10岁的生日。

男孩解释说，他"是从电视上知道巴尔克嫩德名字的，知道他（巴尔克嫩德）是一个重要的人物，但并不清楚他到底是谁"。目前经过教育，男孩打算给首相写一封道歉信。

荷兰首相巴尔克嫩德的主页已经被大约200万人浏览，其中约有15万人注册成为他的"好友"。

巴尔克嫩德于2002年就任荷兰首相，今年已经52岁的他，由于相貌年轻，长相颇似电影人物哈利·波特，被民众戏称为"哈利·波特"。

汉语编译稿二点评：

因为这则新闻的故事性比较强，所以英文原稿在使用了一个概括性的导语后，按照时间顺序介绍了事件的来龙去脉。时间结构本身是中国受众非常习惯的一种结构方式，也比较适合用来"讲"这个故事，所以编译稿完全采用了原稿的结构。在编译时，编辑重点突出了这则新闻的趣味点，在背景段落介绍荷兰首相时特别补充了他的年龄，以突出其"绰号"的特别之处。相对于汉语编译稿一，汉语编译稿二的编译显然更为准确。

小结：

1. 对于一些新奇的犯罪新闻，在编译报道时可不必拘泥于传统犯罪新闻的报道手法，而按照软性新闻的处理方式，突出其新奇性等价值要素。
2. 在编译犯罪新闻时不要过多透漏作案细节，免得引起不良社会反应。因为媒体报道犯罪新闻的目的，是告诉人们发生了什么，而不是给那些有犯罪意图的人写教科书。
3. 软性新闻的编译依然要注意准确性的问题，涉及新鲜事物或者名词时也要像处理科技新闻（第六章将详细讨论）那样查阅相关资料，弄懂其含义，以免误译。

第三节 趣闻轶事的编译

大千世界、无奇不有。对于发生在世界各个角落的趣闻轶事，人们普遍怀有兴趣。报道好趣闻轶事，也是准确反映我们这个五光十色的世界的要求。

不过，对于趣闻轶事的编译处理，方法与处理灾难、政治等领域的新闻有所不同。总的原则是在不违反新闻真实性的前提下，挑选新闻的亮点，用幽默诙谐的语言编译出来。特别是要注意事件的趣味性及其与众不同、超出常规、不合情理的地方。例如，有一条趣闻"小偷窃走汽车，捎走车主岳母"，讲的是一个偷车贼偷车时马虎大意，没发现车主的岳母还睡在车后排，结果把老人家一道偷走。英文原稿虽然有很多细节，但在编译时只要把"偷走岳母"这点突出就成功了。

需要提醒的是，趣闻轶事类的新闻，虽然在编译时编辑可以灵活处理，甚至可以自由发挥，但绝不能违背新闻真实性的原则，胡编乱造或者任意篡改。

下面我们按照不同类别介绍趣闻轶事类新闻的编译方法。

一、人的趣闻轶事

这类报道对象是发生在人身上的某些趣闻轶事。一些人,虽然不是什么“大人物”或者名人,不过由于他们碰到一些有趣的事情,或者参与了某些有趣的事情,就会成为新闻人物,而他们的名字也会出现在媒体的报道中,有时候他们甚至就此成为“知名人士”。下面这个人物就是英国某个“领域”的“知名人士”,让我们一起来看看。

例 5　2008 年 11 月 20 日晚,“世界说谎大王”比赛在英国坎布里亚郡的布里奇酒馆举行,一位 69 岁的英国老汉第七次“折冠”,获得“世界说谎大王”称号。以下是 BBC 的报道和根据这篇报道编译而成的汉语新闻稿。

英文原稿:

King Liar Holds onto His Crown

By Cory Allen, BBC News | Friday, 21 November 2008

When you walk into the bar of the Bridge Inn in Santon Bridge in a remote corner of Cumbria, you're greeted by a man wearing false teeth who claims to be from the year 2098.

No, it's not an alternate universe, but a gathering of tall storytellers competing for the World's Biggest Liar accolade.

Liars from across the globe gather to impress each other and the judges with their tale tales, porky pies and downright lies.

The contest dates back to the 19th century, when Will Ritson (1808 - 1890), a Wasdale landlord, became well-known for his fibs.

One of his most famous was about turnips which were carved out by local people in the Lake District and then re-used as sheds to house sheep.

As Cumbria's original biggest liar, the competition is now held annually in "Auld Will's" memory.

Suspect story

Nowadays, people travel from all over the country in order to achieve the title, but none have been as successful as John "Johnny Liar" Graham.

Johnny won on Thursday night, taking the crown for the seventh time.

The local farmer managed to clinch the 2008 title after he impressed the eight judges with a suspect story of a magical ride to Scotland in a wheelie bin that went under the sea.

John Graham

Johnny Liar will keep the trophy all year and return next time to defend his title. He also gets another tie with World's Biggest Liar stitched into it.

He says the trick to telling a perfect lie is "to base it on the truth" -the most convincing liars have to believe their own untruths.

David Russell is the man with the false teeth, although one of the rules is no props, so the teeth were for the bar area only.

He entered this year and shed some light on what motivates people to get up in front of a crowd in a pub and tell lies.

He says he's a "frustrated comedian really" and gets very nervous in the run-up to the competition.

But then again, can we believe him?

汉语编译稿：

英国老汉第七次成功卫冕"世界忽悠大王"

2008年11月25日

每年11月，来自英国各地的忽悠高手们都会齐聚在坎布里亚郡的布里奇酒馆里，试图依靠自己那彻头彻尾的谎言来迷惑评委及现场观众。据英国广播公司BBC 21日报道，今年的比赛于11月20日晚间举行，69岁的英国老汉约翰·格雷厄姆第七次卫冕，获"世界忽悠大王"称号。

这项大赛的历史可以追溯到19世纪，当时这里有一位名叫威尔·里特森的地主，因为经常说谎吹牛而家喻户晓。此人最有名的一则瞎话是说，某地的萝卜很大，大得掏空它的中段后能用来充当遮风避雨的羊圈。为纪念这位被称作"老威尔"的坎布里亚地区最早的忽悠大王，后来人们便每年举行一次世界忽悠大赛。

尽管每年前来参赛的忽悠高手众多，但其中最成功的当属69岁的老汉约翰·格雷厄姆。这位人称"爱说谎的约翰"的老人，在本项赛事中已经是七连冠了！他今年"演讲"的内容是，德国人以垃圾箱做潜艇，从水下入侵了坎布里亚郡海滨小镇怀特黑文，而这一"壮举"的目的是掠夺当地人家中的数字机顶盒，因为那里是全英国第一个由模拟电视升级为数字电视的地方。

格雷厄姆在整个"演讲"过程中口若悬河，真正做到了"说瞎话不脸红"。最后他还煞有介事地宣称："以前我把瞎话都说完了，这回说的可全是实话。"话音未落，台下的观众早已笑得喷饭。这一富于想象力的"故事"彻底征服了在场的8位评委，他们毫不迟疑地将今年的冠军又授予了老约翰。

按照规定，"爱说谎的约翰"可以将奖杯保存一年，明年这个时候再拿到这里争取继续卫冕，此外他还获得了一条绣有"世界忽悠大王"字样的领带。按照这位忽悠大王的说法，讲述一个完美瞎话的秘诀在于，"你的瞎话必须建筑在事实之上，不能忽悠过了头，而且还要相信自己说的话"。那些最为令人信服的吹牛者往往都对自己所说瞎话深信不疑。不过这项比赛最终的目的是为了给大家带去欢乐，而不是教大家如何说谎。(来源：《青年参考》；略有修正)

汉语编译稿点评：

从赵本山在春晚上接连几次"忽悠"范伟开始，"忽悠"已经成了国人日常口语中的一个常用词。汉语编译稿的编辑显然吸取了这一生动的"民间语言"来报道一则同样有趣的外国民间比赛。这个不为国内受众所知的趣味比赛，需要在编译稿中交代一下背景；当然，这位英国老汉“忽悠”的本事,也需要描写一下。虽然英文原稿的文字稿对老汉今年“获胜”的那段词并没有说得很详细,不过BBC的报道中有这段词的音频和视频资料,编辑在编译这条新闻时最好自己听一下或者看一下,以全面了解老汉“忽悠”的本事。汉语编译稿不但做到了这些,而且在交代完新闻后,还没有忘记提醒大家不要成为生活中的“忽悠大王”,以免误导受众。

> 小结:
>
> 以人物报道为中心的趣闻,要集中于人物以及发生在人物身上的趣事。如果像本例这样,英语文稿中并未将趣事叙述完整,就要利用英文稿带有的图片和音视频材料等辅助材料将其补充完整。

二、动物趣闻

有关动物的新闻已经成为目前软性新闻报道中的一个重要组成部分,这不仅因为越来越多的动物成为现代人生活中的宠物,也因为人们日益体会到保护动物、保护环境的重要性。而关于动物的新闻,或有趣,或可爱,或引发思考,或带来社会问题,也越来越受到受众的关注。请看一个有关国外动物趣闻的编译实例。

例6: 2008年10月,美国纽约一次猫展上的两只猫咪吸引了大家的目光。这两只猫咪为美国正在如火如荼进行的总统竞选增添了一些趣味因素——它们分别代表奥巴马和麦凯恩在这次猫展上进行了“总统”选举。请看下列美联社记者采写的英语新闻稿和根据英语稿编译而成的汉语新闻稿。

英文原稿一:

Cat Show Includes Obama, McCain the Cats

Oct 18,2008

NEW YORK (AP)— Barack Obama and John McCain will attend a New York cat show this weekend—Obama the Bombay cat and McCain the American Shorthair, that is.

The two felines are vying for the title of "Purr-fect President" at the Cat Fanciers' Association-IAMS 2008 championship that opens Saturday at Madison Square Garden.

More than 40 breeds are represented among the several hundred competing animals. The top title goes for "Best in Show."

In addition, hundreds of other kittens and cats will be available for adoption.

This year's show also features a rescued New Jersey shelter cat and member of the Iams Trained Cats that perform Olympic-style tricks

英文原稿二:

"Barack" Beats "McCain" for Purr-fect Presidency

The Demo Cat Wins By 65 Percent At The CFA-Iams Cat Championship

The Associated Press | Oct.20,2008

The votes are in: The people want Barack Obama, a Bombay cat, to lead them in a purr-fect presidency.

A Bombay cat named Barack Obama sits in his cage at a "vote for your favorite DemoCat or RepubliCat" event during the CFA-Iams Cat Championship in New York, October 18,2008.

——*REUTERS/Chip East (UNITED STATES)*

A British shorthair cat named Renegade, representing John McCain, sits in his cage at a "vote for your favorite DemoCat or RepubliCat" event, at the CFA-Iams Cat Championship, in New York, October 18,2008.

——*REUTERS/Chip East (UNITED STATES)*

The winner beat Renegade the Republicat, a British Shorthair, by 65 percent in the "vote for your favorite DemoCat or RepubliCat" competition at the Cat Fanciers' Association-Iams Championship at Madison Square Garden on Sunday night.

Barack wasn't the only feline clawing for the attention this weekend.

America's top cat is Russian—a Russian Blue, that is. Named Runner, the 18-month-old feline was the first of his breed to nab Best in Show at the championship.

With a shiny, velvety gray coat and green eyes, Runner competed against hundreds of felines for the prestigious title.

The 12-pounder won 400 pounds of cat food—and a national appearance Monday morning on "Live with Regis and Kelly."

The sixth annual event, which featured 41 breeds among the several hundred competing animals, attracted thousands of visitors.

"It draws more attention to cats than any other event," said Pam DelaBar, the President and CEO of the Cat Fanciers' Association, who has judged cat shows on every continent but Antarctica. "No matter where you go, when cat fanciers get together, they have a common thread of passion for cats."

DelaBar was quick to point out that these just aren't crazy cat people.

"This is a broad spectrum of society," she said. "The woman working with cat agility is a teacher. I'm a retired Army officer. There's a lawyer over there."

More than just a show

The event also offers guests a chance to adopt a kitten of their own brought from 16 shelter and rescue organizations that are part of the Mayor's Alliance for NYC Animals.

The weekend is key to reaching their goal of adoptions, said Jane Hoffman, the president of the Mayor's Alliance for NYC Animals, noting that last year the show facilitated more than 200 adoptions and introduced prospective pet owners to rescue organizations. Several of the organizations tried out a new personality matching system that screens the cats—as well as their potential owners—to see who will be a good fit.

"It's like eHarmony for cats," Hoffman said. "We want to avoid people returning cats to the shelter."

The show also promotes cat training, which makes daily tasks, like brushing teeth and trimming toenails easier for owners, said Karen Thomas, a head trainer with Iams. During the press preview, she showed how Hobie, an eight-year-old American shorthair could jump up and clap his hands. The show featured cats that could perform big tricks, like play basketball or walk on a tightrope.

Getting ready for the big weekend required a lot of preparation. Raven, a stocky three and half-year-old Persian got primped for three hours before coming to the preview. Bathing his thick black coat is an ordeal that requires four different shampoos and lots of rinsing, said his owner Claire Collins. Collins then uses a large pet dryer—so big it sounds like a vacuum—to make sure Raven's long hair stays perfectly straight. Raven then snuggles up on her lap as she combs his coat out.

But Collins says all the work is worth it to be able to participate in the show.

"There's that thrill of competition," said Collins, who lives in Cranford, N.J., and brings her 10-year old daughter Kristen with her to shows. "There's nothing better than spending a day with my cat."

英文原稿分析:

英文原稿一其实是一篇预告性新闻,预告了本次猫展最大的看点。英文原稿二是对前一篇稿子的后续报道,也是对本次猫展的全面报道:除了交代之前预告过的"猫咪总统"选举的结果外,还介绍了猫展的其他情况。原稿的切入点还是非常巧妙的,否则,一条普通的猫展新闻很容易被埋没,但选择了与大选相关的角度后,新闻稿一下子就从其他稿件中脱颖而出了。

汉语编译稿:

奥巴马麦凯恩猫亮相纽约　争夺猫展"总统"宝座

2008年10月20日

到底是投票给奥巴马还是投票给麦凯恩呢?

随着美国大选投票日的日益临近,在选民们还在为这个问题伤脑筋时,美国一些热衷养猫的人们已经做出了选择:他们更喜欢"奥巴马"。

代表奥巴马的“民主党猫”

代表麦凯恩的“共和党猫”

在本周末纽约麦迪逊广场花园举行的一次猫展上，一只代表奥巴马的孟买猫和一只代表麦凯恩的英国短毛猫进行了“猫总统”的角逐。最终，“民主党猫”以65%的支持率战胜了“共和党猫”，获得“总统”宝位。

为配合今年的美国总统大选，本次美国爱猫者协会发起的猫展特别设立了“猫总统”投票这一环节。这是该协会第六次举办猫展。在这次猫展上，共有代表41个猫种的数百只猫参赛，一只俄罗斯蓝猫获得了“最佳表现”大奖。此外，组织者还安排了收养和训练猫等活动。

编译稿点评：

本来对于外国的一个猫展，受众的面不是很宽，报道的新闻价值也不算太高。不过，如果是把猫展和美国总统选举结合起来，感兴趣的人就多了，即使是那些只关心政治的人，也可以在严肃之余从本条新闻中获得一点娱乐。英文原稿的报道角度已经非常好了，汉语编译稿只需要在语言上再组织一下，突出本次猫展最大的趣味点就可以了。对于其他内容，则可以一笔带过。当然了，代表奥巴马和麦凯恩的那两只猫是本条新闻的最大看点，图片是必不可少的。至于两篇英文原稿，在汉语稿中也没必要分两次来报道，因为趣味点就一个，英文原稿二中关于猫展的其他报道意义并不大，所以一篇汉语稿就已足矣。

小结：

1. 动物趣闻的受众面较广，很多时候还带有可视性很强的图片，在编译报道时要加以利用。
2. 动物趣闻的编译需要突出新闻的趣味性和新奇性等价值要素。

三、事件趣闻

另一种国际新闻报道中比较常见的软性新闻是事件趣闻，这主要是指发生在其他国家的一些有趣的小事件。对于这些趣味事件的编译，处理上和其他的国际软性新闻是一样的，重要的是找到趣味点，在内容安排上突出这些趣味点，并尽量使用诙谐幽默的语言表述出来。请看以下的英-汉编译实例。

例 7 肥胖现在是个世界性的问题，过于肥胖，不仅会造成一些健康问题，更会遭遇一些尴尬时刻，请看这则发生在瑞典首都斯德哥尔摩的新闻。

英文原稿：

Police Doorway Stops Fat Cops

The Associated Press | Mar 4,2005

STOCKHOLM — Portly police have a new reason to work out thanks to a new security entrance at the National Police headquarters that won't let them in if they weigh too much.

A construction error in the recently remodeled security entrance, which has a built-in scale designed to only let one person at a time pass through the door, has caused some embarrassing moments for officers who may not have spent enough time exercising.

Those weighing more than 230 pounds who try to pass through the entrance are greeted by a recorded voice telling them: "Stop! One at a time!" and are not let through, police spokeswoman Linda Widmark said.

She said the scale is supposed to be adjustable to let people weighing up to 350 pounds pass through, but an apparent construction error is playing tricks on those with ample girth.

"We'll have to get that fixed." Widmark said. "We've got some big strong men around here." The security entrance is mainly for visitors and police denied entrance can use other doors.

"There are other options for them," she said.

英文原稿分析：

原稿中最有趣的点恐怕要属超重警察们在通过大门时被"叫停"的尴尬时分了，我们甚至可以通过英文稿的描写想象出这一画面来。在对英文稿进行编译时，这一点一定不能漏掉。另外，还要交代一下出现这种情况的原因，以及进不了大门的警察该怎么办，这样才能既突出趣味点，也让受众看得明白新闻。

汉语编译稿一：

超重警察严禁进入警察署

现在，肥胖的警察有了一个新理由外出工作，这都要感谢国家警察总署的新安全门，这道安全门把过于肥胖的警察拒之门外。

一个建造错误出现在警察总部最近刚翻修的安全门上。这个新的安全门由于设计错误，其内置秤一次只允许一人通过，这给那些没花够时间锻炼的警察们带来了尴尬。

警察总署的女发言人琳达·威德马克说，那些体重超过 230 磅的警察试图通过安全门时，就会被一句提前录制好的语言提示拦在门外——"请止步！一次一人！"

琳达说，称重计本来可以让 350 磅的人通过，但一个明显的建造失误和那些腰围过粗的人开起了玩笑。

"我们不得不对安全门进行修理。"琳达说。"我们附近有不少强壮的人。"安全门主要是为来访者设置的，拒绝从安全门进入的警察还可以走别的门。

编译稿一分析：

英文原稿本身并不长，汉语编译稿基本是对英文原稿翻译而成的。即使是一条看上去很短也很简单的英语稿，在编译时如果不小心，也会出现错误。这个汉语编译稿中就存在好几处不准确的地方。

1.标题：“严禁”一词不够准确。原文虽然说到超重警察会在进入警察署时遭遇尴尬，但也指出警察们除了大门，还有别的门可以进入，所以“严禁”的说法是不正确的。

2.导语：首先是没有交代地点，整个汉语编译稿从头到尾都没有提到新闻的发生地。其次是对英文原稿导语中的“work out”翻译错误。“work out”是固定搭配，含义是“to exercise”(锻炼身体)的意思，翻译成“外出工作”属望文生义。

3.第二段的“由于设计错误，其内置秤一次只允许一人通过”属翻译错误。从英文原稿来看，大门的内置秤一次只允许一人通过是设计初衷，并非设计失误。

4.第三和第四段出现的两个磅值没有换算成公斤。因为汉语稿主要是面对中国国内的读者传播的，而中国在计算体重时采用的是公制，绝大部分受众对于英制的磅值根本没有概念，所以汉语稿如果照搬磅值，中国受众根本不知道文章中的胖警察到底有多胖，这等于是丢掉了这条新闻中最重要的信息。因为汉语编译稿的编辑心中没有读者，才造成稿件写得不清楚。

5.最后一段的“拒绝从安全门进入的警察还可以走别的门”翻译错误。英文原稿的“police denied entrance can use other doors”是指“不能从大门进入的警察”。

下面来看另一篇根据同一条英语新闻编译而成的汉语新闻稿。

汉语编译稿二：

警署“瘦”门口　难倒胖警察

瑞典的胖警察们现在多了一条减肥健身的理由，不是形象问题，也跟健康无关，而是因为如果他们不够苗条，就会在进入该国警察总部大门时面对尴尬时刻。

一旦体重超过230磅(约104公斤)的警察通过大门，就会“遭遇”一句事先录制好的“问候”语——“请止步，一次通过一人”，然后被拦在门外。

原来，瑞典警察总部的安全门最近进行了升级，入口处安装了一个内置的体重秤，以保证一次只能通过一人。大门原本被设计为让体重在350磅(约159公斤)以下的人都能通过，但在施工时出现了一个失误，使这一体重上限严重“缩水”。结果，那些大腹便便的警察们就被狠狠“涮”了一把。

瑞典警察总部表示将重新调整系统，而大门也主要是针对来访者设置的，那些不能通过大门的警察还可以从别的门进入。

编译稿二分析：

汉语编译稿二解决了编译稿一存在的问题，还对编译稿一进行了改进。首先是把文章中最有趣的点放在比较靠前的位置，更好地吸引了受众的兴趣；其次，编译稿二把英文原稿的磅值换算成了公制，让国内受众一看就明白了；再次，编译稿二也交代清楚了事件的原因等相关信息;最后,编译稿二的措辞幽默,可读性更强,标题也起得贴切、独具匠心。

小结:

1. 事件趣闻在编译时要注意人物和事件的统一,以更好地突出趣味性、人物性和故事性。语言也宜采用诙谐幽默的风格。
2. 为了使编译后的汉语稿更容易阅读,对于过程较为复杂的趣闻,可以使用时间顺序结构来安排编译后的新闻稿。
3. 虽然软性新闻并不以时效性取胜,但在编译时如果可能还是要尽量采取较新的新闻由头,以增强其时效性。
4. 软性新闻的准确性不容忽视,不要因为软性新闻不甚重要而编译得过于随意。

从上面编译实例中我们可以看出,趣闻轶事类新闻在编译时的核心是围绕趣闻选取最有意思的内容,并按易于读者阅读的方式安排汉语稿的内容。

第四节　娱乐新闻的编译

如果说报纸的起源是为传递信息服务的,那么广播、电影、电视在诞生之初则是为提供消遣娱乐服务的,传播新闻是这些媒体以后才发展出来的功能。世界进入影像和后影像时代后,娱乐新闻已经成为人们日常生活中的一部分,娱乐精神也已经深入现代人的骨髓。娱乐新闻不仅仅是一种消遣或者茶余饭后的谈资,它已经成了年轻人的一种生活方式。一个不知道任何娱乐明星的人,除了生活在远离现代文明的某些原始或者半原始的部落外,大概可以说是天外来客了。

在全球化的时代,娱乐新闻也不可避免地跟着全球化。如果说半个世纪前,中国人对外国的娱乐明星还所知甚少、不甚关心的话,那么现在中国人耳熟能详的外国娱乐明星,大概不比这些明星所在国的受众少多少了吧?在我们写下这些文字的前一天,美国流行音乐之神迈克尔·杰克逊刚刚逝世,关于他的报道充斥于全球各大媒体,其受关注的程度并不亚于国家元首,这让我们充分见识到了娱乐的魅力和影响力。

尽管娱乐新闻已经成为我们日常生活中不可或缺的一部分,国内学者对于娱乐新闻的研究却很少,也没有给出一个大家所公认的娱乐新闻的定义。即使是在2001年出版的国内第一部关于文化娱乐新闻采写的专著《文化娱乐新闻的采访与写作》(李幸著)中,我们也没有找到一个关于娱乐新闻的定义。有学者将娱乐新闻定义为,"娱乐新闻是根据现代人的某种需要而生产出来供一部分人消费的信息产品。"[①]这个定义并没有触及娱乐新闻的实质,并非一个科学的定义。

如果我们放弃给娱乐新闻下定义,仔细观察媒体上的娱乐版块的内容,我们可以发现,娱乐新闻具有以下一些特点:

1.娱乐新闻报道的主体是影视明星、演艺名人、体育明星、公众人物以及他们的公开活

---

① 《娱乐新闻和新闻的娱乐化》,http://www.govyi.com/gongwenxiezuo/lunwen/200603/51693.html。

动和私生活等。

2.娱乐明星的家人或朋友也常常出现在报道中。

3.娱乐新闻与时尚的关系比较密切,人们普遍比较关注娱乐明星的穿着打扮、言谈举止、兴趣爱好等,同时娱乐明星也经常为化妆品、服饰等时尚品牌代言。

4.娱乐新闻的报道方式并不严肃,甚至连一些政治人物也逐渐被娱乐化了。

5.娱乐新闻常常涉及名人的隐私,容易引发官司。

正是由于娱乐新闻具有以上这些特点,我们在编译娱乐新闻时,往往不会采用过于严肃的写法,而是使用一些轻松的、幽默的、民间的甚至是流行的语言。从总体上说,娱乐新闻是软新闻的一种,所有软性新闻编译的原则对于娱乐新闻都适用。不过,在进行娱乐新闻的选材和编译时,编辑也要注意不要让娱乐新闻流于琐碎化或者庸俗化。毕竟,媒体在传递知识、娱乐大众的同时,也起着教育大众、引导大众文化的作用。如果一味媚俗,只能导致媒体本身格调低下,影响其在受众中的信誉度。

下面我们通过具体的娱乐新闻编译实例来说明娱乐新闻的编译要点。

例 8 一年一度的奥斯卡颁奖已经成为美国电影界甚至是世界电影界的一件大事。2009 年的奥斯卡颁奖晚会虽然吸引了 3630 万美国电视受众,但仍然名列所有奥斯卡颁奖晚会收视率的倒数第三位。与奥斯卡收视率逐渐下滑的趋势相反的是,一个誓与奥斯卡唱反调的颁奖晚会却越来越受到大众的注意,那就是金酸莓奖的颁奖晚会。2005 年金酸莓奖的颁奖因为一个人的名字出现在获奖名单上而成为各大媒体报道的热点。我们来看看与此相关的国外媒体的报道:

英文原稿一:

George Bush, Halle Berry Share Worst Film Honors

By Arthur Spiegelman, Reuters | Feb 26, 2005

(1) **LOS ANGELES** — Beating such established Hollywood hunks as Colin Farrell and Vin Diesel, President Bush won the Golden Raspberry Award on Saturday for worst actor of the year for his appearance in Michael Moore's documentary "Fahrenheit 9/11."

(2) Bush, two members of his administration, Britney Spears and the storybook about a goat that the president was reading to children as the Sept. 11 attacks were taking place all took top honors at the "Razzie" awards, now in their 25th year.

(3) "Catwoman," starring 2002 best actress Oscar winner Halle Berry, tied with "Fahrenheit 9/11" by scooping up four "Razzies"—worst picture, worst directing, worst screenplay and worst performance by an actress for Berry for her "berry bad" work.

(4) John Wilson, founder of the nonprofit Golden Raspberry Award Foundation that gives out "Hollywood's least coveted trophies" on the eve of the Oscars ceremony, said Moore's anti-Bush documentary allowed the foundation's nearly 700 members to do some Bush bashing of their own.

(5) The president not only was named worst male actor in a leading role, he also won for being half of the year's worst screen couple when paired with either Secretary of State Condoleezza Rice or "My Pet Goat," the book he was reading to schoolchildren on the morning of Sept. 11, 2001.

(6) Footage of Bush continuing to read the book after being given first word of the attacks on

the World Trade Center and the Pentagon was one of the key scenes in Moore's highly critical film.

(7) Two other "Fahrenheit" stars were "honored." Defense Secretary Donald Rumsfeld was named worst supporting actor and pop star Britney Spears won for worst supporting actress for a clip in which she declares blind faith in Bush's policies while popping chewing gum.

(8) Winners receive a golf-ball-sized figure of a "Raspberry" atop a mangled Super 8 film reel that is spray-painted gold. It has an estimated street value of \$4.97, although Wilson said costs were rising as Super 8 film reel cans are getting harder to find.

(9) Wilson said he was able to finance the theater for this year's awards by selling the ´Razzie that Ben Affleck broke in half after being handed it on "The Larry King Show" for "Gigli."

Halle Berry thanked the makers of *Catwoman* for "putting me in a God-awful movie" when she turned up to collect her worst actress Razzie award.

(10) Since this year marks the 25th anniversary of the Razzies, some special awards were given:

(11) "From Justin to Kelly" was named worst musical of the last 25 years, "Gigli," the Affleck-Jennifer Lopez disaster that was savaged by critics, was named worst comedy, and the science fiction film "Battlefield Earth" won for worst drama.

(12) California Gov. Arnold Schwarzenegger was named the worst Razzie loser of the last 25 years for having been nominated eight times and failing to win even once.

Fahrenheit 9/11 Poster

英文原稿一分析：

金酸莓奖本身作为奥斯卡奖的对立面，就有很强的趣味性。而在2005年的颁奖中，出现了一个特殊的"演员"——美国总统布什，从而更加受到世界的关注。显而易见，这就是这条新闻最大的"卖点"：美国总统布什和他的"班子"，一些非职业演员，获得了颁给专业演艺人士的奖项，而且是颇具讽刺意味的奖项。当然，除了布什班底凭借《华氏9·11》获得四项"金酸莓奖"（最差男主角、最差银幕情侣、最差男配角、最差女配角）外，这篇新闻稿中还有很多其他有趣的内容：

- 由奥斯卡最佳女演员获奖者、黑人影星哈莉·贝瑞主演的《猫女》和《华氏911》一样获得了四项“大奖”(最差影片、最差导演、最差剧本、最差女主角)。

- 金酸莓奖杯的市值是4.97美元。
- 主办者举办今年颁奖典礼的钱来自于拍卖前金酸莓奖的获得者本·阿弗莱克摔坏的奖杯所得。
- 今年评出的“特别奖”,——加州州长施瓦辛格被评为“最大输家”。

以上内容本身已经非常有趣了,编辑只要能把这些内容合理地安排在编译稿中,并用比较诙谐的语言叙述清楚就可以了。

英文原稿二:

Alexander, *Catwoman* lead Razzie nominations

Jan 25, 2005

(1) **LOS ANGELES (Reuters)** — This could be the year in which Alexander the Great conquers Catwoman and George W Bush wins a prize as worst actor.

(2) Nominations for the 25th annual Razzies, which honour the worst films of the year, were announced today with *Catwoman* the Halle Berry box office bomb, besting *Alexander*, Oliver Stone's much maligned tale of the bleached blond conqueror, by seven nominations to six.

(3) In addition, the President made the list for worst actor for his film clip appearances in *Fahrenheit* 9/11, a movie he might well consider the worst of the year.

(4) Also nominated for their appearances in the politically-charged film about the Iraq war were Secretary of State-designate Condoleezza Rice and Secretary of Defence Donald Rumsfeld.

(5) The Razzies are a traditional spoof award made at Oscar time by the non-profit Golden Raspberry Award Foundation.

(6) The group's prizes are given out on February 26, the day before the Oscars. Never has one of its films gone on to win an Oscar.

(7) *Catwoman* and *Alexander* were nominated for Worst Picture, a category which also drew *SuperBabies: Baby Geniuses* 2, Ben Affleck's career-eroding *Surviving Christmas*, and *White Chicks*, the Wayans brothers dress-up, gender-bending comedy that left critics cold.

(8) Mr. Bush was nominated for worst actor along with Affleck for *Surviving Christmas* and *Jersey Girl*, Vin Diesel for *Chronicles of Riddick*, Colin Farrell for *Alexander*, Ben Stiller was nominated for *Along Came Polly*, *Anchorman*, *Dodgeball*, *Envy* and *Starsky & Hutch*.

(9) The nominations for worst screen couple include: Ben Affleck and either Jennifer Lopez or Liv Tyler in *Jersey Girl*, Halle Berry and either Benjamin Bratt or Sharon Stone in *Catwoman*, George W Bush and either Condoleezza Rice or his pet goat in *Fahrenheit* 9/11, the Olsen twins in *New York Minute*, the Wayans Brothers, in or out of drag, in *White Chicks*.

(10) Worst supporting actress were Carmen Electra for *Starsky & Hutch*, Jennifer Lopez for *Jersey Girl*, Ms Rice for *Fahrenheit* 9/11, Britney Spears for her cameo role in that same movie and Sharon Stone for *Catwoman*.

(11) Val Kilmer was nominated for worst supporting actor for *Alexander*.

(12) Also nominated were California Governor Arnold Schwarzenegger for *Around The World in* 80 *Days*, Donald Rumsfeld for *Fahrenheit* 9/11, Jon Voight for *SuperBabies*: *Baby Geniuses* 2 and Lambert Wilson for *Catwoman*.

(13) *Catwoman* led with seven nominations to six for *Alexander*, five for *Fahrenheit* 9/11, five *White Chicks*, and four for *SuperBabies*.

英文原稿分析：

英文原稿二比英文原稿一早一个月，实际上是英文原稿一的前期报道，主要介绍了金酸莓奖的提名情况，是英文原稿一的背景。从英文原稿二我们可以看到，在提名中，《猫女》总共获得了7项提名，仅次于《猫女》的《亚历山大大帝》，共有6项提名，而美国总统布什以及他的班底虽然获得了"提名"，但获奖的"呼声"并不是太高，所以布什及其班底"获奖"也可以算是"黑马"了。至于为什么布什及其班底能获奖，在英文原稿一中记者已经交代得很清楚了。

英文原稿三：

A BRIEF HISTORY of THE RAZZIE AWARDS:

(1) Starting with an Oscar Night ceremony so small it was actually staged in a living room alcove, The Golden Raspberry (RAZZIE) Awards have grown into what E! On-Line recently called "the foremost authority on all things that suck on the big screen." Annually presenting Dis-Honors for Worst Achievements in Film since 1980 in categories ranging from the obvious (Worst Picture, Actor and Actress) to the obtuse (Worst Remake or Sequel and Worst Screen Couple) The RAZZIES today receive television, radio and newspaper coverage around the world. Their yearly bestowing of Tinsel Town's Tackiest Trophies is regularly covered by all three major worldwide wire services (AP, UPI and Reuters) CNN, major market TV network affiliates across the U.S. and on nationwide ABC, NBC and CBS Network Radio news. They also receive print coverage in USA Today, The Wall Street Journal, The Hollywood Reporter, Premiere and People-on-Line Magazines. It has been estimated that the worldwide audience annually exposed to information about The RAZZIES is about One Billion People.

(2) Founded by Lifelong Cine-Maniac and Cynic John Wilson, author of both 1995's EVERYTHING I KNOW I LEARNED AT THE MOVIES and the 2005 Warner Books release THE OFFICIAL RAZZIE MOVIE GUIDE (Listing 100 of The Berry Funniest Bad Movies Ever Made), the RAZZIES are a light-hearted parody of award shows in general (and The Oscars in particular). The Golden Raspberry Award Foundation's well-aimed Darts of Derision have always been directed at Hollywood's High Profile Humiliations (rather than at the easier target of low-budget/drive-in fare). Worst Picture Dis-Honorees to date have included such Big Budget B. O. Bombs as HOWARD THE DUCK, HUDSON HAWK and LEONARD PART 6, as well as such Certified Camp Classics as MOMMIE DEAREST, SHOWGIRLS and BATTLEFIELD EARTH. "Winners" of RAZZIE Awards for what they would argue was acting range from such Highly Regarded But Project-Misguided stars as Bill Cosby, Kevin Costner, Roberto Benigni and Laurence Olivier to

such Top Name But Talent-Challenged performers as Madonna, Burt Reynolds, Prince, Brooke Shields, Bo Derek, RAZZIE Poster Child Pia Zadora and All-Time RAZZIE Champion (with an Impressive 9 wins—And a Staggering 29 Nominations...to date!) Sylvester Stallone.

(3) Poised to Prick The Movie Industry's Pomp for as long as Hollywood keeps on making High-Profile Howlers, The RAZZIES are now looking forward to their Gala 25th Annual Ceremonies in The Year 2005—And to pursuing a development deal for finally getting one of the world's funniest awards shows broadcast.

英文原稿三分析：

英文原稿三是金酸莓奖的官方网站上关于金酸莓奖的介绍。金酸莓奖虽然已经颁了许多届，但在中国国内的认知度还不是很高，在进行编译时，编译者还需要补充金酸莓奖的有关背景。不过这部分背景材料中有一些英文原稿一和英文原稿二中没有的有趣材料，特别是金酸莓奖历史上的最大赢家，或者说"常胜将军"史泰龙，虽然和施瓦辛格同属肌肉发达的动作明星，但获得的金酸莓奖却和施瓦辛格是正负两极，这个有趣的信息一定不要忘记补充到汉语编译稿中。

汉语编译稿：

"烂片奥斯卡"奖揭晓 布什被评为最差男主角

2005年2月28日

一年一度的"烂片奥斯卡"金酸莓奖26日晚在洛杉矶伊瓦尔剧院揭晓。这本是电影界对一年当中表现欠佳的好莱坞电影人的一种评判，但今年因为一个特殊人物出现在提名名单上，使它显得与往届不同，那就是美国总统乔治·W.布什。他因为在迈克尔·摩尔制作的纪录片《华氏9·11》中的拙劣"表演"，一举摘得金酸莓奖最差男主角的"殊荣"。

布什班底是大"赢家"

其实，不止是布什，在今年的获奖名单中，还有布什爱将、国务卿康多莉扎·赖斯和国防部长唐纳德·拉姆斯菲尔德的名字。他们也因为在《华氏9·11》中的"上佳"表现，分别夺得最差银幕搭档和最差男配角奖。

其中最具讽刺意味的是，布什不仅获得最差男主角，还与赖斯分享了最差银幕搭档奖。究其原因，是因为在《华氏9·11》中曾有这样一个场景：2001年9月11日早上，布什给小学生们讲《我的宠物山羊》的故事书。金酸莓奖的评委们因此将布什、赖斯及那本故事书算成一组银幕搭档，授予该奖。事实上，在《华氏9·11》一片中，布什在获悉世贸中心和五角大楼遭遇恐怖袭击后，依然面不改色地继续给小学生们讲故事的镜头，的确是这部颇受争议的影片中最具冲击力的一段。

本来，赖斯凭借《华氏9·11》一片还获得了最差女配角的提名，不过，在最终得奖名单中，受布什"牵连"的是"小甜甜"布兰妮·斯皮尔斯。她因为在这部影片中一边嚼口香糖一边发表支持布什对伊拉克开战的言论而获奖。

《猫女》也"不甘落后"

布什班底获得荣誉，难道是电影人对总统青睐有加？——非也。这与金酸莓奖的创办宗旨有着密不可分的关系。金酸莓奖由好莱坞电影人约翰·威尔逊在1981年创立,以评选美国年度最烂影片为目的。它由近700名来自美国及其他15个国家的影评界、媒体、观众代表及网络选票选出,以讥讽手法警示好莱坞不要制造烂片来侮辱观众的智慧。在威尔逊看来,今年布什的获奖,完全是这部反布什纪录片给了近700名投票人一次抨击布什的机会。

在今年的金酸莓奖评选结果中,与《华氏9·11》齐头并进的是《猫女》一片。该片因为票房惨败同样获得了4个奖项,分别是最差影片、最差导演、最差剧本和最差女主角奖。最差女主角奖得主哈莉·贝瑞曾在2002年获得奥斯卡最佳女主角奖,是历史上第一位,也是唯一一位登上奥斯卡影后宝座的黑人演员。而贝瑞的得奖,似乎再次印证了金酸莓奖与奥斯卡唱反调的决心。

金酸莓奖,比奥斯卡奖早到一天

因为每年刻意抢在奥斯卡奖揭晓前一天登场,所以金酸莓奖有"烂片奥斯卡"之称。即便是最烂影片的奖项,金酸莓奖也做得煞有介事,得奖者能获得一个围绕着8毫米电影胶片的塑料酸莓奖杯,奖杯被涂成金色,胶片顶上的酸莓有高尔夫球大小。威尔逊认为,价值4.97美元的奖杯已经相当不错了,因为随着技术的发展,如今8毫米的胶片十分难找。

因为是非盈利性机构,一切从俭顺理成章。威尔逊风趣地表示,今年他之所以负担得起租用颁奖剧院的费用,全都得益于本·阿弗莱克。在去年的评选中,当红影星珍妮佛·洛佩兹和本·阿弗莱克主演的《赌命鸳鸯》一口气拿下最烂男、女主角,年度最烂影片,最烂导演,最烂编剧及最烂银幕搭档等多项大奖,阿弗莱克后来在参加拉里·金主持的节目时,不慎将奖杯摔坏。威尔逊正是用出售打烂奖杯的钱,支付了今年租用伊瓦尔剧院的租金。

因为至今已经举办了25届,今年评委会特别评出了一些奖项以作纪念。《从贾斯汀到凯莉》被评为25年来的最差音乐剧,饱受恶评的《赌命鸳鸯》被评为最差喜剧片,科幻片《地球战场》则被评为最差剧情片。

此外,加州州长阿诺德·施瓦辛格被评为金酸莓奖历史上的最大输家,他曾8次获得金酸莓奖提名,但最终都与奖项失之交臂。而动作明星史泰龙算得上金酸莓奖的常客,他共获得过26次提名,获奖10次。(来源:《新闻晨报》;新华社供本报特稿)

汉语编译稿点评:

英文原稿是一则娱乐新闻,但因为这条新闻把一位政治人物和娱乐界联系在一起,就变成了一篇受众面很广的新闻——那些仅对政治感兴趣的人和那些仅对娱乐感兴趣的人,大概都会对这样一篇报道感兴趣。汉语编译稿很好地利用了三篇英文原稿,将其中的有趣内容梳理后,完整地在编译稿中呈现了出来。编译稿的开头部分是本次颁奖中的重头戏,也是这条新闻中最有新闻价值的内容——《华氏9·11》和布什班底获奖,接下来是和同样获得四项大奖的影片《猫女》有关的内容,最后是有关本届金酸莓奖的其他有趣内容。关于金酸莓奖的背景介绍穿插在整个编译稿的不同地方,较好地起到了解释和强调的作用。从编译稿的语言运用上我们可以看到,在娱乐新闻的编译中,编辑不再像编译政治新闻等硬新闻那样,仅仅局限于客观地陈述事实,而是在其中添加了一些个人化色彩比较浓的,甚至是带有评价性的语言。另外,编辑诙谐幽默的语言风格使编译后的稿件非常轻松、风趣,起到了"娱乐"的效果。

娱乐报道和名人报道常常是联系在一起的。娱乐新闻的主角通常是影视明星,但有时也会有些政界、文化界甚至学术界的名人来"客串"一下。新闻价值中有一个很重要的价值要素——显著性,跟名人是密切相关的。通俗地说,名人本身就是新闻。人们关注名人,除了关注他们在各自领域做出的杰出贡献外,还关心他们的公共活动和私生活。在娱乐报道中,名人报道占有举足轻重的地位。请看下面这条涉及政界名流的娱乐新闻。

例 9 美国前国务卿鲍威尔是美国历史上第一位黑人国务卿,这位"鸽派"人物平常都以温和、严肃的形象出现在大众面前,很少展现他性格中活泼的一面。在下面这条新闻中,我们可以窥见鲍威尔鲜为人知的另一面。

Colin Powell Shows Off His Hip Hop Dance Moves

Colin Powell, the former US Secretary of State, performed an impromptu hip hop dance routine in front of a delighted crowd at a concert in aid of Africa.

By Lucy Cockcroft | 15 Oct 2008

The audience cheered as Mr. Powell clambered on stage at the Royal Albert Hall in London to join Nigerian musician Olu Maintain.

Still dressed in a buttoned up suit, he seemed at ease as he treated the crowds to moves from the popular African dance Yahoozee.

Colin Powell gets it on with Olu Maintain (left) at the Africa Rising Festival (Photo: Getty Images)

He even took the microphone and belted out a few lyrics.

Mr Powell was a guest at Africa Rising, a festival to highlight the talents and achievements of the African continent.

The concert also featured pop singers Christina Aguilera and British-born soul singer Seal as well as fashion collections by Ozwald Boateng and Deola Sagoe.

Before showing off his dance moves Mr Powell spoke of his belief that it is Africa's turn to

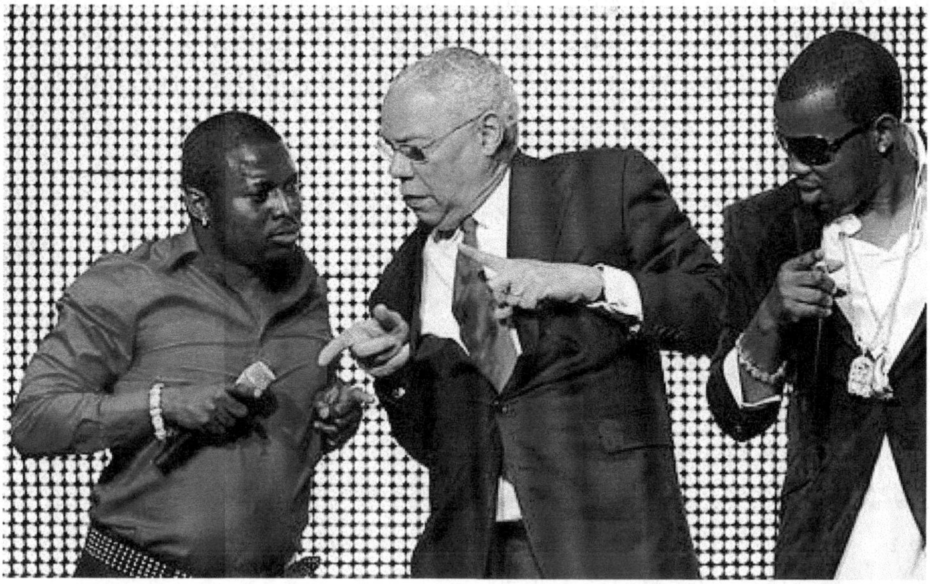

Colin Powell dances onstage with Nigerian Hip-Hop group Olu Maintain at the Africa Rising Festival (Photo:AP)

experience an economic boom.

He said:"I stand before you tonight as an African American.Many people have said to me you became Secretary of State of the USA,is it still necessary to say that you are an African American or that you are black,and I say yes,so that we can remind our children."

It took a lot of people struggling to bring me to this point in history.I didn't just drop out of the sky,people came from my continent in chains.

Mr Powell told the audience at the Africa Rising event that a lot of wrongs have been done to the continent of Africa by Western powers faced with"an iron curtain and a bamboo curtain."

But he explained that these barriers have now fallen and that"the world is being driven now by new financial forces".

He said:"Asia is expanding,it created jobs for people,and Eastern Europeans are doing the same,in my continent-Latin America,it's happening also-it's now Africa's turn."

(With)all this wealth creation going on in the world,it won't happen with just wishing,it will be done with hard work.

"Africa needs aid,but more than that it needs trade-it needs capital,but it has the same potential as Asia and Eastern European countries."

"There's no reason a new Africa can't be created here and now."

英文原稿分析:

新闻往往是因为人尤其是公众人物而变得生动的,这篇英语新闻稿就是一个例证。如果没有美国前国务卿鲍威尔,本条新闻也许就不会出现在世界各大媒体的报道中了。虽然新闻中也出现了尼日利亚说唱歌手奥鲁·曼泰恩,但他在世界的认知度显然不如鲍威尔。如果只有他,对这条新闻感兴趣的可能也就仅仅局限于某几个非洲国家了。显而易见,这条新闻的价值就在于鲍威尔,而且是他不为人知的一面——谁也没想到,这位平时看起来严肃的、不苟言笑的人,还有这么时尚跟活泼的一面。汉语编译稿只要把鲍威尔的这一面展现出来就成功了。

汉语编译稿:

美国前国务卿鲍威尔大跳嘻哈舞蹈

2008 年 10 月 15 日

据英国《每日邮报》10 月 15 日报道 美国前国务卿柯林·鲍威尔 14 日晚在一场以援助非洲为主题的演唱会上亮相,还即兴表演了一段嘻哈舞,令现场观众大呼过瘾。

这场名为"非洲崛起"的晚会在英国伦敦皇家剧院举办,旨在宣传非洲大陆近年来取得的成就,以及赞扬为此做出贡献的人们。当晚,在尼日利亚说唱歌手奥鲁·曼泰恩表演当中,身着西装的鲍威尔突然离席攀上舞台即兴秀起了嘻哈舞。鲍威尔看上去很有舞台经验,热情地与台下观众互动,还带领大家跳起了非洲最流行的嘻哈舞 Yahoozee。鲍威尔甚至还从曼泰恩手中抢过话筒,拉开嗓门唱了几句。

在演出开始前,鲍威尔还对观众发表了热情洋溢的讲话。他说他坚信非洲经济的春天就要来了。作为一名非洲裔的美国人,他即使成为美国国务卿也不会忘记自己来自何方。他认为,非洲国家会像亚洲和东欧地区的新兴经济体那样得到迅速发展。

"非洲崛起"主办者、尼日利亚传媒大亨恩杜卡·奥巴格贝纳表示,"我从未想到会看到鲍威尔跳舞,他真的非常平易近人。"(来源:《新快报》;有修改)

汉语编译稿点评:

整个汉语编译稿基本上是围绕着鲍威尔展开的,这场名为"非洲崛起"的晚会只是作为背景存在。编译稿在导语中交代了新闻的主要内容;第二段描述了鲍威尔大秀舞技的过程;第三段交代的是鲍威尔在晚会开始前的讲话,重点是交代他和非洲的联系;最后一段是引用大会主办者对鲍威尔的评价,技巧地透露出鲍威尔的表演纯属"即兴",并非主办方刻意安排的。可以说,汉语编译稿重点突出,内容安排合理,提炼出英文原稿的核心内容。

小结:

1. 娱乐新闻最重要的价值要素是显著性,即名人。在娱乐新闻的编译中,要突出名人及其活动。
2. 在处理名人报道时,要注意报道的界限——以其公开、公众活动报道为主,不要无底线地挖掘和炒作名人的隐私,注意对名人合法权利的保护。
3. 语言上可以轻松活泼,甚至带有编译者的个人风格。

复习思考题:

1. 软性新闻有什么特点? 具有哪些价值要素?
2. 怎样编译犯罪新闻? 需要注意什么?
3. 对于软性新闻而言,准确性是否不如趣味性或者新奇性重要?
4. 找一条你感兴趣的中文国际社会新闻,并试着找到该报道的英文原稿,看看编译者是如何对该新闻进行编译的,有无不妥之处?

5. 图片对于软性新闻的编译报道有什么重要意义?找一条你认为图片不可或缺的英-汉国际新闻编译的实例,并说明图片的作用。

6. 事件趣闻的编译要点有哪些?

7. 在编译娱乐新闻时需要注意什么?

第六章 国际科技新闻

从来没有哪一个时代像我们现在生活的时代这样深受科技的影响——新的科技革命正在而且将会持续改变人们的生活方式和思维方式。科学技术的迅猛发展,给人类带来了深刻改变。人类社会的每一次巨大进步,都是由科技力量引领的,特别是在今天这样极度发达并且仍在加速发展的社会,重大科技突破的时间间隔越来越短,人类社会以前所未有的加速度发展和进步,技术已经成为一股统治和支配力量。可以说,科技的进步和发展与人类命运息息相关。

作为时代的记录者,报道和记录人类科技的进步是记者和编辑义不容辞的责任。

科技新闻是一种快捷而广泛的传播科技信息的方式,它能够及时地报道科学技术领域的新发现、新成果、新动态。大众媒介利用新闻报道不仅可以及时地将科学技术的新发展、新发现、新成果、新趋势以及新问题告诉受众,还可以向受众普及科技知识,提高受众的科学素养,促进科技事业的发展。

作为国家间科技信息交流的重要手段之一,科技新闻的编译不仅有助于我国引进国外先进科学技术,帮助我国科技人员掌握更多的科技信息,促进我国科技事业的发展进步,还可以丰富国际新闻报道的内容,扩大国内受众的视野,使他们了解实用性和前沿性的科技信息。

从我国国际科技新闻报道实践来看,科学技术信息的传播仍然主要依赖报纸、电视、网络等媒体。在我国,科技类报纸是科技报道的主力,比较有代表性的有《科技日报》《科学时报》《北京科技报》和《大众科技报》等。除了专业的科学技术报纸,其他报纸对科技新闻的报道也相当重视。《2007 中国科普报告》对 2006 年中国部分报纸刊登的科学技术信息进行了详细的调查,调查结果表明:党报科技新闻报道占版面比例为 7.5%,晚报仅为 1.9%,科技报的比例最高,为 25.3%。

在报道内容上,各类媒体都很重视医药、卫生、健康等与受众关系密切的新闻。此外,技术发展特别是信息技术的新闻,受媒体关注度较高。都市类报纸和电视媒体尤其关注航空航天领域的新闻。

第一节 科技新闻的分类与编译

科技新闻是对新近发生或发现的科技事实、科技现象所进行的科学性、知识性的报道。[①]

① 程道才:《专业新闻写作概论》,中国广播电视出版社 2002 年版,第 137 页。

具体地说,它报道与科学技术有关的方针政策,新取得的科研成果和科技成就,已有的科学技术的普及应用情况,科学工作者工作、学习、生活的情况,以及人们对科学的认识和反映等等。

一、科技新闻的分类

由于科学技术高度介入到普通大众的生活中,人们对身边的诸多科技知识、科技动态和科技趣闻都表现出浓厚的兴趣,特别是涉及人类健康、医药发展、生命科学、环境保护、宇宙探索、考古发现、科学新发明和新创造的内容。按照报道题材来分,科技新闻主要包含以下类别:

1.成果类报道

如科学、技术、卫生领域的新发现、新发明、新成果、新进展及其推广应用状况。

2.动态类报道

如科学技术界的活动、改革动态,科技工作的新经验、新问题,科技新知识、新技术以及趣闻等。

3.政策类报道

有关科学技术的方针政策。

4.人物类报道

如科技战线杰出的人物及事迹,科学技术工作者的学术思想、科学道德、治学作风、科技精英的活动等。

在以上报道类别中,前两种是科技新闻报道的主体。

二、科技新闻的特点

科技新闻是一种专业领域的报道,除了具有一般新闻的真实性、准确性、时效性等方面的特点外,还具有科学性,不是“科技内容+新闻+报道”形式的简单叠加。具体说来,科技新闻有以下特点:

1.科学性和知识性

从科技新闻的功能来看,它一方面要报道最新的科学发现和技术创造,让读者了解最新的科技动态;一方面要宣传现代科技知识,满足人们强烈的求知欲望。

2.通俗性和生动性

科技新闻既要讲究科学的深刻和准确,又要让受众能够接受、乐意接受,必须在科技报道中兼顾科学性和通俗性。

3.时代性和时宜性

科技新闻是具有时代感的文体之一。新的科技发现永远处于时代的前沿,即使是旧的科技事件的解密性报道,也容易让人联想起时代日新月异的变化,所以科技新闻有着很浓的体现人类进步的人文特色。

在科技新闻报道中，通俗性和科学性经常成为一对矛盾，过于偏重科学性或者过于偏重通俗性都容易导致新闻报道不伦不类，造成“内行不愿看，外行看不懂”的结果。如果编辑和记者没有将科学的内容通俗地表达出来，就会造成科技新闻报道或晦涩、生硬、难懂，或简单、枯燥、呆板。处理好通俗性和科学性的平衡，是科技新闻工作者的主要课题。

三、科技新闻编译的特点

科技新闻在所有类别的新闻编译中，被认为是比较难以驾驭的一种体裁。从事过科技新闻的编辑常常感叹说，科技新闻编译有三难，即难懂、难译和难编，这与科技新闻本身专业性强、术语多、不容易写得简明通俗不无关系。如果说其他类别的新闻编译像剥花生，把它们剥开时需要用外语和一般常识来做辅助，那么科技新闻编译就好像剥榛子，没有锤子或者松鼠一样锋利的牙齿，仅凭外语和常识就只能“望榛兴叹”了。

科学松鼠会[①]的网友说，“对许多人来说，科学就像一枚枚难以开启的坚果，虽味美却不易入口；我们希望自己能够像松鼠一样，打开科学的坚硬外壳，将有营养的果仁剥出来，帮助人们领略科学之美妙。”其实，国际科技新闻也像一枚枚坚硬、难以入口的美味坚果，需要编译者借助自身的科学素养和编译写作能力，把其中有价值的信息通俗生动地表达出来。

科技新闻编译具有以下特点：

1.专业性强，解读新闻内容成为难题

科技新闻是对科学技术领域的最新研究成果或发现的报道。科学技术研究包括科技人员对客观规律的发现，对客观世界的新认识和科学研究人员在各个领域取得的新成果。对于这些新成果、新发现的报道，自然会使用到相关专业的名词和术语，也会涉及相关专业的基础知识和基本原理，因此，在科技新闻编译中，编译人员会遇到大量的专业概念和技术名词。

科技新闻中的现场新闻很少，多数来自会议、专业媒体，经过编辑加工后刊出或播出。这类消息从发现线索到传递给受众的过程中，经历了基本内容解读、语言翻译、学术内容的通俗化处理乃至文章的结构改变等过程。每一个过程都会使原始科学发现的核心问题或主旨发生一定程度的偏移。作为从事科学新闻报道的编辑，在筛选、翻译、编辑报道的过程中，必须用科学的方法报道科学。

在科技新闻中，两个要素——何事(what)，即新发现或新进展，以及来龙去脉(how)，即对成果的评价和未来的展望——往往是最难理解的信息。比如在《美完成玉米基因测序》[②]这样一篇报道中，出现了基因密码(genetic code)、DNA 序列(DNA sequence)、染色体(chromosome)等专有名词，报道涉及玉米基因测序的结果、玉米基因测序的意义以及遗传学的一些内容。编译者需要掌握遗传学方面的基本知识，否则就难以理解这篇报道的新闻事实。

除了学科术语，编译者在理解编译新闻时，也常常需要运用一些学科背景知识。中国科学院古脊椎动物和古人类研究所的吴汝康院士在《美国的科技新闻报道可供借鉴》一文中提

---

① 2008 年，一群热爱科学，爱好写作科普文章，传播科学知识的网友们成立了科学松鼠会。创建者网名“姬十三”。

② 见本章例，刊载于 2009 年 11 月 21 日的《参考消息》，原稿电头为“法新社华盛顿 11 月 9 日电”。文章发表在 11 月 20 日出版的美国《科学》周刊。

到，美国的科学记者具有相当多有关的专业知识，熟识一些科学家，知道某一科学家有何专长。他将美国的科学记者与中国的科学记者作对比后指出，中国的科技新闻报道需要有科学素养和科学精神的记者。同样，科技新闻编译工作，也要求编译者具有足够的专业知识和不断质疑、严密查证的较真精神。

俗话说“隔行如隔山”，即便编译人员原本是理工科出身，也只能精通某个专业，不可能做到行行精通。这种情况是每位从事科技新闻编译的人员都会遇到的问题。解决之道有二：一是编译者成为涉猎广泛的杂家，勤奋追踪不同领域的研究现状；二是编译者建立自己在各领域的“后援队”，认识各领域中处于领先地位、可以信赖的研究人员或团队。只要做到这两点，在编译新闻时，编译者就能判断出稿件中的新闻点在哪儿，研究成果到底有哪些突破；在稿件中遇到问题时，才能找到专家去讨教、去求证。

2.编译者的科学素养是保证科技新闻编译质量的关键

科技新闻包含许多门类，如生命科学（包括遗传学、医药健康等）、天文学（包括航空航天科技）、地球科学（包括动植物学、自然探险、考古发现）、环境能源（包括新能源）等。每篇报道都可能会涉及某一个学科的最新发现，如果新闻编辑人员没有一定的科学素养，就难以把握新闻事实，甚至可能将新闻事实译错。

例如，有位实习编辑在编译一篇医学报道时写到：“哮喘病人一次吸入 1000 毫克激素，几乎没有激素的全身副作用。”临床上医生经常用激素治疗哮喘，因为口服激素副作用比较大，所以许多病人使用气雾吸入激素。这种方法的药物用量小，药物可以直接进入气管发挥药效，进入血液的药物少，全身副作用少。稿件中的这种说法乍看很符合实际，但有医学专业知识的编辑会发现，这句话中有一个致命的错误，那就是药物剂量问题。以最常用的口服激素强的松为例，每片 5 毫克，每瓶 100 片，1000 毫克相当于 2 瓶药。病人怎么可能一次吸入这么大量的药物呢？实际上，治疗哮喘一次吸入的剂量只有 1000 微克。一字之差，药量加大 1000 倍。[①]

再比如，2004 年 11 月 18 日，《科技日报》发表了一篇新闻稿，介绍欧洲科学家有关眼睛进化的研究发现，文章一经刊出后，却招来专业打假人士撰文批评。

中文刊出稿的开头部分如下：

眼睛进化秘密揭示 达尔文进化论遭强力挑战

科学家们一直在寻找机会反驳达尔文的“优胜劣汰”进化论，最近，来自欧洲分子生物学实验室的科学家们宣布，他们发现了眼睛进化的秘密，对达尔文的进化理论提出了有力挑战。科学家们发现，眼睛中感光层的光敏细胞是从我们祖先位于脑中的光敏细胞进化而来的，而非物竞天择。

这篇文章乍看下来，似乎没有破绽。但是，仔细考虑，“眼睛中感光层的光敏细胞是从我们祖先位于脑中的光敏细胞进化而来的”，这不正是眼睛是进化而来的证据吗？怎么变成了对达尔文进化论的挑战了呢？

看看原文是怎样说的吧。

---

① 此例系改编，取自《把握科学报道中的真实性》。

Darwin's Greatest Challenge Tackled:The Mystery Of Eye Evolution

Science Daily (***Nov.1, 2004***)—October 28,2004—When Darwin's skeptics attack his theory of evolution,they often focus on the eye. Darwin himself confessed that it was "absurd" to propose that the human eye evolved through spontaneous mutation and natural selection. Scientists at the European Molecular Biology Laboratory (EMBL) have now tackled Darwin's major challenge in an evolutionary study published this week in the journal Science. They have elucidated the evolutionary origin of the human eye.

这是英语新闻稿的第一段,文中讲到:"不相信达尔文的人在攻击其进化论时,经常用眼睛作为驳斥例证。达尔文本人也承认,认为人眼是通过自然突变和自然选择进化而来,是'荒唐的'。欧洲分子生物学实验室的科学家在本周《科学》杂志上发表的一项进化论研究,解决了对达尔文的这一重大挑战:他们阐明了人眼的进化起源。"

一篇对进化论的研究成果,如何变身成了对达尔文进化论的挑战呢?到目前为止,达尔文的进化论仍是生物学的主流科学理论,而且它有着确凿的证据。若真有发现对达尔文的进化论提出挑战,则应该是轰动科学界的大事。估计是编译者看走了眼,把"解决了对达尔文的重大挑战"(tackled Darwin's major challenge)理解成了意思相反的"对达尔文的进化理论提出了挑战",并且顺着这个思路,将研究内容编译过来,但是却得出了正好相反的结论。其实,在英文标题中,动词过去时"tackled"前,省略了"was",这是英语新闻标题异于一般文章的语法,如果编译者熟悉英语新闻标题的写法的话,应该不会犯这样的错误。

这个实例提醒我们,处理不同学科领域的新闻报道时,需要编译者的科学素养和质疑精神,小心求证,深入思考,这对科技新闻编译至关重要。

3.科学性重于时效性,忌猎奇心理

具有科学性的科技新闻可以促进社会生产发展,推动社会进步。相反,违背科学性的报道会给社会带来危害。选择供编译的科技新闻稿件时,要确保其科学性,遇到奇闻时必须慎之又慎,不能有猎奇的心理。

2008 年 10 月的一天,新华社的国际报道网页上,用相当篇幅报道了"土耳其发现不明飞行物",消息称,土耳其当地有人亲眼目睹了飞碟,甚至还拍下了录像。这则消息的来源既非传统通讯社,也不是知名的报纸,只是土耳其当地的一家媒体。遇到这样的情况,科技新闻编辑应该慎之又慎。据观察,有关不明飞行物或外星人的报道,每隔几年就会活跃一次,而且常常发生在经济萧条或经济危机时期。2008 年 9 月,以雷曼兄弟倒闭为标志的美国"次贷危机"发展为金融危机,并逐渐影响全球经济。在这种背景下,耸人听闻的外星人等消息便开始漫天飞,其实这是一种人们寻求解脱和逃避的心理反应。新华社作为一家严肃的国家通讯社,刊载这类奇闻,影响媒体的新闻品质,实在是科技编辑的把关不严所致。

上世纪 90 年代,国内曾有报纸报道,法国"冷冻 30 年女尸复苏"。当时美国刚刚开始实验人体冷冻技术,如果这条新闻的编辑了解这一发展,就不难判断,30 年前的法国是不可能具备这一技术的。

2005 年 5 月,有位医生作者给《中国医学论坛报》送去一篇报道,文章中称:"高钡氧和(HBO)治疗有利于小块肝移植。"文章看似是报道一种国外的新疗法,但究竟什么是高钡氧和呢？编辑根据HBO这个缩写查到它的英文全称为“hyperbaric oxygen”。第一个单词是个组合词：前边的“hyper”表示“高”；后边的“baric”有两种解释，一种是“含钡的”，另一种是“气压的”，组合后可以是“高钡”或“高压”，再与oxygen（氧气）组合，可以形成“高钡氧”或“高压氧”。

高压氧是一种很常用的治疗方法，而钡剂是一种白色粉剂，主要用于消化道造影，但是否存在“高钡氧”这种新疗法呢？几经核实后，编辑终于确定这则消息是介绍高压氧的一种新用途，与任何钡剂无关，避免了刊发错误的消息。

四、做好国际科技新闻编译的方法

科技新闻报道内容的专业性、学术性，对其报道者提出了较高的要求。要想做好科技新闻编译，编辑必须在“行家”和读者的身份之间转换，并架起一座沟通的桥梁，把“美味”的科技内容用一种“易消化”的方式呈现给读者。编译者需要在以下方面做出努力：

1.做好科技专业术语的翻译和解释工作

科技新闻通常报道的是关于各个科技领域的前沿成果，代表各个研究领域的较高水平。新闻中时常有科学家为描述某个新现象所创造的新术语，而这一术语往往还没有对应的汉语词汇进行表达。由于没有前人留下的参考译文，这些新术语的翻译往往成为编译时的“拦路虎”，编译起来颇费心思。在翻译这种科技新术语时，千万不可望文生义，不能仅仅根据字面意思硬译、死译，一定要根据上下文中提供的解释或描述通盘考虑，进行创造性翻译。

例：An Israeli scientist won this year's Nobel Prize in Chemistry for discovering quasicrystals, a material in which atoms were packed together in a well-defined pattern that never repeats.

译：一位以色列科学家因为发现准晶体而获得了今年的诺贝尔化学奖。在准晶体中，原子以一种固定但却从不重复的形式组合在一起。

在本例中，“Quasicrystals”是个新造词，是由前缀“quasi”和“crystals”这两个词合成而来。根据这个词后面的解释“a material in which atoms were packed together in a well-defined pattern that never repeats”，以及上下文，这个词最后被翻译成了“准晶体”。

有时候，科技新闻中还会出现一些为人熟知的英文单词，在一定的上下文中出现，具有新的科学含义。这种词语的翻译，我们也要像对待新的科技术语一样细心揣摩。

例：Another mark left by insect larvae that hatch in the leaf, called“galls,”are like“balls of thickened tissue”that the larva eats, as Currano describes it.①

译：根据柯拉诺的描述，在叶子上孵化的昆虫幼虫留下的另一种痕迹叫做“瘤状痕”，像是“组织变厚而形成的球状物”，这种球状物供幼虫食用。

在本例中，“gall”是个多义词，有“胆汁”“虫瘿”“擦伤”“怨恨”等含义。在该词的英文解释中，最接近原文的是“a swelling on a tree or plant caused by insects, fungi, bacteria, or external damage”（“树木或者植物上由虫咬、真菌、细菌或者外部损伤造成的肿胀”）。在下

① 刘芳：《国外网络科技新闻的翻译技巧探索》，刊载于《商情》2013年第33期。

文中，作者将这个术语解释为“balls of thickened tissue”，即“由变厚的组织形成的球状物”。根据作者的解释，再结合该词的本意，翻译人员最终将其翻译成了“瘤状痕”。

另外，除了新出现的科学术语外，科技报道还往往涉及一些已有的专业术语，对于一些只有从业人员才能弄懂的专业术语，在编译的过程中也必须解释清楚，否则会影响报道的传播效果。

2.做好科技内容化“硬”为“软”的工作，提高科技新闻的“可受性”

科技新闻报道的专业性很强，尤其是一些新概念、新技术、新发明，往往生涩难懂。科技新闻编辑和记者不是科学家，而是传播者，所以制作出来的科技新闻报道不应该是科技论文，而应该是“品质优良”和“物美价廉”的新闻消费品。“品质优良”意味着科技新闻传播必须遵循新闻的客观、真实、准确原则，“物美价廉”则要求科技新闻要让受众不必花费太多的精力就能轻松理解和消化，所以要力戒那种单纯讲述科学原理、分析科学现象的教化式的科技新闻传播形式。这就要求科技新闻编辑和记者不能将所采访的有新闻价值的事实直接记录下来报道出去，而是要将陌生而深奥的科技内容“咀嚼”“消化”，再用报道者的语言进行“深加工”，不仅要将深奥的科学原理通俗化，同时还要把具体内容形象化，并选择一个读者感兴趣、通俗易懂的新闻角度报道出来。能否把难懂的问题在报道中说清楚，能否化“硬”为“软”，把抽象深奥的专业知识“翻译”成普通老百姓不难理解的东西，是一个科技新闻工作者真功夫的具体体现。

借助形象思维是化深奥为浅显的重要手段。在科技新闻写作中运用形象思维，就是把那些抽象的科学道理变成具体可感的形象，把那些冷僻少见的科学术语变成人们眼前常见的事物。例如，2007 年 4 月的《科学美国人》杂志报道了一则科学家对基因和饮酒习惯之间的关联的研究，中文的《环球科学》杂志在对英文原稿进行编译时就采用了形象思维，把这个关联比喻成了酒瘾“开关”。以下分别是英文原稿和汉语编译稿的开头段落：

例：DNA 中的酒瘾“开关”

SEEKING THE CONNECTIONS：ALCOHOLISM AND OUR GENES

By：Nurnberger，Jr.，John I.，Bierut，Laura Jean

Scientific American，Apr 2007，Vol.296，Issue 4

Identifying genetic influences on vulnerability to alcohol addiction can lead to more targeted treatments and help those at risk to make informed choices about their own lives.

The tendency to become dependent on alcohol has long been known to run in families，which for some only added to the social stigma attached to this complicated condition.But to scientists，that apparent heritability suggested that some genetic component underlying vulnerability to alcohol problems was being transmitted from generation to generation.

DNA 中的酒瘾开关

撰文/小约翰·I.努恩贝格尔，劳拉·琼·贝鲁特

为什么有人千杯不醉，有人却一喝酒就脸红？为什么某些家族会有酗酒的“传统”？答

案或许会让你大吃一惊:在我们的基因中,隐藏着一个个“酒瘾开关”——基因变异在很大程度上决定了我们的饮酒习惯。

对比英文稿和中文稿,我们可以发现两者在写法和内容上有很大的不同。英文稿更多是用一种通俗的学术报告的手法来写的,而中文稿则生动易懂多了,这主要是因为两份刊物的读者对象不同——《科学美国人》是给一般科研人员看的杂志,而《环球科学》的读者范围更广,所以文章更通俗一些。

以上的例子说明,科技新闻写作是“翻译的艺术”。如果翻译时可以化“硬”为“软”,就可以把枯燥抽象的科技新闻变得可受、易受。而为了成功翻译科技新闻,有时候需要从纯科技的圈子里跳出来,去开掘科技新闻的非科技因素或者人文因素,如其中的理性意识、人文知识、智趣和美感等,这样往往会使科技新闻贴近读者。

3.寻找受众关心和关心受众的角度

科研人员往往被严谨、细致、刻板等观念所笼罩,做科学研究时很少从受众的角度出发,为受众考虑;他们的研究报告和研究成果也不是从受众易懂的角度写作的。如果科技新闻编辑和记者也采用同科技人员一样的做法,科技新闻就会被枯燥、远离日常生活的观念所束缚,也就不会吸引受众。为了解决这个问题,除了做好翻译和解释工作外,寻找受众关心和关心受众的角度,也是非常重要的环节之一,同时这也是拉近科技新闻与受众的距离、增强科技新闻接近性的需要。

怎样拉近新闻与受众之间的情感距离?李法宝在《新闻传播方法论》一书中给出了两点建议:一是从受众关心的角度来写新闻报道,以平等方式对待受众;二是从关心受众的角度来写新闻报道。如果科技新闻编辑和记者能够从受众的角度出发,为受而传,尽可能地将传者与受众的新闻价值尺度统一起来,写作时尽量不用那些呆板、严肃和抽象的形式,而是以人为本,用更通俗、更人文化的表现手法来报道科技新闻,则往往能收到事半功倍的效果。

其实只要认真思索,任何一条科技新闻,哪怕是最抽象的科学理论和原理研究,都可以找到一个与受众相关联的角度,关键在于编辑和记者是否愿意去寻找这样的角度。还有些科技新闻,虽然不一定与群众的切身利益发生直接联系,但仍可以引起广泛的注意。如探险、揭秘的报道就很能激发受众原始的好奇心,这说明寻找受众感兴趣的角度,也是拉近科技新闻同受众距离的方法。

4.知识、人物、事件三者统一

对于科技新闻而言,科学知识是文章内容的一个构成要素。但科技新闻不是科普说明文,不能孤立地介绍科学知识,必须借助科技人物和科技事件的表达来实现知识的传达。如果科技新闻只限于对科学原理和科学术语的解释,而缺少了人及人物情感,就会显得死板、枯燥和乏味。在经济新闻的编译中,我们特别提到了经济新闻不能“见物不见人”,同样的原理也适用于科技新闻的编译。

5.用好背景资料

新闻中的背景材料主要起辅助作用,用于增强受众对新闻的理解,这包括对新闻中的某一个术语、某一个人物或者某一项事实的理解。在科技新闻中适当地交代一些背景,可以增加科技新闻的可读性,使新闻变得更加丰满。

科技新闻中的背景材料，除了使用背景段这种方式外，还可以采取更为灵活的方式，如在科技术语前加定语的方式。例如：中科院研究成功的一项冷轧技术，使我国成为世界上第四个掌握此项技术的国家。《工人日报》在报道这一消息时是这样写的："一项可以改变冷轧钢板的光滑面孔，使其表面粗糙的'TAG 激光毛化冷轧辊'技术已由中科院力学研究所研究成功。"这里只交代了这一技术的简称，而实际上人们对于这一简称并不一定记得住，也许能记住的反倒是前面加的定语，"使钢板表面粗糙的技术"，而这一解释有助于读者准确理解这一技术的实质内容。

6.用修辞增加报道的可读性和趣味性

科技语言要做到平民化，可以运用多种修辞手法，如比喻法、举例法、描述法、定义法、个案法等，从而把抽象、专业的术语解释得通俗易懂，并尽量消除专业知识带给受众的心理障碍。另外，科技新闻常常要涉及数字的陈列、生硬的分析、理性的探究，如果能融入感性的语言，寻找贴近的角度，突出引人入胜的新闻点，让硬邦邦的科学技术体现出人情味，就可以增加报道的可读性和趣味性。

总之，科技新闻的表达既要合规矩，又要有一定的技巧。合规矩是对新闻基本文体特征的尊重，"巧"则是作者的创造性发挥。没有规矩不行，而没有巧，文章就没有活性。上面提到的各种修辞手法，在本章后面的例证中都会有所体现，这里就不展开叙述了。

五、可靠的国际科技新闻编译资源

科学技术事实的严谨性和科学性，要求科技新闻编辑对信息的来源有更严格的把关。国内科技新闻的来源可以分成两类：一类是传统媒体，如通讯社、报纸、广播电视；另一类是科研机构和国外大学的官方网站。

本章讨论的国际科技新闻，是指对发生在一国之外的，科学技术领域最新发展、发现和活动的报道。我国国际科技新闻经常使用的外国新闻来源有：

- 通讯社：法新社、路透社、美联社、德新社等。
- 报纸：美国《华尔街日报》《纽约时报》，英国《泰晤士报》等。
- 杂志：美国《自然》(*Nature*)、《科学美国人》(*Scientific American*)、《新科学家》(*New Scientist*)，俄罗斯《论据与事实》，日本《大人之科学》《航空科学》等。
- 广播：英国广播公司(BBC)等。
- 网站：www.Phys.org，www.scientificamerican.com，www.eurekalert.com

能够查找参考资料的网站有：中国科学院国家科学图书馆 http://scinews.clas.ac.cn/。值得推荐的还有《科学新闻》，这本杂志由美国资格最老的发布科学新闻的机构——科学服务通讯社出版，每期 16 页。虽然发行量不大，却是许多美国记者特别是科技记者了解前沿信息的重要渠道。

最受国内受众关注的国外科技领域有宇宙探索、科学发现、医疗技术、生活科技等，我们将分节讲授这几类科技新闻的编译方法。

第二节　科学发现类新闻的编译

科学发现类新闻是科技新闻的重中之重,它主要报道科学研究领域的最新发现、发明和成果等,是科技新闻编译中难度较大的品种。

科学发现类新闻的核心是基础科学研究的突破。基础科学研究,是指认识自然现象,揭示自然规律,获取新知识、新原理、新方法的研究活动。基础研究成果具有超前性,基础研究的重大突破对提高人们认识世界和改造世界的能力,对高新技术产业的形成、经济发展与社会进步乃至人们的生活方式,都将产生深刻的影响和引领作用。例如,20 世纪,相对论、量子力学、DNA 模型的建立,形成了人类崭新的时空观、运动观和物质观,对于推动人类文明进步具有十分深远的意义。

但是,由于基础科学研究的抽象性,其编译的难度也可想而知。在国内科技新闻长期与“深奥”“晦涩”“严肃”“生硬”等形容词挂钩的背景之下,做好科技新闻的编译,为国内科技新闻报道带来从内容到形式、从表象到深度的改变和提高,使科技新闻为大众所喜闻乐见,也是国际科技新闻编辑和记者的责任。这一改变和提高,要从科学发现类新闻的编译做起。

本节我们将通过一系列编译实例来探讨基础科学研究发现类新闻的编译。

例 1　基因测序和绘制基因图谱是基础生物科学研究的重要内容,人类目前已经广泛开展了人类和其他动植物基因的测序和图谱的研究计划。2009 年,美国科学家完成了对玉米基因的测序工作,以下是对这一科学研究进展的英语报道及其汉语编译稿。

英文原稿:

Scientists Uncover Corn's Full Genetic Code

Nov.20,2009

(1) **WASHINGTON (AFP)** — A team of US scientists has uncovered the complete genetic code of corn, a discovery that promises to speed development of higher yielding varieties of one of the world's most important food crops.

(2) Corn is the third most abundant cereal crop, after rice and sorghum, researchers said. Advances in corn production could mean major steps toward feeding the world's growing population as it struggles with climate change.

(3) The team of 150 experts, led by Washington University in St. Louis, Missouri, said Thursday they had identified some 32,000 DNA sequences, or genes, in the 10 chromosomes that make up the genome of maize, the largest of any plant examined so far.

(4) By comparison, the human genome includes 20,000 genes distributed in 23 chromosomes.

(5) "Having the complete genome in hand will make it easier to breed new varieties of corn that produce higher yields or are more tolerant to extreme heat, drought, or other conditions," said senior author Richard Wilson, director of Washington University's Genome Center.

(6) "Seed companies and maize geneticists will pounce on this data to find their favorite

genes," he said. "Now they'll know exactly where those genes are."

(7) The study is published in the November 20 issues of Science, PLoS Genetics and the Proceedings of the National Academy of Sciences.

(8) Corn's genetic code contains about 2.3 billion bases of DNA, represented by the letters T, C, G and A. Human genetic code is not far off with 2.9 billion.

(9) After having great difficulty establishing the exact order of the letters, the researchers found that about 85 percent of the sequences are repetitive. Their function—if the repetitive sequences have a function—is unknown, researchers said.

(10) "Sequencing the corn genome was like driving down miles and miles of desolate highway with only sporadically placed sign posts," said researcher Sandra Clifton of Washington University.

(11) "We had a rudimentary map to guide us, but because of the repetitive nature of the genome, some of the landmarks were erroneous. It took the dedicated efforts of many scientists to identify the correct placement of the genes."

(12) The project, which began in 2005, cost 29.5 million dollars and was funded by the National Science Foundation and the US departments of agriculture and energy.

(13) Scientists at the University of Arizona in Tucson, Cold Spring Harbor Laboratory in New York and Iowa State University in Ames were key to the mapping of the corn genome, the researchers said.

(14) As is often the case in plants, corn's genetic code is made up of two separate but intertwined genomes, reflecting its evolution over millions of years.

(15) The United Nations predicts that world food output must grow by 70 percent over the next four decades to feed a projected extra 2.3 billion people by 2050.

(16) The United States is the world's top producer of corn with 200 million tons a year, or 44 percent of the world's output.

(17) Researchers Fusheng Wei and Jianwei Zhang of the Arizona Genomics Institute said the corn genome project should help food-growers face the challenges of growing more crops on less land with less water and poorer soil.

(18) "Contemporary society is now faced with growing demands for food and fuel in the face of global climate change and the potential for increased disease pressure," Wei and Zhang wrote.

(19) The genome projects aims "to provide a comprehensive foundation to systematically understand maize biology with the goal of breeding higher yielding, disease-resistant and drought-tolerant cultivars."

英文原稿分析：

英文原稿采用了"倒金字塔结构"，新闻的内容安排如下：

Lead	概括式导语：交代主要新闻事实——美国科学家完成玉米基因测序
Para 2-6	研究人员介绍玉米基因组测序工作的内容及其研究价值
Para 7	交代研究成果的来源
Para 8-11	研究过程的介绍

Para 12-13　研究项目的经费来源、人员构成等背景
Para 14　有关玉米基因序列的科学知识
Para 15-16　世界粮食生产及美国玉米产量的的背景
Para 17-19　研究人员介绍此项研究的目的、价值和意义

汉语编译稿：

美完成玉米基因组测序

2009 年 11 月 21 日

(1)美国研究人员 19 日宣布，他们已经完成了玉米的全基因组测序工作，这一成果有望用于培育更高产的玉米品种。

(2)来自美国圣路易斯华盛顿大学、亚利桑那大学等机构的 150 名研究人员历时 4 年多完成了这一项目。结果显示，玉米共有 10 对染色体，约 3.2 万个基因，23 亿个碱基，是目前已测序的植物中基因数量最多的品种。

(3)项目负责人、圣路易斯华盛顿大学基因组测序中心主任理查德·威尔逊说，完成玉米全基因组测序将使培育更高产、耐热、耐旱的玉米新品种变得更加容易。相关数据公布在互联网上后，种子企业和玉米基因专家可以利用这些数据寻找其中意的基因。

(4)这项研究成果将刊登在 20 日出版的新一期美国《科学》杂志上。

(5)玉米全基因组测序项目始于 2005 年，美国国家科学基金会、农业部、能源部为这个项目提供了 2950 万美元的经费。

(6)玉米是世界主要农作物之一，在很多国家被广为种植。美国是世界上玉米产量最大的国家，每年约出产 2 亿吨玉米，占世界总产量的 40%以上。(来源：《科技日报》)

编译稿分析：

Lead　概括主要新闻事实
Para 2　成果具体内容
Para 3　成果的应用价值
Para 4　消息的来源
Para 5　项目的基本情况
Para 6　有关玉米的背景材料

与英文原稿相比，汉语编译稿更加精练、有条理，内容也相对集中。比如，研究成果的价值在英文原稿中分别安排在 Para 2、Para 5-6、Para 17-19 段中，比较分散，而汉语编译稿集中于第三段中。需要商榷的是，Para 5 项目的经费来源是否有必要编译出来，毕竟，英文原稿面向美国受众，交代谁出钱，让美国的纳税人知道自己的钱花到了哪里，似乎有其道理，但这一点与中国受众的关系并不大。而 Para 17-18 中，援引了两位明显是华人的研究人员的话，这个信息可能更加为中国受众所关注。

科技新闻编译不是科研报告、学术讲座，一般无需详细反映科学研究的过程或细节，只需酌情报道最重要、最精华的事实，即科技成果及其成功的意义和关键即可。在编译时可以遵循以下几个要点：

1.导语中交代人和事，即哪个国家的科学家，有了什么发现。
2.在第二段，交代成果的具体内容。
3.第三段一般是科研人员介绍成果发现的价值。
4.背景一般安排在最后。

例 2 对于物种和进化论的研究是基础生物科学研究的另一个重要领域。本章第一节曾经提到一个误译的例子，说达尔文的进化论已经在多个领域的进化中被证明，但是人眼的进化因为缺少相应证据，一直无法被证实。2004 年，英国 *Science Daily* 的一则英文报道，提供了人眼进化的有利证据。以下是这篇报道完整的英文原稿和汉语编译稿。

英文原稿：

Darwin's Greatest Challenge Tackled:
The Mystery of Eye Evolution

Science Daily | Nov.1, 2004

(1) **October 28**— When Darwin's skeptics attack his theory of evolution, they often focus on the eye. Darwin himself confessed that it was "absurd" to propose that the human eye evolved through spontaneous mutation and natural selection. Scientists at the European Molecular Biology Laboratory (EMBL) have now tackled Darwin's major challenge in an evolutionary study published this week in the journal *Science*. They have elucidated the evolutionary origin of the human eye.

(2) Researchers in the laboratories of Detlev Arendt and Jochen Wittbrodt have discovered that the light-sensitive cells of our eyes, the rods and cones, are of unexpected evolutionary origin–they come from an ancient population of light-sensitive cells that were initially located in the brain.

(3) "It is not surprising that cells of human eyes come from the brain. We still have light-sensitive cells in our brains today which detect light and influence our daily rhythms of activity," explains Wittbrodt. "Quite possibly, the human eye has originated from light-sensitive cells in the brain. Only later in evolution would such brain cells have relocated into an eye and gained the potential to confer vision."

(4) The scientists discovered that two types of light-sensitive cells existed in our early animal ancestors: rhabdomeric and ciliary. In most animals, rhabdomeric cells became part of the eyes, and ciliary cells remained embedded in the brain. But the evolution of the human eye is peculiar - it is the ciliary cells that were recruited for vision which eventually gave rise to the rods and cones of the retina.

(5) So how did EMBL researchers finally trace the evolution of the eye?

(6) By studying a "living fossil," Platynereis dumerilii, a marine worm that still resembles early ancestors that lived up to 600 million years ago. Arendt had seen pictures of this worm's brain

taken by researcher Adriaan Dorresteijn (University of Mainz, Germany). "When I saw these pictures, I noticed that the shape of the cells in the worm's brain resembled the rods and cones in the human eye. I was immediately intrigued by the idea that both of these light-sensitive cells may have the same evolutionary origin."

(7) To test this hypothesis, Arendt and Wittbrodt used a new tool for today's evolutionary biologists - "molecular fingerprints". Such a fingerprint is a unique combination of molecules that is found in a specific cell. He explains that if cells between species have matching molecular fingerprints, then the cells are very likely to share a common ancestor cell.

(8) Scientist Kristin Tessmar-Raible provided the crucial evidence to support Arendt's hypothesis. With the help of EMBL researcher Heidi Snyman, she determined the molecular fingerprint of the cells in the worm's brain. She found an opsin, a light-sensitive molecule, in the worm that strikingly resembled the opsin in the vertebrate rods and cones. "When I saw this vertebrate-type molecule active in the cells of the Playtnereis brain - it was clear that these cells and the vertebrate rods and cones shared a molecular fingerprint. This was concrete evidence of common evolutionary origin. We had finally solved one of the big mysteries in human eye evolution."

英文原稿分析：

英文原稿是典型的“倒金字塔结构”：导语段交代了最核心的新闻内容——科学家发现了眼睛的进化起源，在接下来的第2-4段展开交代了发现的具体内容，第5-8段则交代了科学家使用的研究方法。从叙事逻辑上讲，原文的这种内容安排比较容易被受众接受，在编译处理时可以照搬这种结构，但要注意对相关内容的合并和简化。

汉语编译稿：

眼睛进化秘密　再次证明达尔文进化论

2004年11月19日

(1)怀疑达尔文进化论的人经常用眼睛作为驳斥例证。达尔文本人也承认，认为人眼是通过自然突变和自然选择进化而来，是“荒唐的”。然而，欧洲分子生物学实验室的科学家本周在《科学》杂志上发表的一项进化论研究阐明了人眼的进化起源，解决了对达尔文的这一重大挑战。

(2)研究者们发现，人眼中的感光细胞，即视杆和视锥(rods and cones)是从最初位于人脑内的一部分远古的感光细胞进化而来的。人类早期的动物祖先大脑里有两种感光细胞，分别是弹状细胞(rhabdomeric)和睫状细胞(ciliary)。在大多数动物中，弹状细胞变成了眼睛的一部分，而睫状细胞则保留在大脑里。然而人眼的进化过程相当奇特，是睫状细胞最终进化成了视网膜上的视杆和视锥感光细胞。

(3)一名研究者说：“至今在我们的大脑里仍然存在一些感光细胞，用以觉察光线以及影响我们每天的行为节奏，所以人类的眼睛细胞起源于大脑并不令人惊讶。人类的眼睛很可能就起源于大脑内的感光细胞，只是在之后的进化过程中，这些大脑感光细胞迁移到眼睛里，并获得了视觉能力。”

(4)科学家们是通过一种生存了6亿年几乎没什么形体变化的海洋蠕虫“活化石”——沙蚕(Platynereis dumerilii)——得出这一结论的。一名研究者看到这种蠕虫大脑的照片时,注意到蠕虫大脑中的细胞形状与人眼的视杆和视锥细胞非常相似,于是立即产生了一个想法:这两种感光细胞可能有共同的进化起源。

(5)研究者们随后利用进化论生物学家们常用的现代工具——分子指纹(molecular fingerprint),对这一假设进行了科学验证。如果两个物种的细胞拥有相匹配的分子指纹,这些细胞很有可能来源于同一个原始细胞。其中一研究人员很快测出蠕虫大脑细胞的分子指纹,结果发现,蠕虫的视蛋白(感光分子)与脊椎动物的视杆和视锥中的视蛋白惊人地相似,也就是说,这两种细胞拥有相同的分子指纹,这是二者同一进化起源的铁证。这一研究发现终于解决了人类眼睛进化中的一个大谜团。(来源:《科技日报》;有修正)

汉语编译稿点评:

汉语编译稿基本遵从了英文原稿的结构,只在个别地方做了一些调整,如把英文原稿的第四段提到第三段的前面,并与第二段合并,进行了内容上的压缩。编译稿还对原稿第七、第八段的内容进行了压缩合并。对于原稿第三段研究人员的引语,编译稿则予以保留,以保持新闻的个人化视角。

小结:

虽然在科技新闻编译中,一般无需详细反映研究过程或细节,尤其是特别具体的技术性内容,但是像本例这样,基本发现中包含有一些重要的科学原理时,还是需要简明扼要地在编译稿中加以体现的。因为如果没有这些内容,对于科学发现的报道就不完整,也无法说明科学家的研究是科学可信的。

例3 一年一度的诺贝尔奖是科学界的一件大事,除了文学奖、和平奖以及后来增设的经济学奖以外,剩下的三个奖项——物理学奖、化学奖、生理或医学奖——分别表彰世界范围内科学领域的杰出学者。能获得诺贝尔科学奖的科学家以及能获奖的科研成果,必须要能对人类做出重大贡献。由于获奖科研成果一般具有前沿性而且意义重大,要想报道好诺贝尔科学奖,需要下一番功夫。下面是对2011年诺贝尔物理学奖的英语报道以及汉语编译稿。

英文原稿一:

Press Release

4 October 2011

The Royal Swedish Academy of Sciences has decided to award the Nobel Prize in Physics for 2011 with one half to

Saul Perlmutter

The Supernova Cosmology Project
Lawrence Berkeley National Laboratory and University of California,
Berkeley, CA, USA

and the other half jointly to

Brian P.Schmidt
The High-z Supernova Search Team
Australian National University,
Weston Creek,Australia

And

Adam G.Riess
The High-z Supernova Search Team
Johns Hopkins University and Space Telescope Science Institute,
Baltimore,MD,USA

"*for the discovery of the accelerating expansion of the Universe through observations of distant supernovae*"

Written in the stars

(1)"*Some say the world will end in fire,some say in ice...*"

(2)What will be the final destiny of the Universe? Probably it will end in ice,if we are to believe this year's Nobel Laureates in Physics.They have studied several dozen exploding stars, called supernovae,and discovered that the Universe is expanding at an ever-accelerating rate.The discovery came as a complete surprise even to the Laureates themselves.

(3)In 1998,cosmology was shaken at its foundations as two research teams presented their findings.Headed by Saul Perlmutter, one of the teams had set to work in 1988. Brian Schmidt headed another team,launched at the end of 1994,where Adam Riess was to play a crucial role.

(4)The research teams raced to map the Universe by locating the most distant supernovae. More sophisticated telescopes on the ground and in space,as well as more powerful computers and new digital imaging sensors (CCD,Nobel Prize in Physics in 2009),opened the possibility in the 1990s to add more pieces to the cosmological puzzle.

(5)The teams used a particular kind of supernova,called type Ia supernova.It is an explosion of an old compact star that is as heavy as the Sun but as small as the Earth. A single such supernova can emit as much light as a whole galaxy.All in all,the two research teams found over 50 distant supernovae whose light was weaker than expected-this was a sign that the expansion of the Universe was accelerating.The potential pitfalls had been numerous,and the scientists found reassurance in the fact that both groups had reached the same astonishing conclusion.

(6)For almost a century,the Universe has been known to be expanding as a consequence of the Big Bang about 14 billion years ago.However,the discovery that this expansion is accelerating is astounding.If the expansion will continue to speed up the Universe will end in ice.

(7)The acceleration is thought to be driven by dark energy,but what that dark energy is remains an enigma-perhaps the greatest in physics today. What is known is that dark energy constitutes about three quarters of the Universe.Therefore the findings of the 2011 Nobel Laureates in Physics have helped to unveil a Universe that to a large extent is unknown to science. And everything is possible again.

Saul Perlmutter, U. S. citizen. Born 1959 in Champaign-Urbana, IL, USA. Ph. D. 1986 from University of California, Berkeley, USA. Head of the Supernova Cosmology Project, Professor of Astrophysics, Lawrence Berkeley National Laboratory and University of California, Berkeley, CA, USA.

www.physics.berkeley.edu/research/faculty/perlmutter.html

Brian P.Schmidt, U.S.and Australian citizen. Born 1967 in Missoula, MT, USA. Ph. D. 1993 from Harvard University, Cambridge, MA, USA. Head of the High-z Supernova Search Team, Distinguished Professor, Australian National University, Weston Creek, Australia.

msowww.anu.edu.au/~brian/

Adam G.Riess, U.S. citizen. Born 1969 in Washington, DC, USA. Ph. D. 1996 from Harvard University, Cambridge, MA, USA. Professor of Astronomy and Physics, Johns Hopkins University and Space Telescope Science Institute, Baltimore, MD, USA.

www.stsci.edu/~ariess/

Prize amount: SEK 10 million, with one half to Saul Perlmutter and the other half to be shared equally between Brian Schmidt and Adam Riess.

Contact persons: Erik Huss, Press Officer, Phone +46 8 673 95 44, mobile +46 70 673 96 50, erik.huss@kva.se

Annika Moberg, Editor, Phone +46 8 673 95 22, Mobile +46 70 673 96 90, annika.moberg@kva.se

* Robert Frost, Fire and Ice, 1920

英文原稿分析:

英文原稿是瑞典科学院对外发布的新闻稿。在新闻稿的第一部分,瑞典科学院宣布了2011年诺贝尔物理学奖的归属,以及获奖的研究成果。新闻稿的第二部分详细叙述了两个互相竞争的研究小组的研究对象、研究方法、研究发现及其意义。新闻稿的第三部分交代了获奖人的有关信息,第四部分则交代了奖金的数额以及分配方式。这一新闻稿提供了2011年诺贝尔物理学奖的基本信息,是媒体报道的基础。

汉语编译稿一：

美澳三科学家获诺贝尔物理学奖 曾是竞争对手

（来源：《新京报》；发布时间：2011 年 10 月 5 日）

索尔·珀尔马特，52 岁，美国加州大学伯克利分校教授，主持超新星宇宙学项目。

亚当·里斯，42 岁，美国约翰斯·霍普金斯大学和太空探测科学研究所任天文学教授，研究天文物理。

布赖恩·施密特，44 岁，生于美国，拥有美、澳双重国籍，澳大利亚国立大学教授，主持超新星搜寻小组。

（1）美国人索尔·珀尔马特和亚当·里斯以及持有美国和澳大利亚双重国籍的布赖恩·施密特获得 2011 年度诺贝尔物理学奖。诺贝尔物理学奖评审委员会 10 月 4 日评价，这 3 名获奖者“研究几十颗处于爆炸状态的恒星即‘超新星’，发现宇宙正在扩张过程中，扩张速率不断加速”。

观测 50 余颗超新星

（2）在瑞典首都斯德哥尔摩瑞典科学院内，诺贝尔物理学奖当地时间 11 时 45 分（北京时间 17 时 45 分）揭晓。

（3）珀尔马特、里斯和施密特的研究对象，是一些大质量恒星在演化后期伴随星核与星壳分离出现的一种现象，即超级规模大爆炸。质量相当于太阳的 8 至 25 倍的恒星以超新星爆发方式结束“生命”，而恒星外侧气体包则高速抛离，所显现的绝对光度可超过太阳光度 100 亿倍。

（4）分析特定类型的超新星爆发，珀尔马特、里斯和施密特所属的研究小组发现，超过 50 颗超新星所显现的光度比先前预期暗淡。对这一结果的解释，是宇宙正在加速扩张。

三人曾是竞争对手

（5）这个发现，被瑞典皇家科学院称为“震动了宇宙学的基础”。

（6）诺贝尔物理学奖评审委员会认定，3 名获奖者所获研究结果改变了人类对宇宙的认识。“将近一个世纪，一种公认看法是，宇宙正在扩张，是大约 140 亿年前‘大爆炸’的结果。”评审委员会说。

（7）“不过，发现宇宙扩张正在加速，令人惊异。”评审委员会介绍说，“如果扩张继续加速，宇宙将以冰冻状态终结。”

(8)另外,3人的研究,确认了最初由科学家阿尔伯特·爱因斯坦提出的一种理论,即他称之为"宇宙学常数"的理论。

(9)1998年,珀尔马特主持一个研究小组,施密特则主持成员包括里斯的另一个研究小组。两个小组各自努力,相互"竞争",而观测结果可谓"不约而同"。

(10)评审委员会宣布,奖金1000万瑞典克朗(约合146万美元),珀尔马特获二分之一,施密特和里斯获另外二分之一。(徐勇 新华社专稿)

汉语编译稿一点评:

汉语编译稿一基于英文原稿,但没有拘泥于英文原稿,而且在英文原稿的基础上补充了相关背景。汉语编译稿的开头部分也先交代了2011年诺贝尔物理学奖的归属,以及获奖的研究成果。接下来的第一部分,汉语编译稿着重介绍了三位科学家的研究对象、研究方法和研究结论;其中研究对象的部分,为了解释清楚超新星,补充了英文原稿中没有的背景材料。汉语编译稿的第二部分,虽然以"竞争"为小标题,但重点却在介绍发现的意义上(第五至第八段);其中既有直接引用瑞典皇家科学院的评价的部分,也有补充说明(第八段)。该部分的最后,交代了两个小组的竞争以及奖金的分配情况。总体说来,汉语编译稿选取了英文原稿中的核心内容,并将其有序地排列出来。编译后的汉语稿重点突出,条理清晰。

由于诺贝尔奖的重要性,在2011年的物理学奖公布以后,世界主要媒体都对此进行了报道,获奖者所在的机构和获奖者本人也对获奖做出了反应。下面是英文媒体对此的报道以及国内媒体根据这些报道编译出来的中文稿。

英文原稿二:

Speeding Universe Work Wins Nobel

BY ANNA RINGSTROM, Reuters | Tue Oct 4, 2011

(1) **STOCKHOLM**— The "astounding" discovery that the expansion of the universe is speeding up won the Nobel physics prize on Tuesday for three astronomers whose observations of exploding stars transformed our view of the world, and of how it may end.

(2) Honouring two global teams of stargazers whose findings shook cosmology to its foundations in 1998, the Nobel Committee said Americans Saul Perlmutter, Brian Schmidt and Adam Riess showed how the universe that emerged from the Big Bang may fly apart so far, cooling as it goes, that it "will end in ice."

(3) Their work gave birth to the theory of dark energy, a kind of inverse gravity, that causes the expansion to accelerate. Up to three quarters of the universe seems to comprise dark energy—but just what it is is a matter of speculation, notably at facilities like the Large Hadron Collider at Geneva. Many hope an answer could reconcile apparent anomalies in physics.

(4) The teams studied dozens of exploding stars, or supernovae, expecting to confirm theories dating back to the 1920s that the universe has expanded for 14 billion years since Big Bang, but ever more slowly. Astonished, they found the opposite was true.

(5) "We ended up telling the world we have this crazy result—the universe is speeding up," the Montana-born Schmidt, based in Australia, said by telephone to the Royal Swedish Academy of

Sciences, where the 2011 prizewinners were announced.

(6) "It seemed too crazy to be right, and I think we were a little scared," added Schmidt, 44, who led the High-z Supernova Search Team that included the Baltimore-based Riess, 41. Schmidt is at the Australian National University in Canberra.

(7) Perlmutter, 52, from the University of California at Berkeley, said: "The chain of analysis was so long that at first we were reluctant to believe our result."

(8) "But the more we analyzed it, the more it wouldn't go away ... It was the longest 'Aha!' moment ever."

(9) If data continues to improve, he believed theorists may be able to understand dark energy within 10 to 15 years.

"ALL BETS OFF"

(10) Riess told Reuters he was "stunned and incredibly honored" by the award. But he was cautious about predictions energy would propel the universe ever outward until it was spent and froze. "It is what we see," he said. "But the truth is all bets are off. The universe could still recollapse."

(11) Before, it was thought gravity would eventually reverse its expansion, until a fiery collapse brought the end of the world.

(12) Recalling how it felt to have assumptions confounded, Riess said he spent weeks thinking "I did something stupid" and looking for what he thought must be a mistake in his work: "If you tossed a ball into the air and it kept right on going up instead of falling to the ground, you'd be pretty surprised," he said. "Well, that's about how surprised we were."

(13) With the expectation that gravity would slow the expansion of the universe debunked, the fact that the opposite was true revived an idea Albert Einstein once rejected as his "biggest blunder"—that vacuum of space might create "anti-gravity."

(14) "Suddenly that idea made sense," Riess said.

(15) He and Schmidt will share half of the 10 million Swedish crowns ($1.5 million) prize money. Perlmutter won the rest.

(16) Having turned theory on its head, Perlmutter viewed the world's distant future with equanimity: "It is a tough choice between ending up in the cold or ending up in a fiery blast," he told Reuters. "I tend not to dwell too much on ultimates."

"CURIOSITY DRIVEN"

(17) Swedish Academy member Lars Brink told Reuters practical developments from the findings were not obvious: "This is very curiosity driven research," he said. "It tells us something about the basic laws of nature. We are putting together pieces of what are the basic laws of nature. This is one brick."

(18) "It is not that we are going to use it for new gadgets."

(19) Mark Sullivan, a physicist at the University of Oxford, said: "Their ... discovery ... has rewritten textbooks, and was one of the landmark breakthroughs of 20th-century physics."

(20) Among exciting possible developments from the study of dark energy would be a way to reconcile anomalies between laws of physics observed at the subatomic level—quantum mechanics—with those Einstein described for the world we see.

(21) Martin Rees, Britain's Astronomer Royal, praised the prizewinners but criticized the Nobel Committee's rules that a maximum of three people could share in an award: "It would have been fairer, and would send a less distorted message about how this kind of science is actually done, if the award had been made collectively to all members of the two groups," he said.

(22) There was no repeat of the drama in Stockholm on Monday, when the Nobel Committee, whose rules forbid posthumous awards, discovered it had just given a share of the prize for medicine to a man who had died three days earlier. In the end, the award was confirmed to Ralph Steinman, who used his own discoveries to treat his cancer but succumbed to the disease on Friday.

(23) In keeping with many recent prizes, the Committee noted, the winners of the physics category were all relatively young.

(24) At Johns Hopkins University in Baltimore, Riess, who was still in his 20s when the research was published, joked to a colleague that he had been quick to react to a pre-dawn call from Stockholm: "When I picked up the phone early this morning and I heard Swedish voices," he said, "I knew it wasn't IKEA."

英文原稿分析:

英文原稿二是路透社的综合报道。在这篇稿件中,作者从谈获奖的研究成果及其意义入手,介绍了三位科学家的研究对象、研究方法和研究成果。在本稿中,记者强调了三位研究者对研究成果出乎意料的惊讶之情。比如,在英文原稿的第一部分,记者引用施密特的话,说他们"有点吓坏了";在英文原稿的第二部分,记者又引用里斯的话,说他一开始以为自己"干了蠢事"。英文原稿的第三部分侧重于介绍发现的理论意义,但在接近结尾的部分岔开主题,提到了科学家对诺奖的批评(Para 21),以及本年度诺贝尔医学奖的戏剧性一幕(Para 22)。文稿结尾则回到主题,谈到了里斯接到获奖电话时的反应。总体说来,路透社的报道侧重于解读发现的意义,即使是中间谈到科学家对研究结果感到意外的部分,也是在讲发现如何改变了人们对宇宙的看法。

英文原稿三:

Physics prize an unexpected but happy surprise for Schmidt

(1) **STOCKHOLM, Oct, 5**—"It feels like when my children were born," exclaimed Brian P Schmidt, co-winner of this year's Nobel Prize winner for Physics, soon after the Royal Swedish Academy of Sciences made the announcement in Stockholm on Tuesday.

(2) Dr. Schmidt, a U.S.-Australian citizen, shares the Prize for 2011 with American scientists Saul Perlmutter and Adam G Riess for their simultaneous discovery in 1998 that the universe is expanding at an ever-accelerating rate.

(3) "I feel weak at the knees," Mr. Schmidt told journalists who had gathered at the Royal Swedish Academy of Sciences for the Nobel news conference. Speaking from his home in Canberra,

he said he did not expect the Prize but was happy to receive it.

(4)"It is something that people occasionally mention, but one thinks that it is probably not going to happen." Asked what he planned to do now, he joked that he was going to wander around a bit and then try to sleep. (It was 9 pm in Australia when the news broke.)

(5)The 44-year-old American who grew up in Alaska and now lives in Canberra said he would celebrate on Wednesday, when he is due to teach a class in cosmology at the Australian National University.

(6) The Nobel citation said that the trio were being awarded "for the discovery of the accelerating expansion of the universe through observations of distant supernovae", or exploding stars.

(7)One half of the total Prize amount of 10 million Swedish kronor (over Rs.7.1) would go to Mr.Perlmutter from the Lawrence Berkeley National Laboratory and University of California in the U.S., and the other half jointly to Dr.Schmidt and Dr.Riess, who is with the Johns Hopkins University and Space Telescope Science Institute in the U.S.

英文原稿分析:

英文原稿三集中于介绍施密特在得知自己获奖后的反应。他在得知自己获奖的消息后,接受了瑞典皇家学院的电话采访,并接受了其他记者的采访。他说得知自己获奖后,"膝盖发软","像自己的孩子出生时的感觉一样"。这些反应非常有趣,给严肃的科学新闻增加了一些人情趣味,在编译时可以增加到汉语稿里面。

英文原稿四:

Press Release

THE JOHNS HOPKINS UNIVERSITY

October 4, 2011

FOR IMMEDIATE RELEASE

Astrophysicist Adam Riess Wins the 2011 Nobel Prize in Physics

(1) Adam Riess, the Krieger-Eisenhower Professor in Physics and Astronomy and a Gilman Scholar at The Johns Hopkins University, and a scientist at the Space Telescope Science Institute, today was awarded the 2011 Nobel Prize in Physics by the Royal Swedish Academy of Sciences. The academy recognized him for leadership in the High-z Team's 1998 discovery that the expansion rate of the universe is accelerating, a phenomenon widely attributed to a mysterious, unexplained "dark energy" filling the universe.

(2) Riess (pronounced "Reese"), 41, shares this year's prize with Saul Perlmutter, an astrophysicist at the University of California, Berkeley, and the Lawrence Berkeley Laboratory, whose Supernova Cosmology Project team published similar results shortly after those published by Riess and High-z teammate Brian Schmidt, of the Australian National University. Both teams shared the Peter Gruber Foundation's 2007 Cosmology Prize-a gold medal and $500,000-for the

discovery of dark energy, which Science Magazine called "The Breakthrough Discovery of the Year" in 1998. The researchers also shared the 2006 Shaw Prize in astronomy for the same discovery.

(3) Considered the most prestigious prize in the world, the Nobel has been awarded for achievements in physics, chemistry, physiology or medicine, literature and peace since 1901 by the Nobel Foundation in Stockholm, Sweden. Riess will receive a medal and diploma and will share a cash award of $1.49 million to be presented at a ceremony in Stockholm in December.

(4) "This is an amazing day for all of us at Johns Hopkins, and we are immensely proud," said Ronald J. Daniels, president of the university. "Dr. Riess's passion to know more, and the energy with which he pursues that passion, exemplify the commitment made by all of us across Johns Hopkins to deploy knowledge to create a better and more humane world. That hunger to always know more is what makes the Johns Hopkins faculty so extraordinary."

(5) Riess is the 35th person associated with Johns Hopkins as a faculty member, fellow or graduate to win a Nobel Prize. He joins three other Nobel laureates on the university's current faculty: Riccardo Giacconi, University Professor of Physics and Astronomy, who won the physics prize in 2002; Peter Agre, 1974 School of Medicine graduate, former professor in the School of Medicine and now director of the Malaria Research Institute in the Bloomberg School of Public Health, who won the chemistry prize in 2003, and Carol Greider, professor and director of molecular biology and genetics in the School of Medicine, who won 2009′s physiology or medicine prize.

(6) An overjoyed Riess thanked the Nobel Foundation for the award and said, "My involvement in the discovery of the accelerating universe and its implications for the presence of dark energy has been an incredibly exciting adventure. I have also been fortunate to work with tremendous colleagues and powerful facilities. I am deeply honored that this work has been recognized."

……

英文原稿分析:

这篇英文原稿是节选的约翰·霍普金斯大学就里斯获诺贝尔奖发布的新闻稿的第一部分。这篇新闻稿还介绍了该校以往获诺贝尔奖的相关背景,借里斯获奖来宣传学校。这篇新闻稿的具体内容安排如下:

标题　强调里斯获得了 2011 年诺贝尔物理学奖

Para 1　交代本校教授里斯获诺贝尔奖的事实以及获奖原因

Para 2　交代同时获奖的另两位科学家,并补充了两个研究小组 2007 年获得的另一个天文学奖的背景

Para 3　有关诺贝尔奖的背景以及里斯将收到的奖励

Para 4　引语:校长对里斯的褒奖

Para 5　背景:本校以往的诺奖得主

Para 6　引语:里斯获奖后的反应

这篇新闻稿由"事实+背景"组成,其中,里斯教授获奖后的反应可以与上一篇原稿互为补充、相映成趣。

英文原稿五:

Saul Perlmutter Awarded 2011 Nobel Prize in Physics

By Robert Sanders, Media Relations October 4, 2011

(1) **BERKELEY**—Saul Perlmutter, who led one of two teams that simultaneously discovered the accelerating expansion of the universe, has been awarded the 2011 Nobel Prize in Physics, to be shared with two members of the rival team.

(2) Perlmutter, 52, a professor of physics at the University of California, Berkeley, and a faculty senior scientist at Lawrence Berkeley National Laboratory (LBNL), led the Supernova Cosmology Project that, in 1998, discovered that galaxies are receding from one another faster now than they were billions of years ago.

(3) He will share the prize with Adam G. Riess, 41, of The Johns Hopkins University and Brian Schmidt, 44, of Australian National University's Mount Stromlo and Siding Spring Observatories, two members of the competing High-Z Supernova Search team. When the discovery was made, Riess was a postdoctoral fellow at UC Berkeley working with astronomer Alex Filippenko, who at different times was a member of both teams.

(4) Perlmutter is the fifth Nobel winner for UC Berkeley in the past 11 years, and the 22nd Nobelist overall. This is the ninth Nobel in Physics awarded to a UC Berkeley faculty member, the most recent winner being George Smoot in 2006.

(5) The most recent National Research Council nationwide rankings identify the Department of Physics as among the best in the nation.

(6) The accelerating expansion means that the universe could expand forever until, in the distant future, it is cold and dark. The teams' discovery led to speculation that there is a "dark energy" that is pushing the universe apart. Though dark energy theoretically makes up 73 percent of the matter and energy of the universe, astronomers and physicists have so far failed to discover the nature of this strange, repulsive force.

(7) In recent years, Perlmutter has been working with NASA and the U.S. Department of Energy (DOE) to build and launch the first space-based observatory designed specifically to understand the nature of dark energy. A dark-energy mission was named the top telescope-building priority in an August 2010 report from a blue-ribbon committee of the National Academy of Sciences.

Using supernovae as cosmic yardsticks

(8) Perlmutter was a postdoctoral fellow at LBNL when he decided to focus on Type Ia supernovae as yardsticks to measure the geometry of the universe. Astronomers knew that the universe was expanding, but the main question at the time was whether the universe was open, and thus destined to expand forever, or closed, meaning that the expansion would eventually stop and the universe would collapse back on itself.

(9) He and his LBNL team were puzzled by initial results in 1997 indicating that, not only was the universe's expansion not slowing down, it was speeding up, contrary to all cosmological

theories.

(10)"The chain of analysis was so long that at first we were reluctant to believe our result," Perlmutter said."But the more we analyzed it,the more it wouldn't go away."

(11) The High-Z team came to the same conclusion at the same time, based on an independent set of Type Ia supernovae.

(12)"There was no hint of this when we started the project,"Riess said in 1998 while still a Miller Postdoctoral Research Fellow at UC Berkeley."We expected to see the universe slowing down,but instead,all the data fit a universe that is speeding up."

(13)The discovery,reported by both teams in 1998,has since been bolstered by independent measurements.The earliest and most important of these confirmations were by the Millimeter Anisotropy eXperiment IMaging Array (MAXIMA), a balloon-borne experiment led by UC Berkeley physicist Paul Richards, and the Balloon Observations Of Millimetric Extragalactic Radiation and Geophysics (BOOMERanG) experiment,led by the late Andrew Lange,a former UC Berkeley post-doctoral fellow,and Paolo De Bernardis.

Team effort

(14)"This discovery was very much a team effort,"Perlmutter stressed,citing the efforts of the Supernova Cosmology Project's individual members in theoretical studies of supernova dynamics,the detection of supernovae near and far, data analysis and interpretation, and other research components.

(15)Perlmutter graduated magna cum laude in physics from Harvard University in 1981 and began graduate work at the UC Berkeley,where he gravitated toward the study of astrophysics.He completed his Ph.D.with Richard Muller,UC Berkeley professor of physics,in 1986.

(16) While still a postdoctoral fellow, Perlmutter teamed up with fellow post-doc Carl Pennypacker to develop the technology to use Type Ia supernovae - which are bright enough to be seen across the universe-to measure cosmological distances.Other astronomers had observational data suggesting that Type Ias were all about the same intrinsic brightness,so that their apparent brightness from Earth could be used to calculate their distance.

(17)With observing time on several telescopes around the world,the Supernova Cosmology Project was able to test and improve its techniques.When the team eventually sat down with new data on Type Ia supernovae to calculate the basic parameters of the universe,however,the results were too bizarre to be believed.

(18)"The most striking part of the project was the huge skepticism,"recalled Pennypacker, now with UC Berkeley's Space Sciences Laboratory and a guest in LBNL's Physics Division.The skepticism was not only about proposed techniques, but about the underlying science."Nobody believed we could do it,"he said,"and it was an enormous challenge to get things done."

(19)Perlmutter,a member of the National Academy of Sciences and a fellow of the American Academy of Arts and Sciences, has received numerous honors, including the 2006 Shaw Prize, shared with Schmidt and Riess;the 2007 Gruber Cosmology Prize,which he shared with his entire

Supernova Cosmology Project team and the High-Z Supernova Search team; the 2003 California Scientist of the Year award; and the 2002 E.O.Lawrence Award in physics from the Department of Energy.

(20) He lives in Berkeley with his wife and daughter.

英文原稿五分析：

这篇英文原稿是加州大学伯克利分校就珀尔马特获奖发布的新闻稿。英文原稿五具体的内容安排如下：

标题	强调珀尔马特获 2011 年诺贝尔物理学奖
Para 1-3	珀尔马特以及其他两位科学家获得 2011 年诺贝尔物理学奖的有关事实
Para 4-5	背景：交代珀尔马特是加州大学伯克利分校第几位诺贝尔奖得主以及该校物理系的排名
Para 6	对于获奖成果的解读
Para 7	背景：珀尔马特与美国有关政府部门的合作情况
Para 8-10	珀尔马特参与研究的过程以及他最开始对研究成果的反应
Para 11-12	另一个竞争小组的研究结果以及他们的反应
Para 13	背景：其他研究对两个研究小组的结论的佐证
Para 14	引语：珀尔马特得奖后的反应
Para 15-18	珀尔马特的教育背景、他参与研究小组研究的始末以及研究小组一开始对结果的质疑
Para 19	背景：珀尔马特获得其他奖项的情况
Para 20	珀尔马特现居住地

总体说来，这篇新闻稿从珀尔马特得奖入手，详细介绍了珀尔马特及其领导的团队的研究情况，提供了比较详尽的背景信息。

以上新闻稿从各个方面交代了三位诺贝尔物理学奖得主的有关情况，虽然互有重复，但是也各自提供了一些新信息。特别是三位科学家得知获奖后的反应，属于比较鲜活的材料，也体现出一定的个性，在编译中可以恰当突出，来增加科技新闻的人情趣味。

汉语编译稿二：

■ 反应

“得知获奖后膝盖发软”

——诺贝尔奖得主施密特称“像第一个孩子出生时的感觉”

(11) 现年 44 岁的布赖恩·施密特生于美国，现居住在澳大利亚堪培拉。他承认，知道获奖消息最初半个小时，自己“确实激动，两腿膝盖发软，一定程度上因为这种（获奖）情形而吃惊”。

(12) 施密特接受媒体采访时表示，宇宙加速膨胀的理论一开始受到了不少谨慎的怀疑。“（大家都觉得）重力会减缓宇宙的膨胀，当我们发现相反的事情正在发生时，那真是令人大吃一惊。但是我们越是观察，现象就越明显。”施密特说，“这个发现听起来疯狂得不像是真的，我想我们有点吓坏了。”

（13）谈到获得诺贝尔奖，施密特说他是当晚8时之后才知道消息，电话那头传来的瑞典口音十分真诚。“有点像我第一个孩子出生时的感觉，是一种生命改变的体验。”

（14）“我没有期待（获得诺贝尔奖）……我猜想，对一些事情，大家会期待，却多半不会发生，而这（诺贝尔奖）就是其中之一。”施密特说。

（15）一同获得诺贝尔奖的亚当·里斯教授接到获奖通知电话的时候，也明显注意到了电话那头的瑞典口音。“我知道，这不可能是宜家打来的。”里斯说。（楚楚）

“一场难以置信的探险”
——诺贝尔奖得主珀尔马特和里斯称，获奖得益于团队合作

（16）得知自己成为2011年诺贝尔物理学奖得主的消息后，美国人索尔·珀尔马特和亚当·里斯分别表示，他们获奖得益于团队合作。

（17）“这项发现很大程度上是团队努力的结果。”珀尔马特4日在加州大学伯克利分校发表的一份声明中说。他在声明中回顾了其团队每一名成员对于整个成果的贡献。

（18）现在担任约翰斯·霍普金斯大学教授的亚当·里斯与此次共同获奖的澳大利亚国立大学教授布赖恩·施密特属于另一支研究团队，他们独立得出了与珀尔马特团队相同的结论。

（19）里斯说：“这项发现有关宇宙在加速膨胀，并暗示暗能量存在。我参与到其中，是一场令人难以置信的探险。能够在卓越的研究机构与优秀的同事合作，我感到非常幸运。”

汉语编译稿二点评：

汉语编译稿二承接汉语编译稿一，以“反应”为题，介绍了三位科学家得知自己获奖后的态度和反应。稿件的第一部分（第11-14段）重点介绍了施密特的反应，以英文原稿三为主，并结合了英文原稿二的相关内容；第15段则选取了英文原稿二中里斯玩笑式的反应，增加了中文稿的趣味性。汉语编译稿二分别从加州大学伯克利分校和约翰·霍普金斯大学的新闻稿中选取了珀尔马特和里斯的反应，将他们并列在一个小标题下，因为在这两篇新闻稿中，这两位科学家都对自己的研究团队表示了感谢。

总体看来，虽然英文报道的内容比较庞杂，但是中文稿的编辑没有被材料淹没，而是从大量的材料中选取了比较有意思的内容，使得汉语编译稿没有变成死板的科学报告，而是读起来饶有趣味，比较适合向一般受众传播。

汉语编译稿三：

■ 链接

超新星大发现

（20）多年来，天体物理学界一直认为宇宙是在以一个恒定的速度膨胀，直到这三位科学家开始了对超新星的观测。

（21）此次获奖的珀尔马特和施密特分别领导两个研究小组，用最先进的天文观测工具对准了一种“Ia型超新星”。这种超新星是由密度极高而体积很小的白矮星爆炸而成。

（22）由于每颗“Ia型超新星”爆发时质量都一致，它们爆炸发出的能量和射线强度也一致，因此在地球上观测“Ia 型超新星”亮度的变化，可以准确推算出它们和地球距离的变化，并据此计算出宇宙膨胀的速度。

(23)两个研究小组总共观测了约50颗遥远的“Ia 型超新星”，并于1998年得到了一致的结论：宇宙的膨胀速度不是恒定的，也不是越来越慢，而是不断加快。(据新华社电)

汉语编译稿点评：

汉语编译稿三的作用相当于科学背景，以深入浅出的语言解释了获奖科学家研究的对象和原理及其研究的结论。这部分背景的内容，各篇英文原稿中都有所涉及(英文原稿五中的表述更为明确一些)，但是中文稿的编辑将其单独列为背景，既可以强调，又方便读者阅读，传播效果更好。

需要说明的是，一则汉语新闻稿的头条报道或者重点报道，很多时候需要编辑和记者参考多篇英文原稿才可以编译出来，这对编辑和记者的选材和综合能力是重大的考验。

对于类似本例这样重大和抽象的科技新闻报道，为了便于说清楚和方便读者理解，可以将生硬的科学内容打散，采用“少食多餐”的方式，并配合多种报道手法来进行编译报道。

1. 可以采取“套餐式新闻”的方式进行报道，即使用“主新闻+若干副新闻(包括图片、资料、点评)”的方式，构成一个“新闻套餐”(或“链接式”新闻)。“套餐式新闻”由新闻或图片领头，加上背景介绍(或新闻回放)、相关信息(资料链接)以及小型言论(编辑点评、快评、专家评说、专家分析)等，可以形成一个视觉中心，吸引读者的注意。同时，通过把重要的和抽象的新闻内容进行模块化处理，便于受众分批接收新闻信息，每次消化吸收不同的内容，进而更好地理解艰涩的科学内容。“套餐式新闻”既是新闻采写手段和编辑手段融合的产物，也是传统媒体报道手段与网络媒体编辑手段相结合的产物。
2. 科技新闻中，对科学术语和科学原理的解释需要拿捏好尺寸，因为如果新闻中专业术语堆砌得太多，读者难以清楚地理解报道内容；而如果对术语进行详细的说明、解释，又会使报道显得繁琐、冗长，降低其可读性和趣味性，进而影响传播效果。在本例中，对于获奖科学家研究的科学原理，采用了“链接”的方式，单独成篇附在了新闻稿的后面，这种解释方式适合比较复杂的科学术语和原理。
3. 本例在报道获奖的科学发现的同时，还报道了获奖科学家的获奖反应和研究工作等，正是对这些人的报道，增加了科学报道的可读性。在对科技新闻(或者任何类型的新闻)进行编译时，要时时记得加入人的活动。

另外需要强调的是，在科技新闻的编译中，要注意避免极端化报道。所谓极端化报道，是指媒体在进行科技新闻报道时，为了提高受众的关注度，任意拔高科学研究成果的意义，而在报道中滥用“世界第一”“世界领先”“填补空白”“国际一流”“重大突破”“尖端科技”“惊人发现”等字眼。另一方面，编辑和记者在进行英-汉新闻编译时，也要注意汉语稿的措辞，不能任意进行拔高。

第三节　宇宙探索类新闻的编译

人类早在远古时代就开始了对宇宙的探索，在人类早期的历史文献、宗教和文化典籍中，都有对人类和宇宙起源的描述和解释。随着科技的进步，人类今日探索宇宙和外太空的工具，如哈勃望远镜和各种宇宙飞船、空间探测器等，已远非昨日可比；人类对宇宙和宇宙起源的认识，也已经超越了古人的想象。尽管如此，人类对浩瀚宇宙的认识，依然还只是冰山一角，人类对宇宙的好奇和探索还会继续下去。宇宙探索类新闻始终是科技新闻中最吸引人的内容，拥有广大的受众。对于国外宇宙探索类新闻的编译报道，是国际新闻记者和编辑的必修功课。在本节中，我们将通过一些编译实例来探讨宇宙探索类科技新闻的编译方法。

例 4　利用空间探测器探索未知的外太空，是人类了解宇宙最重要的方式。从 1959 年前苏联向月球发射世界上第一个空间探测器"月球 1 号"以来，人类已经向太空发射了包括人造卫星、宇宙飞船、空间探测器、航天飞机和空间站在内的数千个航天器。在这些航天器中，目前飞到太阳系最远边界的是发射于 1979 年的美国"旅行者 1 号"宇宙飞船。2005 年，美国宇航局报道说"旅行者 1 号"已经进入了太阳系的边缘。以下是关于这一新闻的英文报道和中文编译稿。

英文原稿一：

Voyager I Enters Solar System's Final Lap

Tuesday, May 24, 2005

(1) **PASADENA, Calif. (AP)**—NASA's Voyager I spacecraft has entered the final frontier of our solar system and is cruising its way to a vast area marking the beginning of interstellar space.

(2) The spacecraft, launched 28 years ago, is 8.7 billion miles from the sun in a region called the heliosheath, located just beyond the termination shock, or precursor of the boundary that marks the beginning of interstellar space.

(3) "Voyager I has entered the final lap on its race to the edge of the interstellar space," said Edward Stone, project scientist at the California Institute of Technology in Pasadena, which manages NASA's Jet Propulsion Laboratory.

(4) The findings were presented Tuesday at the American Geophysical Union meeting in New Orleans.

(5) Voyager I still has a decade to go before reaching the heliopause, which marks the beginning of interstellar space and the end of our solar system. Beyond, it's the interstellar medium, made up of the particles cast off by dying stars.

(6) There was disagreement in 2003 over whether the spacecraft penetrated the termination shock, where the solar wind slows abruptly, becoming denser and hotter.

(7) Scientists said recent evidence shows the spacecraft's instruments recorded a sudden increase in the solar wind's magnetic field, which happens when the solar wind slows down.

英文原稿一分析：

英文原稿一是从美国地球物理联合会的一次会议上采访获得的。核心内容是美国的“旅行者1号”飞船已经驶入太阳系的最外层边缘，即将驶入星际空间。英文原稿的导语交代了主要新闻事实；然后在接下来的第2-3段展开导语，具体交代了“旅行者1号”目前所在的位置；第4段交代了新闻的来源；第5段则交代了“旅行者1号”继续飞行将经过的地方；第6段是背景介绍，说明了2003年科学家对“旅行者1号”所在位置的争议；第7段则是说明科学家判断目前“旅行者”号所在位置的依据。

理解本条新闻，必须明白下面几个关键术语，因为它们跟“旅行者”号的所在位置有密切关系：

Heliosheath：日鞘；日鞘层；太阳风鞘

Heliopause：太阳驻点；太阳层顶；太阳风层顶

Termination shock：边界激波；激波边界；终止激震波

这几个术语，英文原稿一都有简单的解释（见下划线部分），但是这些解释不够充分，有必要提供更详细的解释使读者更容易理解一些。当天美国宇航局（NASA）提供了一份新闻稿，里面比较详细地解释了相关术语。

英文原稿二：

NASA NEWS RELEASE

Voyager probe nears edge of interstellar space

May 24, 2005

(1) NASA's Voyager 1 spacecraft has entered the solar system's final frontier. It is entering a vast, turbulent expanse, where the sun's influence ends and the solar wind crashes into the thin gas between stars.

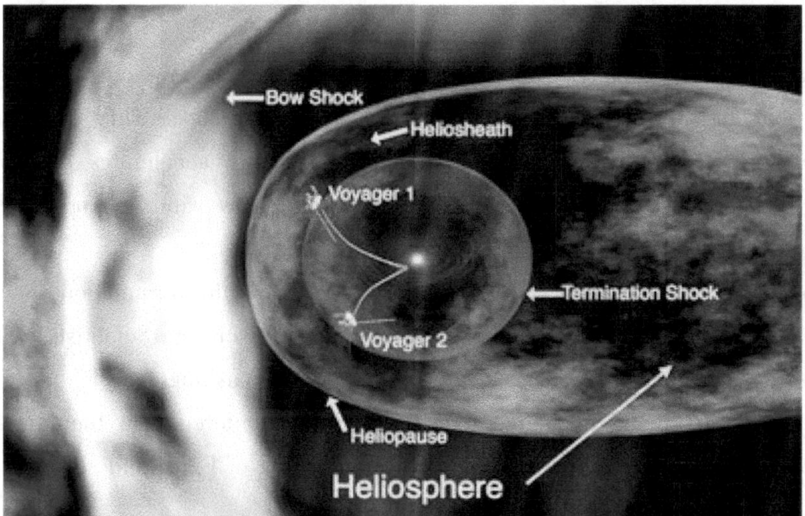

This artist's concept shows the locations of Voyagers 1 and 2. Voyager 1 is traveling a lot and has crossed into the heliosheath, the region where interstellar gas and solar wind start to mix. Credit: NASA/Walt Feimer

(2)"Voyager 1 has entered the final lap on its race to the edge of interstellar space," said Dr.Edward Stone, Voyager project scientist at the California Institute of Technology in Pasadena. Caltech manages NASA's Jet Propulsion Laboratory in Pasadena, which built and operates Voyager 1 and its twin, Voyager 2.

(3) In November 2003, the Voyager team announced it was seeing events unlike any in the mission's then 26-year history. The team believed the unusual events indicated Voyager 1 was approaching a strange region of space, likely the beginning of this new frontier called the termination shock region. There was considerable controversy over whether Voyager 1 had indeed encountered the termination shock or was just getting close.

(4) The termination shock is where the solar wind, a thin stream of electrically charged gas blowing continuously outward from the sun, is slowed by pressure from gas between the stars. At the termination shock, the solar wind slows abruptly from a speed that ranges from 700,000 to 1.5 million mph and becomes denser and hotter. The consensus of the team is Voyager 1, at approximately 8.7 billion miles from the sun, has at last entered the heliosheath, the region beyond the termination shock.

(5) Predicting the location of the termination shock was hard, because the precise conditions in interstellar space are unknown. Also, changes in the speed and pressure of the solar wind cause the termination shock to expand, contract and ripple.

(6) The most persuasive evidence that Voyager 1 crossed the termination shock is its measurement of a sudden increase in the strength of the magnetic field carried by the solar wind, combined with an inferred decrease in its speed. This happens whenever the solar wind slows down.

(7) In December 2004, the Voyager 1 dual magnetometers observed the magnetic field strength suddenly increasing by a factor of approximately 2 1/2, as expected when the solar wind slows down. The magnetic field has remained at these high levels since December. NASA's Goddard Space Flight Center, Greenbelt, Md., built the magnetometers.

(8) Voyager 1 also observed an increase in the number of high-speed electrically charged electrons and ions and a burst of plasma wave noise before the shock. This would be expected if Voyager 1 passed the termination shock. The shock naturally accelerates electrically charged particles that bounce back and forth between the fast and slow winds on opposite sides of the shock, and these particles can generate plasma waves.

(9)"Voyager's observations over the past few years show the termination shock is far more complicated than anyone thought," said Dr. Eric Christian, Discipline Scientist for the Sun-Solar System Connection research program at NASA Headquarters, Washington.

(10) The result is being presented today at a press conference in the Morial Convention Center, New Orleans, during the 2005 Joint Assembly meeting of Earth and space.

英文原稿二分析:

英文原稿二的第 1 段在介绍"旅行者 1 号"飞船目前的位置时就使用定语和定语从句对 heliosheath(日鞘;太阳风鞘)做出了解释,其后的配图更是直观地描述了太阳系的结构以及两艘“旅行者 1 号”飞船目前的位置。第 3-8 段详细介绍了 2003 年科学家们对“旅行者 1 号”位置争议的原因以及他们对目前该飞船所在位置达成的一致意见。其中,第 4 段详细解释了 termination shock(边界激波;激波边界)及其特点;第 5 段解释了科学家争议的原因在于激波边界难以预测;第 6-7 段是科学家判断“旅行者 1 号”目前位置的第一个依据——磁场变化;第 8 段是科学家判断“旅行者 1 号”目前位置的第二个依据——高速电子和离子(electrons and ions);第 9 段是一段关于激波边界的引语;最后一段是新闻的来源。

英文原稿二提供了英文原稿一中交代得不是特别清楚的解释,可以作为英文原稿一的有益补充。

以下是综合英文原稿一和英文原稿二编译出来的汉语新闻稿。

汉语编译稿:

美“旅行者”飞船即将飞出太阳系

2005 年 5 月 25 日

(1)**新华社洛杉矶 5 月 24 日电**　——美国宇航局下属的喷气推进实验室 24 日说,1977 年发射的“旅行者 1 号”飞船经过漫长的旅行,已飞出了太阳系的激波边界,即将成为第一个进入太阳系外空间的人造航天器。

(2)在近 28 年的飞行后,“旅行者 1 号”目前距太阳近 140 亿公里。它所在的区域里,太阳的影响已急剧减弱,带电荷的太阳风急剧减速后已变成了稀薄的恒星间气体,这里被称为太阳风鞘。

(3)“旅行者”项目科学家爱德华·斯通形象地比喻说,这艘飞船如今已进入“长跑最后一圈”,它正在探测太阳系最外层的边界。在远离太阳的黑暗、寒冷空间,“旅行者 1 号”依靠它装备的放射性同位素热电机组驱动。

(4)在 2003 年 11 月,喷气推进实验室的科学家曾发现“旅行者 1 号”观测到了一些前所未有的迹象,并判断它已进入激波边界。但因为没有人知道激波边界的确切标志,这一观点引起相当大的争议,部分科学家认为它只是接近了这一区域而已。

(5)激波边界是太阳风在恒星间气体压力下减速的地带。在这个地带,太阳风从每小时 100 万至 240 万公里的高速急剧下降,其粒子密度更大,温度也升高了。科学家认为,由于恒星间气体压力变化,这个区域经常收缩或膨胀,很难清晰确定边界。

(6)这次,科学家根据两个特征一致判断“旅行者 1 号”已飞出了激波边界。第一,去年 12 月飞船探测到周围磁场强度急剧增加,到现在磁场都维持在高强度上,这说明太阳风粒子的减速过程已经完成。第二,飞船探测到周围有等离子体波浪,这是激波边界内外太阳风速不同、使带电粒子来回振荡而导致的。

(7)太阳风鞘状如泪滴,“旅行者 1 号”将从它最薄的地方飞出去,当它穿越太阳风鞘的外缘边界——太阳风层顶之后,才算真正飞到了太阳系之外的银河系空间。科学家说,这可能还要几年时间。它的孪生飞船“旅行者 2 号”正沿另一条轨道飞出太阳系,目前距太阳也有 100 亿公里。美宇航局预计,这两艘飞船将至少运行到 2020 年。

(8)1977 年 9 月 5 日发射的“旅行者 1 号”飞船,是飞得最远的人造航天器。著名科学家卡尔·萨根等人让它携带了“地球名片”,这是一个刻着各种几何图案的镀金铜片,飞船上还有地球上各种声音的记录。这些是为了让可能存在的外星智慧生命知道地球生命。

汉语编译稿点评：

英文编译稿较好地融合了英文原稿一和英文原稿二的内容：主体结构基本采用了英文原稿一的结构，英文原稿二的内容作为参考对英文原稿一进行了补充。第2段提到太阳风鞘时，使用的解释就来源于英文原稿二。第4-6段介绍了激波边界以及2003年科学家因此对“旅行者1号”位置的争议，以及这次他们比较一致的意见及判断依据。第7段是对“旅行者1号”下一段飞行位置的说明，并解释了另一个术语heliopause（太阳风层顶），此段还补充交代了英文原稿中没有交代的孪生飞船“旅行者2号”的相关情况。最后一段是背景，介绍了“旅行者1号”飞船。汉语编译稿，事实、背景清楚，相关术语解释完整，即使是不太了解地球物理知识的普通读者，也能轻易看懂这条新闻。

> 在科技新闻中，解释科学术语十分必要，特别是像本例这样出现新的概念时，更有必要加以解释。如果英文原稿中对重要术语没有提供解释，或者解释得不够清晰，编辑或者记者在进行汉语编译处理时，要参考其他资料，补充相应的解释。
>
> 科学术语的解释，可以根据该术语在报道中的重要性及其本身内涵的复杂性来确定解释的形式。
>
> 1. 对那些在报道中不起重要作用或本身内涵一两句话就能解释清楚的专业术语，可采取括号解释法来解释，即在其后加括号，并将解释置于括号中。注意要在报道中第一次出现科学术语的位置加注。
> 2. 在报道中起重大作用且本身内涵一两句话解释不清的专业术语，可采取单独解释法来解释，即在报道中单独用一段或几段文字对术语进行解释。单独的解释位置比较灵活，可以像本例这样紧跟在术语之后，或是放在报道主体部分开头的第一段，或倒金字塔结构的结尾部分，还可以单独成篇附在新闻稿的后面。

例5 宇宙空间站是太空中宇航员的“家”和“工作站”，是太空的“实验中心”。在目前的宇宙空间站里，以美国、俄罗斯为首，加拿大、日本、巴西和欧空局参与建设的国际空间站（ISS）是最大的。这个太空中多国宇航员的“家”，也像日常的房子一样需要维护。2007年9月，空间站的一个太阳能电池板接头出现故障，导致运转不畅。为了清理这个故障，空间站的宇航员在随后一年多的时间中进行了多次太空行走，以下是对其中一次维修任务的英文报道及其中文编译稿。

英文原稿：

Astronauts Successfully Finish Clean and Lube Job

By MARCIA DUNN, AP Aerospace Writer | 24 Nov 2008

(1) **CAPE CANAVERAL, Fla.**—Astronauts successfully carried out one last spacewalk Monday, finishing an unprecedented clean and lube job that they began a week ago at the international space station.

(2) Spacewalker Stephen Bowen wrapped up work on a jammed solar-wing rotary joint as his

partner, Shane Kimbrough, squirted some extra grease as a precaution on another joint that is working fine.

(3) When the repairs to the gummed-up joint were deemed complete, Mission Control radioed up its applause.

(4) "Finally," Bowen exclaimed. "Thanks for your work," replied Mission Control, erupting in laughter.

(5) Just before Monday's spacewalk began, NASA added a 16th day to space shuttle Endeavour's mission. Managers wanted to give the astronauts more time to fix a machine that's supposed to turn urine into drinking water; additional repairs were performed Monday for the fifth day in a row.

(6) The $154 million recycling equipment was delivered by Endeavour, along with other home makeover items needed to expand the space station crew to six next year.

(7) Monday's spacewalk was the fourth for Endeavour's astronauts, and it lasted more than six hours. Greasy repair work on the clogged joint consumed most of their time on all four outings.

(8) The rotary joint on the right side of the space station hasn't worked properly for more than a year, preventing the solar wings on that side from pointing automatically toward the sun. Grinding parts left the joint full of metal shavings.

(9) Almost all the gritty mess was cleaned up during the first three spacewalks and new bearings were put in. Bowen finished the job Monday, paving the way for a test of the newly repaired joint Tuesday. Regardless of the outcome, more spacewalks are planned on later missions for a better, longer-term fix.

(10) An identical joint on the left side of the orbiting complex has worked perfectly, but NASA wanted the spacewalkers to grease it up to ensure its longevity. Once they opened up this joint, the astronauts noticed wear on some parts.

(11) The dialogue between the spacewalkers and the astronauts inside was technical and full of numbers denoting the various panels on the joints. "Too many numbers," one of the spacewalkers grumbled.

(12) As they have before, the spacewalkers had to share grease guns 225 miles up. There was one less tool kit after a sack full of grease guns and other items floated away on the first spacewalk last Tuesday.

(13) Inside the space station, meanwhile, skipper Mike Fincke performed more repair work on the new urine processor.

(14) NASA was hoping for a full four-hour test run Monday following Fincke's tinkering. On Sunday, the urine processor shut down after operating less than three hours; before, it never even made it that far.

(15) When informed more urine might be needed, Fincke said, "Well, we've got a very adequate supply of yesterday's coffee to help." Mission Control then joked: "We'll see if we need to add some Diet Coke to the plan." For the record, there is no Diet Coke—or any other soda—up there.

(16) The astronauts have managed to collect samples of the recycled water for return to Earth aboard Endeavour, relying mostly on converted condensation. NASA would prefer more urine in the mix; that's the way the system was designed.

(17) No one can drink the recycled water until tests show it's safe. Additional samples will be returned on the next space shuttle flight in February, to confirm everything is working properly. NASA's goal is to have six people living on the space station by June.

(18) The extra day in space for Endeavour now means that the two crews—eight men and two women—will celebrate Thanksgiving together and not part company until Friday. Endeavour's touchdown is now scheduled for Sunday.

英文原稿分析:

英文原稿围绕着国际空间站上的美国宇航员在室内和室外的两项维修任务展开,其中,室外维修太阳能电池板接头是更为重要的工作。为了增加新闻的现场感和可读性,记者还截取了控制中心同宇航员的对话片段来增加新闻的生动性。英文原稿的内容安排如下:

标题	强调宇航员完成了国际空间站的清理和润滑工作
Para 1	概括主要新闻事实:宇航员进行太空行走,完成空间站的清理和润滑工作
Para 2-4	交代了第一项室外太阳板接头维修工作完成的瞬间
Para 5-6	交代了宇航员的第二项工作:修理水循环设备
Para 7-12	详细介绍了第一项修理工作的具体细节和修理过程
Para 13-17	详细介绍了第二项修理工作的内容及其意义
Para 18	介绍了"奋进号"航天飞机的返航日期

英文原稿出于结构需要,在介绍完宇航员最重要的修理工作后,插入介绍了其第二项修理工作,编辑在进行编译处理时,可以根据汉语的叙事逻辑,将相关部分内容压缩合并处理。

汉语编译稿:

美宇航员完成空间站外太阳能板维修任务

2008年11月24日

(1) **新华社华盛顿11月24日电** 美国"奋进号"航天飞机机组两名宇航员24日再度出舱进行太空行走,最终完成了国际空间站外太阳能电池板接头的维修任务。

(2) 据美国宇航局电视台报道,执行这次太空行走任务的是宇航员史蒂夫·鲍恩和沙恩·金布罗。两人出舱后,分头行动。鲍恩继续修理右侧太阳能电池板接头,他顺利更换了最后一个轴承,修好了这个"难缠"的巨型接头。金布罗当天则按照计划来到空间站左侧的太阳能电池板接头处,为其喷涂润滑剂,防止它出现类似右侧接头的故障。

(3) 右侧太阳能电池板接头自去年9月就运转不畅。美宇航局地面控制专家制定了"清理碎屑、喷涂润滑剂、更换全部轴承"的修理方案。由于整个程序费时费力,因此右侧接头的修理耗去了"奋进号"机组前后4次太空行走的大部分时间。美宇航局接下来将试运行右侧接头,以检验修理效果。

(4) 这是"奋进号"停留空间站期间的第四次、也是最后一次太空行走。在持续6小时7分钟的作业中,除维护两侧太阳能电池板接头,宇航员还在空间站外给"希望号"实验舱安装了一个视频摄像设备,并新装了一套用于导航定位的天线。

(5)其他机组宇航员以及空间站常驻宇航员当天则忙着查找一套水循环设备的故障原因。这套设备由"奋进号"送到空间站,可将宇航员的尿液及站内空气中的水分加工处理成可饮用水,是下一步保证空间站常驻人员扩编的重要设施。但在这几天的测试中,该设备持续运行的时间短于预设时间。

(6)为方便宇航员有更多时间检修、测试这套水循环设备,美国宇航局当天早些时候宣布,"奋进号"将在空间站多停留一天。它将于28日脱离空间站,开始返航。

汉语编译稿点评:

汉语编译稿对英文原稿进行了较大程度的概括、压缩合并,并删除了宇航员同控制中心的对话等内容。汉语编译稿从导语段至第四段都围绕着宇航员的最重要的工作——维修太阳能电池板接头——展开,这部分内容分散在英文原稿的第1-2段和第7-10段。汉语编译稿的第5-6段则交代了宇航员的第二项修理工作——修理水循环设备,这部分内容是对英文原稿第5-6段、第13-18段内容的概括。经过处理的汉语编译稿,内容更集中、更清晰,也更符合中国人的阅读习惯。

值得注意的是,汉语编译稿中画线部分的内容为英文原稿所没有,是记者根据相关背景和其他报道补充进去的。

从上述两个例子中可以看出,宇宙探索类新闻的编译方法同科学类发现类新闻基本一致:

1. 首先需要说明探索的成果或者实验意图等,再围绕这个核心点展开叙述,并交代探索或实验的意义,中间辅以必要的科学术语和科学原理的解释和说明。
2. 为了使编译后的文稿通俗易懂、生动有趣,在编译的过程中,一方面尽量引用专家的话(特别是通俗易懂的比)对探索发现进行解读;另一方面尽可能加入人物的活动、对话等,增加报道的"人气"和现场感,避免使科学报道看起来"高""冷",或者只是科学家的事情。

前面这条科技新闻报道,因为有了对人的活动的描写,显得生动多了。科技新闻理应同人们的实际生活相结合,以更平易的方式传播。只有贴近生活、贴近普通人的科技新闻报道才会吸引受众的注意。

第四节 医疗、生活科技类新闻的编译

虽然对于科学技术到底是否造福于人类的争辩不会停止,但是医疗科技的进步使许多过去的不治之症变得可以治疗却是一个不争的事实。科学技术在医疗领域带给人类的福祉是非常明显的。医疗领域的科技进步不仅提高了世界范围内的疾控水平和疑难杂症的治疗水平,延长了人类的寿命,还降低了医疗成本。

国际医疗领域的新成果,事关人类自身的健康和疾病治疗,具有很广泛的受众基础,对于国内的读者也具有很强的吸引力。及时报道国际医疗领域的最新研究进展和技术突破,

是国际新闻记者和编辑满足国内读者信息需求、做好国际新闻报道的要求之一。

例 6 眼睛是人类最精密的器官之一,由于其精密性,治疗眼疾也一直是医学界面临的挑战。随着基因技术的进步,英国科学家探索出一种治疗先天性视力障碍的方法,以下是英国《独立报》对这一治疗眼疾技术的英文报道及其中文编译稿。

英文原稿:

Science In The 21st Century:Miracle In Sight

A cure for blindness is the breakthrough every scientist working in the field of opthalmology dreams about.Now,a team of gene therapy researchers at Moorfields Hospital May be on the brink.

By Jeremy Laurance,*The Independent* | 02 May 2007

(1)British scientists have claimed a world first for a new form of gene therapy that could help the blind to see.

(2)Specialists at University College London and Moorfields Eye Hospital are testing the revolutionary treatment on 12 patients,who are aged between eight and their mid-20s,and have an inherited eye disorder.

(3)The technique has already been shown to work in animals affected by the same disorder, called inherited retinal degeneration,and their sight was restored after treatment.

(4)If proved successful in humans,the scientists hope the technique can be extended to other forms of eye disease that affect hundreds of thousands of people in Britain and millions around the world.Professor Robin Ali,who is leading the research,said it was"very exciting"and represented "a huge step towards establishing gene therapy for the treatment of many different eye conditions".

(5)But the professor warned that the work was at an early stage aimed at establishing the safety and efficacy of gene transfer to the eye,and that gene therapy for many common conditions including macular degeneration,which affects about 500,000 mainly elderly people in Britain,was many years away.

(6) Professor Ali, the head of the division of molecular therapy at UCL's Institute of Ophthalmology said:"If we can establish the technique of delivering genes to the retina,it paves the way for applying it to other inherited disorders for which there is currently no treatment.Then in the longer term that could open the way to the treatment of common conditions such as macular degeneration,for which there are treatments but which aren't particularly good."

(7)"The advantage of using gene therapy over drugs is that you can give it as a single treatment to the back of the eye,avoiding the need for repeated use of drugs.We anticipate the gene transfer is life long."

(8)Robert Johnson,23,one of the 12 patients in the trial,was born with an inherited disorder called Leber's congenital amaurosis,which has caused his sight to deteriorate progressively.

(9)Mr.Johsnon is able to see outlines of objects in daylight but very little after dark and he has been told that his sight will worsen as he ages.

(10)On the day of his operation a few weeks ago,he told the BBC his mood was swinging from“extreme nervousness”to“a bit of excitement”. It will be months before he experiences any benefits from the treatment and only then will the researchers be able to declare it a success.

(11) Mr. Johnson's disorder is caused by a fault in a single gene called RPE65. The operation involved injecting normal versions of the defective gene into the pigment cells at the back of the eye. The gene is carried by a virus-modified to render it harmless-which inserts it into the cells' DNA.

(12) The procedure had never been attempted before and was the riskiest part of the treatment, requiring extreme surgical precision. In order to deliver the gene to as many cells as possible, a large volume of solution was injected sufficient to lift the retina causing a temporary detachment. The retina is delicate and one slip could have torn it, destroying Mr. Johnson's remaining sight. Mr Johnson was monitored to ensure his retina reattached within 24 hours.

(13) James Bainbridge, a consultant ophthalmologist at Moorfields who carried out the operation on Mr. Johnson, said he was pleased with the outcome of the surgery but there was no guarantee it would be a success.“It is very encouraging that we can deliver genes to an extremely fragile site in the eye without complications. But we don't know for sure how someone like Robert's retina will behave in this situation,”said Dr. Bainbridge.

(14) The research team has been experimenting with gene therapy for 15 years but this is the first trial in humans. Dogs affected by the disorder who were treated with the technique had their vision improved to the point where they could walk through a maze without difficulty, which they had previously been unable to do.

(15) As inherited retinal degeneration is a progressive disorder, the best results are likely to be seen in the youngest patients, whose sight has deteriorated least. Professor Tony Moore, a retinal specialist at UCL and part of the research team, said:“Some indications of the results of the trial may be available within several months. It will be many months before we have the full picture.”

(16) The announcement of the trial was welcomed by specialists in genetics. Professor Leonard Seymour, the president of the British Society for Gene Therapy, said:“The retina is a really good place for gene therapy because it can be accessed by direct injection-overcoming the problem of gene delivery. When gene delivery is efficient, the whole power of gene therapy is unleashed. The diseased cells in the retina are well documented-there is a good chance of success here.”

(17) The research is supported with £1m from the Department of Health. Lord Hunt, the Health minister, said yesterday:“The UK leads Europe in gene therapy with over 40 per cent of clinical trials, second only to the US.”

英文原稿分析：

英文原稿虽然段落较多，但大致可以分为三个部分：从导语段到第 7 段是整条新闻的核心，交代了新的基因疗法的大致情况；第 8－13 段为第二部分，介绍了一位叫 ROBERT JOHNSON 的病人接受实验疗法的具体情况，这部分旨在说明这一疗法对普通病人的意义；第 14 段至结尾为第三部分，补充交代了与这一新疗法相关的其他方面的情况，如实验结果、医学界反应及这一新疗法的领先意义等。其中，新闻第一部分，也就是重点部分的内容安排如下：

主副标题　强调科研人员正在试验的一种基因疗法可能创造恢复视力的奇迹

Para 1-2　概括了新闻的核心：科学家正在患有先天眼科疾病的病人身上试验一种新基因疗法

Para 3　交代了这一疗法在动物身上实验的结果

Para 4　指明了这一疗法对其他眼科疾病治疗的推广效果

Para 5　说明了这一疗法目前的局限性

Para 6　引用科学家的话再次说明这一疗法对治疗其他眼科疾病的意义

Para 7　引用科学家的话说明这一疗法的优势

以上内容中，Para 4 和 Para 6 的内容有些重叠，可以合并处理。

汉语编译稿：

英科学家研究帮助盲人复明的新基因疗法

2007 年 5 月 7 日

(1)**新华社伦敦 5 月 6 日电**　据英国《独立报》日前报道，伦敦大学学院和穆尔菲尔兹眼科医院的专家正对 12 名患先天性视力障碍的病人试验一种新的基因治疗方法，如果治疗成功，将有望使盲人重见光明。

(2)领导这项研究的罗宾·阿里教授说："如果我们能够掌握把基因移植到视网膜的技术，就能为其用于目前无法治疗的其他先天性疾病铺平道路。从长远看，它可以为治疗黄斑变性之类的常见病开辟道路。"

(3)科学家此前已通过试验证明这种技术对患有先天性视网膜变性的动物有效，在经过治疗后，患病动物恢复了视力。

(4)阿里指出，这是人类朝着基因治疗各种眼科疾病目标迈出的一大步。与传统的药物治疗方法相比，基因治疗的优势在于一次性治愈，避免重复用药。

(5)但他同时表示，研究工作还处于早期阶段，目的是保证眼部基因移植的安全和有效，用基因治疗包括黄斑变性在内的许多常见疾病还需要长期探索。(来源：新华社)

汉语编译稿点评：

新华社记者的报道只截取了英文原稿的第一部分内容进行编译，而且对这部分内容的叙述顺序进行了一些调整。在结构汉语编译稿时，记者在交代了主要新闻事实后，立刻引用科学家的话介绍这一新疗法的意义，然后才是这一疗法在动物身上试验的结果。这么安排是因为这一疗法目前虽然只在一种眼科疾病的治疗上进行试验，但其前景及其在其他眼科疾病上的推广对于更多眼科疾病患者来说意义更大。在这种疗法的优势后，记者在编译稿的最后交代了这一疗法的局限，使读者对这一疗法有了更为客观和全面的认识。另外，汉语编译稿的标题去除了英文原稿中略微有些浮夸的写法，显得更加平实。

医疗科技类的新闻受众面较广，在进行编译报道时要注意以下几点：
1. 事实的报道一定要准确，千万不能夸大技术和机械的治疗效果，以免误导受众和消费者。
2. 要准确说明可以治疗的疾病类型，不要让受众误以为某种方法可以“包治百病”。
3. 尚处于试验阶段，还没有进入临床应用的医疗技术和手段，在新闻稿中一定要报道清楚试验目前进展到哪一步了，离临床应用还有多远，以使受众有一个准确的概念。

例 7　人类医疗技术的进步不仅仅只造福于人类，甚至还扩大到了动物治疗的领域。英国《每日邮报》2008 年的一则新闻，报道了南非兽医利用针灸治愈一只患有哮喘的宠物猫的事情。下面是这篇报道的英文原稿和中文编译稿。

英文原稿：

Feline Good: Asthmatic Cat Treated With Acupuncture

Daily Mail | 18th December 2008

(1) A cat that suffered asthma and a cough for three years has been cured, after her owner shunned traditional treatments and gave her pet a course of acupuncture.

(2) South African alternative therapist Virginia Sanders turned to needle-based treatment to help her eleven-year-old Siamese cat Kiki.

(3) Kiki had been given cortisone injections for her asthma but Ms. Sanders was worried this might eventually damage the moggie's liver.

(4) She approached a holistic veterinarian who recommended the unconventional treatment.

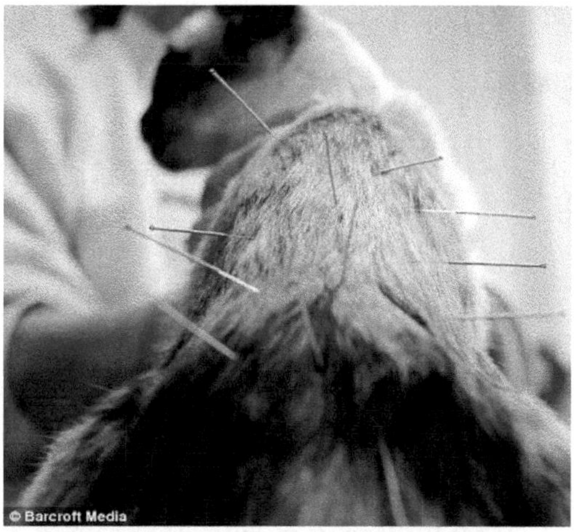

Virginia Sanders soothes her cat Kiki during an acupuncture treatment

(5) "Kiki received acupuncture treatment, which will help her body to heal itself," Ms. Sanders said.

(6) "She has already received three treatments, and her condition has improved a lot. She still has a few 'old person's' problems, like a stiff back."

(7) According to vet Dr. Barry Hindmarch, alternative treatments can be used on animals to relieve skin problems, chronic arthritis, kidney problems and cat AIDS.

(8) "Infertile horses have been treated with homeopathic methods, and even livestock like cows with infections in their udders can be treated," he added.

(9) Hindmarch says nature's gifts are used to supplement conventional medicine.

(10) "The animal is being treated holistically," he says.

(11) "We look at it's medical history, natural diet, surroundings, and we try to figure out a

natural option. Animals also have emotional problems. They grieve, get anxious, some get traumatised, and then it makes a big difference treating them holistically.

(12) "All conventional treatment methods are exhausted before we decide on a holistic method. With alternative medication we try to improve the animal's quality of living."

Kiki is feeling much better after a course of alternative therapy

英文原稿分析：

英文原稿的篇幅不长，报道的内容也比较集中，从一只猫的治疗谈到了替代疗法（"另类"疗法）对治疗动物疾病的意义。新闻的内容安排如下：

Para 1	概括主要新闻事实：南非一只患有哮喘的猫咪经过针灸治疗治好了病
Para 2-6	讲述猫咪从西药疗法转入中医针灸治疗的过程
Para 7-8	引用兽医的话说明替代疗法可以治疗的动物疾病类型
Para 9-12	引用兽医的话解释替代疗法的治疗原理

汉语编译稿：

南非宠物猫接受针灸治疗　哮喘咳嗽接受三年终见好转

2008 年 12 月 19 日

(1) **据英国《每日邮报》报道**　南非一只暹罗猫患有哮喘病，咳嗽了三年之久，它的主人放弃传统哮喘治疗办法改用针灸治疗后，暹罗猫的哮喘病已经大大减轻。

(2) 这只 11 岁大的暹罗猫 Kiki 最先被注射可的松来治哮喘，但它的主人维吉尼亚·桑德斯女士担心这会损坏它的肝脏。后来有兽医推荐用针灸方法来治疗猫的哮喘，于是 Kiki 接受了针灸治疗。三次针灸治疗之后，Kiki 的状况改善了很多。

(3) 据悉，30 多年前，欧洲兽医学者翻译了不少中国典籍，将动物针灸普及。大约 10 年前，欧美等地的兽医开始广泛使用针灸为重病动物治疗，效果显著。（来源：新华网；稍有修改）

汉语编译稿点评：

汉语编译稿对英文原稿做了较大幅度的删减，只保留了英文原稿中关于南非猫咪使用针灸疗法治病的内容，关于替代疗法的治疗范围以及治疗原理都予以删除。这样做是因为关于针灸疗法和新闻中提到的中医的治疗理念，大多数中国人都比较清楚，没必要在汉语稿中重复。而中医疗法治好了外国猫，这个才是中国读者最感兴趣的内容，所以编辑在汉语编译稿的最后一段增加了英文原稿没有的背景信息，补充交代了中医针灸疗法在欧美等地动物治疗上的效果。

小结：

1.医疗技术类新闻的编译也要兼顾信息性和可读性，一切要以目标读者(国内受众)的需要为出发点。

2.如果某一种治疗方法为国内受众所熟悉，在编译的过程中不必交代相应的背景。这一点在其他类型的新闻编译中适用，在科技新闻的编译中依然适用。

3.国际科技新闻编译中有“中国因素”时，需要突出显示。

一些生活小发明和小科技，因为与普通读者的生活有着更为密切的关系，因此，关于这些生活小发明和小科技的新闻要比医疗健康类的新闻更受欢迎。事实上，科学技术与人们日常生活中的吃、穿、住、用、行处处紧密相连，人们生活条件的改善均需科技作为支撑。编译好生活科技类新闻，在“科技”与“人情”的结合上做文章，是拉近科技新闻与受众距离的方法之一。

例 8　世界上有女人的地方肯定就会有镜子，而且女人们在照镜子时，一定会感叹镜子的局限性，无法让她们全方位地看到自己，让自己的妆容做到 360 度无死角。不过，好消息是，英国的一家镜子生产商设计出一种 360 度终极化妆镜，尽可以满足爱美人士对镜子的全面需求。下面是对这种镜子的英文报道及其汉语编译稿。

英文原稿：

360 Degree Mirror "Every Woman's Dream"

01 Jan 2009, *Telegraph*

(1) The ultimate vanity mirror has been invented that gives a 360 degree view of its users' head and could be the answer to every woman's prayers.

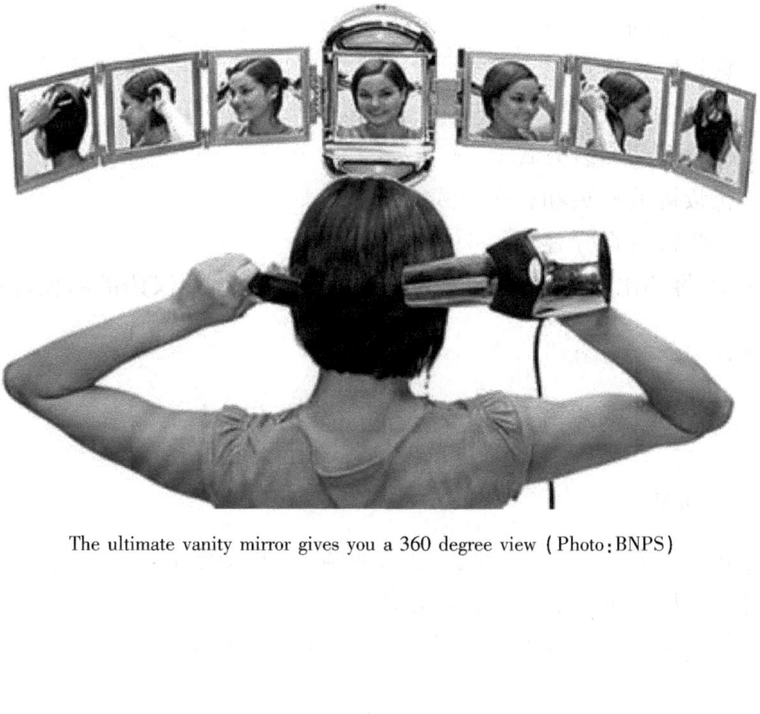

The ultimate vanity mirror gives you a 360 degree view (Photo: BNPS)

(2) The gadget is made up of seven individual mirrored panels that wrap right around the body giving a perfect view.

(3) One main mirror is fixed to the wall and the others are attached to two extendable arms on either side.

(4) Each of the six inch arms have a concertina mechanism which helps them to bend around the person who stands in the middle.

(5) When the arms are opened out, the seven panels, which are four inches high, display every single angle of their head-including the very back.

(6) It means that its user can use both hands to style their hair while still being able to see how it looks all the way around.

(7) The mirror can then be folded back up like an accordion and into the main panel for storage.

(8) The 360 Mirror lights up and can be screwed to the wall or stuck on bathroom tiles with suction pads.

(9) It can be bought for £ 18 via the internet and shipped to Britain by distributing company Old Fashioned Values, based in Kansas City, US.

(10) Sam Marcos, from Old Fashioned Values, said: "The target audience for this product is mainly women but men do like it as well."

英文原稿分析:

英文原稿虽然段落较多,但篇幅并不长,是一篇简单易读的科技小新闻。仔细分析英文原稿的段落安排,可以看到整条新闻的重点还是介绍这种360度化妆镜的工作原理。新闻的具体内容安排如下:

Para 1　概括主要新闻事实:一种360度无死角的终极化妆镜诞生
Para 2-5　化妆镜的工作原理
Para 6　化妆镜的优点
Para 7　化妆镜的收纳方式
Para 8　化妆镜的安装方式
Para 9　化妆镜的购买和运送方式
Para 10　化妆镜的目标客户

英文原稿的段落都比较短小,编辑在编译处理时可以按照汉语的习惯进行段落合并。

汉语编译稿:

终极化妆镜诞生 使用者可以从任何方位看到自己

2009年1月4日

360°全方位化妆镜

(1) **新快报讯** 据英国《每日电讯报》2日报道:一种女性梦寐以求的终极化妆镜已经诞生,它可以让使用者从任何一个方位看到自己,做到全方位照镜。

(2) 这种化妆镜由七个镶镜的板组成,它可以360°环绕身体,让使用者对自己真真正正

这种化妆镜由七个镶镜的板组成

一览无遗。镜子高4英寸(约10厘米),主镜固定在墙上,其他镜子则连在主镜两侧,成为镜翼。每个镜翼都有一个折叠装置,长6英寸(约15厘米),可以伸出来环绕站在中间的使用者。当两翼展开,这七个镜子便可以让使用者从每个角度看到自己的头部,包括脑后。

(3)使用者可以两手梳理头发,同时又可以全方位观看其效果。

(4)使用完毕后,两翼的镜子可以像手风琴那样折叠到主镜后面。镜子还具有照明功能,可以用螺丝钉固定在墙上或用吸力垫固定在浴室瓷砖上。

(5)据悉,这种镜子可从网上购买,售价为18英镑(约合185元人民币)。(来源:《新快报》;略有修改)

汉语编译稿点评:

汉语编译稿基本遵从了英文原稿的结构,但是按照汉语的表达习惯,对英文原稿的段落进行了合并处理。具体来说就是把原稿介绍化妆镜工作原理的内容(第2-5段)整理在了汉语稿的第2段中,把原稿涉及镜子的收纳方式、安装方式、购买方式的内容整理在了汉语稿的第4段中。经过整理的汉语稿看起来清晰、简洁,避免了完全按照英文原稿翻译的零碎感。

值得注意的是,汉语编译稿在引用英文原稿的配图时,图片说明发生了变化,原稿强调的是镜子360度的视角,而编译稿则强调的是镜子的结构,大概是因为图片上7个镜子更明显和直观一些。

从上例中我们可以总结出生活科技类新闻编译的基本方法：

1. 生活科技类新闻的英文原稿一般简洁精练，在进行汉语编译时，大多数情况下只需遵循原稿编译出主要事实即可。
2. 在对此类英语新闻进行编译时，要着重强调科技发明给人们生活带来的方便，写作时可以使用更加贴近受众的语气。
3. 当图片可以比较直观地说明科技发明时要加以应用。

以上的编译实例说明，枯燥和教条不应该是科技新闻本来的面目，科技新闻完全可以用更具体、形象、生动，更能贴近普通人的方式传播，实实在在地成为大家喜闻乐见、入脑入心的新闻。

需要注意的是，科技新闻报道也要避免过分地"娱乐化""通俗化"和"庸俗化"，这种做法会减弱科技新闻的科学性和理性，使科技新闻处于一种游离于科学之外的漂浮状态，从而失去其真正的传播价值。

最后要说的是，科技是一把双刃剑。在科技进步给我们的吃、穿、住、行、用带来诸多便利的同时，也导致了环境污染、全球变暖和资源过度开采、浪费、枯竭等一系列生存问题，以及世界范围内的贫富分化加剧等社会问题。科技报道要不能只一味地在媒体上宣扬科学技术带来的好处；对于科学非理性的一面，即科技带来的负面效应，也需要理性反思、认真报道。总之，科技报道要有一定的规矩和章法，科技新闻工作者也要有严谨认真的态度和精神，明辨是非，宣传科学，揭露伪科学，提防各种不良报道形式，净化科技报道的风气。

复习思考题：

1. 科技新闻具有哪些特点？怎样做好科技新闻编译？
2. 从国内和国外媒体上分别选择一些中文和英文科技新闻报道的例子，比较国内和国外科技新闻报道的异同。
3. 认真研究你所选择的中文和英文科技报道，看看中外媒体是如何处理科学术语和科学原理的。这对你有什么启发？
4. 如何增强科技新闻的可读性和易读性？
5. 科学成果、科学发现类新闻的编译要点有哪些？
6. 编辑在进行医疗健康类科技新闻编译时需要注意什么？
7. 怎样才能编译好重大和抽象的科技新闻报道？有哪些可应用的方法？
8. 科技新闻的编译中需要避免哪些不良做法？

第七章　国际体育新闻

国际体育新闻,是国际新闻家族中的独特一员。它报道国际体坛风云,记录世界体育赛事,关注国际运动明星,拥有忠实的受众群体。国际新闻编译,自然不会缺少对这一新闻题材的探究和尝试。

第一节　体育新闻的分类与要素

一、体育新闻的定义

体育新闻是对新近或正在发生的体育事实的报道。在英语中与体育对应的词,分别为:physical education,指以身体活动为手段的教育;physical education and sports,直译为“体育与运动”,指一切非生产性的体力活动,即从兴趣出发,以竞技为目的和以强身健体为目的的体力活动;athletic sports,直译为“竞技体育”或“体育运动”。现代体育分为大众体育和竞技体育两部分。大众体育是指以健身、娱乐、休闲、医疗和康复为目的的体育活动,或者说是社会大众参与的一般性体育活动。竞技体育是以竞赛为目的的体育运动。

体育新闻,广义上来说,指对以上体育活动的报道;从新闻实践来看,目前体育新闻报道的对象主要是竞技体育活动。

二、体育新闻的分类

在中国的体育新闻实践中,主要报道的是各种竞赛,较少涉猎大众体育。我们观察得到的各国媒体,其体育新闻的主要报道对象也是职业竞技、各类重要比赛和大型运动会等观赏性竞技活动。

在竞技类体育新闻中,多数媒体将新闻按照赛事类别进行划分,并专门设置重大赛事专版。中国体育新闻编译的选题主要集中在欧洲足球赛场和美国职业篮球 NBA 赛场。以新浪、搜狐两个主要门户网站为例,其国外体育新闻的报道主要分为三大板块:欧洲足球、NBA和综合体育。在综合体育板块,以在国内有较大影响力的体育事件为主要报道对象。以下为 2014 年 3 月 30 日搜狐体育综合体育板块的部分新闻标题,它们分别报道了赛车、围棋和网球,可以佐证。

梅赛德斯包揽 F1 大马站前二 小汉夺冠莱科宁零分

十番棋古力止连败危势　8 天 3 胜李世石总比分 1 比 2

戴杯 1/4 决赛:穆雷率英国赴意 瑞士队双星闪耀

李娜小威调侃“老女人决战”自揭保持状态秘诀

李娜凭亚军再追小威400分 积分差距已逼近5000

在传统媒体上，国际体育新闻大都按照比赛的类别以及各大赛事进行分类报道。围绕某一比赛，按照报道的性质，有赛后战报类赛事新闻，以及围绕体育明星的言论、去向、情感等场外新闻。

综上所述，国际体育新闻可以分为两类：一类是赛事类新闻，包括大型综合类比赛（如奥运会）新闻和专项比赛（如足球、篮球、网球、赛车等）新闻；另一类是赛场外新闻，或称花边新闻，这类新闻的主角是体育明星。

三、体育新闻的要素

在了解新闻事件的过程中，受众会根据事件的不同性质，对各个新闻要素产生不同的关注程度。在体育事件的传播过程中，编辑和记者会根据受众对信息的需求，报道受众可能关注的方面。体育新闻有哪些报道要素呢？我们来阅读以下两篇新闻。

例1

2014年澳网：李娜获得澳网冠军 夺得第二个大满贯冠军

2014年1月25日

湖北网台快讯 今天下午，李娜获得2014年澳网冠军，夺得第二个大满贯冠军，也是亚洲人首夺澳网单打冠军！

北京时间1月25日消息，2014年澳大利亚网球公开赛进入倒数第二个比赛日。万众瞩目的女单决赛在罗德-拉沃尔球场打响，比赛双方分别是4号种子、已经有过两次决赛经验的金花一姐李娜和24岁的斯洛伐克黑马齐布尔科娃。虽然在首盘一度浪费发球胜盘局和盘点，但在顶住压力拿下抢七后，李娜就完全占据了主动。最终娜姐以7-6(3)/6-0力克斯洛伐克选手齐布尔科娃，三进决赛之后终于首夺澳网冠军。这是李娜职业生涯的第2个大满贯冠军，也是亚洲人首夺澳网单打冠军！

李娜与齐布尔科娃过去曾经四次交锋，取胜的全部是中国金花。两人去年也曾有过一次交手，当时金花一姐在多伦多直落两盘取胜，并没有给斯洛伐克姑娘留有太多机会。然而斗志极其旺盛的齐布尔科娃在本届澳网状态极其出色，战胜莎拉波娃后在过去三场均是大胜过关，手下败将不乏A-拉德万斯卡这样的名将。因此这场冠军争夺战，娜姐虽广被看好，但仍不能轻视对手。

比赛伊始，两人在开局都显得相当手紧，齐布尔科娃凭借发球火力的掩护率先拿到了局点。但经验丰富的李娜很快就进行了调整，凭借底线深远的回球迫使对手出现失误而把小分追成Deuce。失误明显偏多的齐布尔科娃随后失误不断，并在一次双发失误后率先遭到破发。在自己首个发球局中李娜发挥相当平稳，依靠漂亮的反手制胜球成功拿到局点。心态急躁的斯洛伐克姑娘随后抢攻二发出错，中国金花就确立了2-0的领先。两人在第三局展开拉锯战，李娜本有两次机会再度取得破发，但逐渐进入状态的齐布尔科娃还是顽强地追分，首次保发后将比分追近至1-2。

状态迟迟没有调动到最佳的李娜随后在发球局率先丢掉第一球,并且连续出现一发失误。中国金花虽然明显出现消极的肢体语言,但在发球的帮助下她还是顺利保发,继续以3-1领先。盘中阶段保住第五局后,齐布尔科娃显然已经摆脱了紧张情绪,并逐渐在底线对抗中占得了上风。压力之下,李娜连续出现两个双误而葬送了发球局。抓住中国金花心态起伏的机会,齐布尔科娃很快就在发球局中以40-0领先。虽然随后因双误丢掉一分,但斯洛伐克姑娘还是在一次外角发球直接得分后,以4-3反超了比分。

危机关头李娜终于找回了一发的手感,心态也明显回稳。在一次多拍较量后用反手轰出制胜球,中国金花就把比分追成4-4平。两人在第九局再度展开拉锯战,李娜在两次挽回局点后一度手握破发机会。但发挥不稳的正手出界,让齐布尔科娃得到了喘息机会。斯洛伐克姑娘随后凭借一次擦网幸运球和中国金花的正手失误完成保发,以5-4占得先机。关键时刻李娜用全场比赛首个Ace球保发,显示出大满贯冠军风采。

此时比分来到5-5平,压力也再次来到了齐布尔科娃的肩上。在15-15平时的一次双误,让李娜嗅到了机会。随后娜姐用漂亮的反手制胜球带出两个破发点。心态变化的齐布尔科娃一发质量明显下滑,李娜把握机会抢攻得手,率先取得了破发。齐布尔科娃展开疯狂反扑,李娜虽然在挽救破发点后一度逼出盘点。但关键时刻的反手失误让比赛再生悬念。死里逃生的齐布尔科娃连赢两球,把比赛拖入抢七。抢七中,稳住状态的李娜很快以5-1领先,齐布尔科娃虽然连追两分,但李娜还是顺利以7-3先拔头筹。

第二盘比赛开始,气势不减的齐布尔科娃开局在李娜的发球局连得两分,但一盘在手的李娜表现显然已经相当稳定,凭借发球和底线进攻连赢四球后率先保发,以1-0领先。斯洛伐克姑娘随后在发球局同样以30-0领先,但一次双发失误让局面变得复杂起来。李娜把握机会积极施压,并在一次接发制胜球后获得破发点。压力之下,齐布尔科娃出现正手失误,发球局宣告失守。加强抢分效率的中国金花随后以40-0拿到连续两个局点,齐布尔科娃虽然连追两球,但娜姐仍然依靠标志性的反手直线制胜球保发,确立3-0的领先。

经过局间休息的调整后,齐布尔科娃表现明显回稳,通过底线抢攻取得30-15的领先。但此时已经完全放开手脚的李娜连续轰出反手制胜球,再次获得破发机会。在一次抢攻二发得手后,中国金花手中的优势已经来到4-0了。抓住李娜大比分领先后的松懈情绪,顽强的齐布尔科娃一度以30-0在接发球局领先。但找回专注的娜姐很快恢复竞争力,连得四球后,她手中的优势已经来到5-0了。此时比赛的胜负已经失去了悬念,李娜在盘末再度取得破发,就以6-0完成清盘,职业生涯首次赢得澳网冠军,同时是第二个大满贯冠军。

例2

Brazil Beats Cameroon 4-1, Reaches 2nd Round

By Tales Azzoni, AP Sports Writer | June 24, 2014

BRASILIA, Brazil(AP)— Neymar knew the responsibility was his. An increasingly anxious host nation was relying on him to ensure Brazil avoided the almost inconceivable prospect of going out in the group stage of a World Cup on soil.

The 22-year-old Barcelona striker delivered on the weighty expectations Monday, setting the Selecao on course to clinch its place in the knockout stage with two precision first-half goals in a 4-1 rout of Cameroon.

"I have the responsibility to go out there and help my teammates," said Neymar, the World Cup's leading scorer with four goals. "We all did well today and got the result that we needed."

He had already been decisive in the 3-1 opening win over Croatia, when he also scored twice to lift a struggling Brazil.

Fred and Fernandinho added second-half goals to ensure top spot in Group A for Brazil, which will face South American rival Chile in the second round.

More important than the widely expected victory, though, was a performance that restored the confidence of fans after two disappointing matches.

"It was our best match," Neymar said. "Not only because of the result but also because of how we played. We pressured our opponent just like we wanted. We deserved this result-everyone in the team deserves credit for what we did today."

Neymar scored on either side of midfielder Joel Matip's goal for Cameroon in the 26th minute.

He opened the scoring off a low cross by midfielder Luiz Gustavo in the 17th, deftly side-footing the ball home from close range, then restored the lead with a low right-foot strike from the top of the penalty area in the 35th after a pass by left back Marcelo.

Fred, who had been loudly criticized for his lackluster performances, scored with a header from close range after a cross by defender David Luiz from the left in the 49th minute. And Fernandinho, who replaced Paulinho in the second half, poked in from short range in the 84th.

"I liked how the team played," Brazil coach Luiz Felipe Scolari said. "There were some highs and lows, but in general we improved a little bit more. We are progressing match after match and that's important."

Brazil finished Group A with seven points after a 0-0 draw with Mexico and two wins. It ended with the same points as Mexico, but had a better goal difference. The Mexicans eliminated Croatia with a 3-1 win in Recife.

"We knew we had to do better today," Brazil striker Hulk said. "We had to play better and we did."

Playing in its 100th World Cup match, Brazil needed at least a draw to advance. Elimination in the group stage would have been unthinkable for the five-time world champions playing at home. The only team to play in all 20 World Cups, Brazil has advanced to the second round in every tournament since 1970.

Boosted by a crowd of nearly 69,112 at the Estadio Nacional in the nation's capital, Brazil began the match pressuring Cameroon and created many scoring chances early. But the African team eventually picked up the pace and was able to keep the hosts from threatening too much.

Despite playing without Samuel Eto'o because of a lingering right knee injury, Cameroon had a few good chances, even when the match was level in the first half.

"The first half was not so bad, but we need to focus for 90 minutes, and this is not the first time that this happened," Cameroon coach Volker Finke said. "Some goals were not needed, three times we had the control of the ball and we lost it."

Cameroon, which hasn't advanced to the second round since becoming the first African nation to reach the World Cup quarterfinals in 1990, likely saw Eto'o playing in his final World Cup. The 33-year-old striker, in his fourth World Cup, is the team's all-time leading scorer.

——

Lineups:

Brazil: Julio Cesar, Dani Alves, Thiago Silva, David Luiz, Marcelo, Luiz Gustavo, Paulinho (Fernandinho, 46), Oscar, Hulk (Ramires, 63), Neymar (Willian 71), Fred.

Cameroon: Charles Itandje, Nicolas Nkoulou, Landry Nguemo, Benjamin Moukandjo (Edgar Salli, 58), Allan Nyom, Vincent Aboubakar (Pierre Webo, 72), Henri Bedimo, Eric Maxim Choupo-Moting (Jean Makoun, 81), Stephane Mbia, Enoh Eyong, Joel Matip.

阅读分析例1、例2的中英文体育新闻稿,我们可以发现,尽管这两篇稿件报道的赛事不同(一个是网球,一个是足球),所使用的语言不同,新闻内容的安排也不尽相同,但在报道体育赛事时,都包括以下一些人们共同关注的内容:

- 比赛结果
- 参赛选手
- 比赛过程
- 球员数据统计
- 精彩引语(NBA篮球比赛消息中更为多见)
- 相关背景

比赛结果是赛事消息的核心内容。各种体育比赛,尤其是大型体育比赛,早在赛前的一段时间里,各媒体就纷纷展开了报道,从各个方面(如比赛时间、地点、参赛队的情况以及运动员的背景材料等)进行报道。因此,在比赛过程的报道中,人们对新闻的时间、地点等要素就不会特别关心,而关注的是对手之间的比赛结果。可见,比赛结果是体育消息的核心,比分往往直接成为新闻的标题。

比赛过程是体育赛事新闻的主要内容。在全媒体时代,虽然赛事的现场直播可以让人们同步了解比赛进程,但对于大多数国际体育受众,时差使赛后的新闻报道依然有其作用。比赛过程,特别是比赛过程中的一些精彩画面或意外失误之处的描绘和分析,是体育报道中非常重要的一个部分,也是当代体育新闻在竞争中取胜的一个要素。对于比赛进程中的重要时刻,记者都会不吝笔墨,加以描写和评述。可见,比赛过程的描写和评价是体育新闻的主要内容。

国际体育新闻包含许多精彩的“引语”,这增加了新闻的可信度和现场感。西方体育记者理解引语的重要性,在他们眼里,没有引语的稿件是不完整的稿件。比赛一结束,他们总是抢先向选手和教练发问。除了现场采访,记者还可以通过电话、电子邮件等途径得到引语,引语也可以摘自电台和电视台的现场报道。

以上分析的是体育新闻报道中有别于其他类别新闻的要素,它们对于国际体育新闻编译工作具有重要的意义。编辑和记者在进行国际新闻编译时,要将这些内容交代清楚。在原文交代不清楚的情况下,需要通过补充采访等方式加以弥补。

第二节 体育新闻的基本编译方法

一、体育新闻的语言风格

编译体育新闻,编辑需要了解和掌握体育新闻源语言和目的语的语言风格,这样才能全面理解英语体育新闻原稿,撰写符合中文体育新闻风格的新闻。

一般来讲,新闻语言的基本要求包括:

准确:要正确选择词语和句式,呈现出信息的真实性与准确度。

清晰:既要鲜明,又要清晰,呈现出信息的精确度与明晰度。

生动:语言运用灵动多样,新鲜别致,善于将客观事物的情状与作者的思想情感描绘出来,呈现出信息的趣味性与可接受性。

体育新闻语言不但要符合新闻语言的一般要求,还显现出其独有特征。了解英语体育新闻和中文体育新闻的语言特点,对于编译体育新闻十分必要。下面是新华社记者杨明的《万米红霞》,我们结合上文的两个例子,分析体育新闻的语言风格。

例 3

万米红霞

新华社南京 5 月 7 日电(记者杨明) 身穿红衣、红裤的王军霞依然没有揭开神秘的面纱。这位被誉为"东方神鹿"的姑娘不动声色地站在跑道上。全国田径奥运选拔赛女子万米预赛即将开始,看台上的观众寥寥无几,连敏感的记者多数都没有光顾今天上午的赛场。预赛通常只是选手们进入决赛的热身,谁也没指望王军霞会跑出什么惊天动地的成绩。

然而,这个判断使众多人后悔不迭。枪响、人动。一切都在静悄悄地进行。但是,记者们突然发现一个消瘦的姑娘简直是在用一种"自杀"的速度飞奔。王军霞,正是前天在 5000 米决赛中创造今年世界最好成绩的王军霞!

不到 3000 米,王军霞已经把最后一名选手"扣"了一圈,她把所有的选手远远地甩下,用每圈平均 73 秒的速度精确而潇洒地跃进。

"王军霞疯了吗?"法新社的记者操着生硬的中国话问,"她为什么在预赛中跑这么快?"

记者无言以对。是的,照这样跑,虽然不会打破世界纪录,但绝对能创造今年世界最好成绩。

王军霞,实力莫测的王军霞。七运会后因种种风波而训练受到影响的王军霞,在去年世界田径锦标赛选拔赛上,跑出 31 分 23 秒 24 世界第五的成绩。憋着一股劲的王军霞,去年冬训至今训练得极为系统和刻苦。她在南京体院采取了封闭式训练,连新闻界赛前也不知她到底具备什么样的实力。

跑道上,王军霞已经超过最后选手两圈。跑过 8000 米时为 25 分 1 秒。

场边,记者群中又是一阵骚动。法新社记者翻开今年的最好成绩表,上面标明:31 分 22 秒 08,是西班牙名将朱·瓦克罗 4 月 6 日创造的。

再翻开去年世界排名表,第一名的成绩为 31 分 04 秒 99,是葡萄牙名将里贝罗所创。这一成绩使她在世界锦标赛上赢得金牌。

场上,王军霞鲜红的身影在跑道上拉出一道霞光。她通过 9000 米的时间是 28 分 09 秒。

“加油,加油!”连外国记者都在高喊。明显地,一个震惊世界的新成绩即将诞生。王军霞越跑越快,最后一圈只用了 64 秒。成绩牌上赫然显示着:31 分 01 秒 70!不但超过今年世界最好成绩 20 多秒,也比去年的世界冠军成绩快出 3 秒多。

“不可思议,不可思议!”法新社记者摇着头惊呆了。

“不太好,不太好。”王军霞也摇着头,平静得像什么也没发生一样。

“超越世界冠军和去年的世界第一是今天预赛的目标。明天的决赛自然另有计划。”王军霞的教练毛德镇神秘地说。

王军霞尽没尽全力?她到底具备什么样的水平?赛后,人们依然揭不开她神秘的面纱。但是,人们已经看到了她在跑道上展现的万米红霞。

这篇新闻写于 1996 年,被视为当时体育写作精品,入选多部新闻作品读本。新闻构思精巧,语言流畅平实,但又不落俗套。首先,新闻题目的提炼匠心独具。“万米红霞”不但巧妙地将王军霞其名和万米比赛联系起来,而且还以“红霞”衬托王军霞的红衣红裤,形象、生动,凸现出她创造世界最好成绩的辉煌。其次,记者将场上的比赛情景和场下中外记者的反应进行生动的描写,同时巧妙地加进背景,使读者仿佛身临其境、感同身受。另外,记者将王军霞比作“东方神鹿”,将开篇的神秘不动声色与结尾的平静进行对比;同时,又写了法新社记者从疑惑到激动而后到惊呆的态度变化,这种反差强烈的对比,既增强了现场感,也加强了戏剧性。

分析中英文体育新闻所用语言,我们可以总结出体育新闻的语言特点。

1.语言大众化

体育新闻是一种以大众化和休闲化为特征的新闻品种。从 19 世纪后半叶开始,欧美国家的报纸便逐渐形成了体育新闻的俚语化和幽默诙谐的写作风格,这对今天的体育报道产生了很大的影响。在例 2“*Brazil Beats Cameroon 4-1, Reaches 2nd Round*”中,用词简单,句子结构不复杂,段落简洁,节奏明快,大众化特征明显。在中国,具有个性特征的体育新闻写作风格形成于 20 世纪八九十年代。《万米红霞》和《2014 年澳网:李娜获得澳网冠军 夺得第二个大满贯冠军》两文,用词通俗平白,没有艰涩之处,“娜姐”“中国金花”“东方神鹿”这些用词,为其他新闻消息所鲜见。两条消息均按照时间顺序描述比赛进程,读者如读故事,颇具大众色彩。

2.文字充满活力与动感

体育是人类最具动感和感性的活动与文化。体育新闻写作必须充分反映体育运动的这种动态特征和感性特点。因此,想要再现体育运动的紧张、激烈、对抗、悬念,使读者身临其境,就必须使报道的文字活起来和动起来。《万米红霞》对比赛过程的描写,正体现了这一点。例 1 中,对李娜与齐布尔科娃比赛的过程再现,也体现了这一点。

3.体育新闻文学化,写作多用修辞

体育新闻写作常用“比喻”“借喻”等修辞方式。比如,“场上,王军霞鲜红的身影在跑道上拉出一道霞光”一句,用的是比喻。

体育新闻作品中大量借用军事、战争、武侠小说、流行歌曲、经典影视等方面的语言元素。《万米红霞》文中,以东方神鹿比喻王军霞,并非孤例。

以下是例2巴西4:1战胜喀麦隆一文的第二段:

“The 22-year-old Barcelona striker delivered on the weighty expectations Monday, setting the Selecao on course to clinch its place in the knockout stage with two precision first-half goals in a 4-1 rout of Cameroon.”

在这一段里,内马尔被“the 22-year-old Barcelona striker”替代,巴西队由“Selecao”桑巴军团指代,这都是英语新闻中常用的一种修辞方法——指代。

以下国际新闻标题中,大量借用了电影、歌曲、文学作品中的语言,突出体现了中文体育新闻文学化的特点:

卡佩罗与他的仇人们
阿里纳斯——巫师之王
费德勒的孤独年代
科比领衔 NBA 新抢分时代

需要提醒的是,体育新闻的语言特点会随着时代的变迁而有所变化。编译者需时时关注体育新闻写作中出现的新趋势,体会其中的变化。在编译体育新闻时,只有运用恰当的语言,形成鲜明的语言风格,才能编译出高质量的新闻。

二、体育新闻的基本编译方法

1.标题编译

新闻标题概括新闻内容,吸引受众注意,需要醒目而有冲击力,中外标题,概莫能外。体育新闻的标题编译,具有较大的灵活性,呈现愈加通俗化的趋势,网络新闻尤为突出。

体育新闻标题的基本编译方法可总结为以下六种:

(1)使用口语化句式

使用口语化句式是编译体育新闻标题时最常用的一种方法。口语化的标题可以拉近与读者的距离,更加贴切生动地传达新闻事件的基本内容。

例:Reus:Dortmund are ready for Madrid
译:罗伊斯:伯纳乌,我们来了!

口语化的句式转换,更加贴切地表达了说话人的语气和心情,比“我们为和皇马的比赛做好了准备”这一表达方式更加合适。

例:Atletico Madrid president Enrique Cerezo says Thibaut Courtois is still a Chelsea player
译:马竞主席:库娃? 他仍属于蓝军

简单的句式转换,用设问突出了中心人物,让新闻标题在编译之后更加具有生命力,更富有语气感。

(2)添加内容

在体育新闻标题编译的过程中,经常会添加一些内容,来补充说明原标题中暗含的、但并没有明确说出来的信息。

例:Carvajal:I really wanted to score in this shirt

译:卡瓦哈尔:为皇马进球我骄傲

将原标题中的"this shirt"替换成了其所指代的球队名,使不太了解卡瓦哈尔的人也能明白他所指的球队是什么。这相当于是添加了背景信息。

例:Wife arranging to take Schumacher home

译:英媒:舒马赫可能近期回家治疗

编译时添加了信息来源,增加了信息的可信度。此类手法多用于"传言类"新闻,例如转会传言等。不同的信息来源代表着不同的可信度,在标题中添加新闻来源有利于读者直观地了解新闻内容中传言的可信度。

(3)省略内容

英文标题中经常会出现很多不适合在中文标题中出现的细节,此时编译通常会省略这些信息。

例:Everton target Manchester United's Tom Cleverley for transfer in summer for £ 15m

译:再续前缘? 太妃糖欲抢来聪明利

这条标题在编译时省略了"夏季转会期""一千五百万"等信息,因为这条新闻本身就是一个转会传言类的新闻,没有必要在中文标题中交代过多的细节,这些内容大可放在正文中陈述。

(4)重写标题

有时候英文标题编译成中文后不具有口语化、新颖性的特点,不能够起到吸引读者兴趣的作用。在这种情况下,编辑可以为新闻重新拟定一个标题。

例:Giannis ready to play vs.Heat,convinces trainers

译:字母哥:没伤也防不住詹皇

原文的标题是引用了说话人的一句话,但是编译后的中文标题却引用了完全不同的另外一句话作为标题。需要注意的事,编译后的中文标题依然引用的是原文中的一句话,只不过更加吸引人,并不是完全杜撰出来的内容。

(5)使用绰号代替姓名

有时候提到一些球员或者球队的时候,编译后的中文标题可以广泛使用的绰号来代替球员或球队的正式名字。

例:Giannis ready to play vs.Heat,convinces trainers

译:字母哥:没伤也防不住詹皇

例:Montella:Florence is an oasis

译:蒙特拉:紫百合还能更强

用“紫百合”代替球队名“佛罗伦萨”。

(6)引用谚语、俗语

同样是为了吸引读者,编辑在编译标题时也经常会引用一些中文里的谚语、俗语等来概括新闻内容。

例:Everton target Manchester United's Tom Cleverley for transfer in summer for £ 15m

译:再续前缘? 太妃糖欲抢来聪明利

例:Mata backs United to beat Bayern and says Old Trafford faithful have been let down

译:雄心壮志! 马塔:曼联仍有可能击败拜仁

编译体育新闻标题时,不论采用何种方法,需要突出强调标题的新颖生动性,注重其对受众的吸引程度。

2.导语编译

体育新闻注重时效,其中导语在快速传递信息方面作用十分重要。体育新闻导语必须能清晰直接地概括新闻的主要内容,同时还要兼顾娱乐性。所以,在编译体育新闻导语时,往往具有独特之处。

(1)形式结构

体育新闻编译首先要处理的是信息来源,体育新闻的“集中地”网络媒体相对传统媒体,对于信息源的交代形式并不统一,因此呈现方法多样。例如以下几个导语:

例:新浪体育讯 北京时间3月28日,根据《Inside Hoops》的报道,密尔沃基雄鹿队大前锋厄尔森-伊尔亚索瓦因为脚踝伤势,确定将缺席本赛季剩余的所有比赛。

例:北京时间3月28日消息,据ESPN报道,近日有消息源称,湖人队主帅德安东尼的母校马歇尔大学向其伸出橄榄枝,询问其是否有意愿执教NCAA。

例:纽约邮报记者Marc Berman报道,之前被尼克斯买断的前锋慈世平(梅塔-沃尔德皮斯)告诉密友,他希望重返尼克斯。

以上导语在交代新闻来源和时间要素时,呈现两个特点。首先,编译稿均交代新闻的来源。体育新闻编译稿的导语虽然形式不一,但共性是都交代新闻来源,其他信息则根据不同媒体,有着各自的操作标准。第二,编译稿的时间要素交代精准,时区特别标注。由于事件发生在国外,在标注新闻时间的时候,均注明是哪个时区的时间,防止由于时差造成新闻失实。

(2)语言内容

体育新闻导语编译在语言内容上,表现出两种风格,有的突出文学色彩,有的重在客观陈述。

赛事类新闻报道的导语往往写作风格多样,强调文学性,充满激情,其编译处理方式也同样注重冲击力和文学性。

例如,2012年2月15日,林书豪凭借一记压哨三分球,帮助步行者队战胜猛龙队,实现

逆转。ESPN 在报道这条新闻时,以下面的导语开头:

Even after his amazing week, this one took Linsanity to a whole new level. Against Toronto on Tuesday, it was Lin for the win!

这条导语用了 amazing, whole new level, Lin for the win 等形容词、押尾韵手法,宣泄了激情,充满了主观判断。这与腾讯网 2007 年报道姚明状态恢复的新闻导语有异曲同工之妙:

篮板 4 盖帽! 姚明只用了 4 场比赛就重新找回了巅峰状态,很显然这出乎了大部分人的意料。在姚明刚刚伤愈复出时,大部分人都不看好大姚能够很快找回自己的状态,就连费根也谨慎地表示,姚明大概需要 10 场比赛才能彻底从伤病中走出来。

这类新闻所报道的赛事结果出人意料,赛中球星表现突出,所以在新闻报道中,文字风格往往带有很强的情绪性和文采。相应的导语编译,在处理上也强调文字的冲击力,多用形容词、副词来凸显新闻人物的表现,充满激情。

与之相映成趣的是另外一种情况。传统媒体和网络上的专业体育新闻媒体在处理传闻类等场外新闻的导语时,往往平铺直叙,客观交代主要新闻信息。体育新闻分众化明显,受众中存在不同的圈子,圈内人士只对某队某人感兴趣,且了解至深。相反,不是某队或某人"粉丝"的受众对关于此队和此人的新闻细节兴趣不大。由于受众的这种细分,在新闻报道时过于主观、带有偏向性的导语会令他们产生强烈不满。这样的受众,他们仅需要了解基本事实,不需要了解幕后故事,因此编译这类新闻导语时,文采退居幕后,信息量丰富才更为重要。

例如,关于湖人队教练德安东尼的母校马歇尔大学希望他回校执教校队的新闻,ESPN 的原稿导语如下:

Marshall has reached out to Los Angeles Lakers coach Mike D'Antoni to gauge his interest in coaching his alma mater, according to sources close to the process.

虎扑体育的编译稿如下:

据 ESPN 记者 Jeff Goodman 和 Marc Stein 共同报道,有熟悉情况的消息人士透露,马歇尔大学已经联系过湖人队主帅迈克-德安东尼,以询问后者是否有兴趣执教自己的母校。

搜狐体育的编译稿如下:

北京时间 3 月 28 日消息,据 ESPN 报道,近日有消息源称,湖人队主帅德安东尼的母校马歇尔大学向其伸出橄榄枝,询问其是否有意愿执教 NCAA。

英文原稿叙述了新闻涉及的主要人物和"联系执教"的新闻事实。编译稿也没有将后文的"湖人队战绩不佳"等潜在原因进行提前,放入导语中,而是遵循原稿,客观陈述主要事件。

3.正文编译

体育新闻的正文编译和其他类别新闻的正文编译方法相似,编译时在内容上要把握和突出重要内容,结构上要符合受众的接受习惯,采用"倒金字塔结构"或时间顺序,在语言风格上要符合体育新闻的语言特点。具体编译方法，我们在第三节和第四节中，按照不同类型分别进行讨论。

第三节　体育赛事新闻的编译

体育赛事新闻，或称体育战报、赛场消息，报道对象是比赛，内容包括比赛结果、比赛进程和重点球员的表现及评价等。这类报道是记录和评价比赛的重要文字形式。根据报道重点，体育赛事消息可以分为三类：一类是以人为重点；一类是以事为重点；还有一类是双主题，既报道人，也报道事。下面我们分别分析其编译策略。

一、以人为报道中心

以球员表现为报道中心，体育消息大都如此。前文例 1 以李娜为中心，例 3 围绕王军霞报道，下面的这场比赛报道，同样也是以人为中心。这样的新闻，如何编译呢？

例 4

英文原稿：

Houston 103, Orlando 92

Mar.11, 2007

(1) **HOUSTON (AP)**— If Yao Ming still isn't all the way back from his leg injury, the Orlando Magic couldn't tell.

(2) Yao had 37 points and four blocked shots in his biggest game since returning to the lineup, leading the Houston Rockets to a 103-92 victory over the Magic on Sunday.

(3) Yao, who also had seven rebounds, was playing his fourth game since returning from a broken right leg that caused him to miss 32 games.

(4) "Actually it's getting better every day," said Yao, who had four turnovers. "But my turnovers are still too high and my rebounds are still too low.

(5) "I don't know how long it will be before I make it all the way back. I don't have experience with this kind of injury, so I don't know how long to say."

(6) The Rockets know he's getting closer.

(7) "Yao's doing great," said Shane Battier, who had 12 points, eight rebounds and four blocks. "It'll be a couple of weeks before he's in great condition. But his progress has been good."

(8) "We would be foolish if we didn't look for Yao down there, he's so efficient. And he's getting more in shape every game."

(9) Tracy McGrady added 19 points and 10 assists for Houston, which won its third straight after losing four of five.

(10) "We did a great job of searching out Yao tonight," McGrady said. "When the big fellow is making shots down low like that, it's quite easy just to get him the ball."

(11) Grant Hill scored 17 points and Dwight Howard had 16 points and 12 rebounds for Orlando, which lost for the fifth time in six games. The Rockets have beaten Orlando nine of their last 10 meetings.

(12) "He is a very tough guy to shoot over," Magic coach Brian Hill said of Yao. "We wanted to put him in as many pick-and-roll situations as we could. I wasn't so surprised to see Yao as active as he was, but I didn't think he would get 37 points."

(13) Howard agreed.

(14) "He's 7-6 and there isn't a lot you can do against him," Howard said. "He had a good game and his jump shot was falling. You have to run him and we didn't run him enough, coming off his injury. You have to run the floor against him."

(15) Yao scored 10 points in the third quarter, helping Houston extend its lead to 21 points. Hedo Turkoglu had five points in the fourth quarter as Orlando closed to 96-86 with 2：15 to play.

(16) The Rockets reeled off a 14-2 run, including 10 in a row, early in the first quarter. Yao had 10 in the period as Houston led by as many as nine before settling for a 31-23 lead entering the second quarter.

(17) Houston used an 11-2 run in the second quarter, sparked by a pair of 3s by Battier and one by Kirk Snyder, to open a 50-36 advantage. The lead extended to 16 as the Rockets hit 68.8 percent (22 of 32) of their first-half shots.

(18) Houston took a 58-45 lead into halftime as Yao had 16 and McGrady 12.

英文原稿分析：

标题	比赛最终分数
Para 1-2	延缓导语：概括主要事实——姚明状态恢复，带领火箭队胜魔术队
Para 3-5	姚明对本场表现的自我评价
Para 6-8	姚明队友对姚明的评价
Para 9-10	麦克雷迪本场表现和引语
Para 11	魔术队的主要队员表现
Para 12-14	魔术队对姚明的评价
Para 15-18	四节比赛火箭队的表现

这是一篇"倒金字塔结构"的新闻稿。英文原稿首先在导语段落提出本文中心——姚明，中心事件——火箭对魔术，简要提到了新闻的 Who, What, When 等要素。在接下来的段落，围绕姚明的表现恢复这一中心，分别交代姚明自己、队友、对手对其的评价，最后交代整场比赛休斯顿火箭队的表现，进而让读者了解全场比赛。按照这种"倒金字塔结构"来安排内容，容易为西方读者接受，段落短、节奏感强，符合西方读者的接收习惯，可以起到很好的传递信息的目的。

汉语编译稿：

狂砍37分大姚仍不满 巴蒂尔：无视他就是愚蠢

2007年3月12日

(1)**腾讯体育讯** 37分7篮板4盖帽！姚明只用了4场比赛就重新找回了颠峰状态，很显然这出乎了大部分人的意料。在姚明刚刚伤愈复出时，大部分人都不看好大姚能够很快找回自己的状态，就连费根也谨慎地表示，姚明大概需要10场比赛才能彻底从伤病中走出来。

(2)不过即使拿下了全场最高分，谦虚的大姚仍对自己的表现"不满"，"虽然我的表现正越来越好，但失误仍然多了一些，篮板也少了一些。"姚明这样说道，他今天全场出现了4次失误，略高于他的平均值。

(3)"我不清楚究竟需要多长时间才能彻底恢复，从前我没遇到过这种伤，所以我也很难说多久才能完全恢复。"姚明继续出言谨慎道，不过火箭方面却是眼明心亮，他们已经把一切都看得清清楚楚。这样的姚明即使不是巅峰状态，也离巅峰状态不远矣！

(4)"姚干得棒极了。"全场拿下12分8个篮板4个盖帽的巴蒂尔赛后说道。"他只用了两周就恢复到了以往那种出色的状态，而且他的进步幅度又那么突出。"巴蒂尔赛后喜不自禁地说道。"如果我们依然无视姚明的表现，那就只能用愚蠢来形容了。他今天在内线效率十分出色，而且每场比赛的状态都在提高。"

(5)麦蒂今天送出10次助攻，其中大约有一半都送给了姚明。"我们今晚在寻找姚明方面做得非常出色。"麦蒂说道。"当我们的大个子在低位能有如此出色的表现时，我们只要把球给他就会很轻松了。"如麦蒂所说，今天姚明命中率竟接近七成，得分的确很"轻松"。

(6)毫无疑问，"穷凶极恶"的姚明成为了魔术今晚的梦魇。"他真是太难对付了。"魔术主帅希尔赛后无奈地说道。"其实姚明有这样的表现并不让我感到惊讶，但我真的没想到他能拿到37分。"而小霍则对主帅的每一句话都表示赞同，"他太高大了，我们真的很难与之对抗。而且今天他打得又是如此出色，跳投根本无从防范。如今他已经伤愈复出，因此我们在场上必须时刻想尽办法阻止他，但显然今天我们做得还不够。"(略有修改)

汉语编译稿分析：

从这则汉语编译稿可以看出，文章采用了倒金字塔结构，内容上更加突出"人"这个中心。编译稿围绕姚明的表现，分别在标题、导语以及正文中安排自身、队友、对手对他的评价，体现由近及远、由重要信源到相对次要信源的结构逻辑。标题围绕姚明编写，导语以姚明全场表现数据开头，内容更加集中，突出了姚明这个明星的伤愈后比赛表现。在文字表达层面，表现得更加夸张，富于激情和表现力。在用词方面，体现了体育新闻文学性的特点，议论评价较多，形容词明显多于英文原稿，如"穷凶极恶""谦虚的""心明眼亮"等主观判断用词。引语方面，并没有像灾难新闻一样，把英文原稿中的引语处理掉，而是保留原文的大多数引语，增补了魔术队主帅的话。可见，引语在中文体育新闻稿中同样重要。

通过对比分析英文原稿和汉语编译稿,我们可以看出,在体育赛事类新闻以人为中心的英-汉编译中,要注意以下这些要点:

1. 编译后的新闻结构可以运用"倒金字塔结构",但这一结构要按中国人习惯的方式进行一些调整。
2. 编译后的新闻标题要突出新闻重点,如明星表现。
3. 编译后的导语注重吸引眼球,要写得有文采、有激情。
4. 编译后的新闻正文要围绕报道重点选择材料,遣词造句要突出体育新闻的写作特点。
5. 精彩引语要保留。
6. 比赛结果、数据统计、得分情况等需要在正文中巧妙交代。

二、以事为中心报道赛事

有些赛事报道,主要的内容是比赛进程的再现,这样的新闻如何处理,我们以下文为例探讨。

例 5

英文原稿:

Inter 2 - 1 Milan

Ronaldo 40 (M), Cruz 55 (I), Ibrahimovic 75 (I)

Sunday Mar11, 2007

(1) This was the 266th Milan derby, the first with an afternoon kick-off in 14 years, but all eyes were on Il Fenomeno①. The former Inter man faced his old club for the first time and supporters prepared 30,000 whistles to heckle him every time he touched the ball. Adriano, Esteban Cambiasso, Patrick Vieira, Alessandro Nesta, Kakha Kaladze and Serginho were injured, with Douglas Maicon and Marco Borriello suspended. Paolo Maldini celebrated his 600th Serie A appearance.

(2) Both sides were on splendid form, Inter unbeaten in all competition since September and Milan without a Serie A defeat in 15 games. While the Nerazzurri② suffered a surprise Champions League exit in Valencia midweek, their cousins were taken to extra time by Celtic. Neutrals were hoping for a repeat of the 4-3 result earlier this season.

(3) ①Hernan Crespo failed to make the most of Daniele Bonera's early error and Marek Jankulovski fired over from distance. Milan slowly increased the pressure and ②Ronaldo was brought down by a double tackle from Marco Materazzi and Olivier Dacourt on the edge of the area. ③From the free kick, Andrea Pirlo curled inches past the near post.

---

① Il Fenomeno 指罗纳尔多。

② Nerazzurri 意大利语中的"蓝黑色"的意思,特指"国际米兰",中文对应蓝黑军团。

(4) Things got worse for the Nerazzurri, as Fabio Grosso limped off with a thigh strain.

(5) ④Kaka and Ronaldo combined for a dangerous counter-attack, then on 19 minutes Kaka charged forward on one of his trademark runs and only some desperate defending managed to charge down the series of shots.

(6) Inter were under the cosh in these early stages and Julio Cesar flew to fingertip Pirlo's long-range effort out from under the crossbar.

(7) ⑤The 'home' side managed to break the siege when Jankulovski gifted Crespo a chance that he fired off target and threatened with a series of corner kicks.

(8) ⑥There was controversy when Ibrahimovic was booked for simulation after a potential penalty challenge from Bonera. Although the Swede did appear to accentuate, there was certainly contact.

(9) ⑦Ronaldo did hit the back of the net, but it was disallowed for an offside position. ⑧Inter were now in control before the break, as Crespo's header skimmed the far post.

(10) ⑨Luis Figo ran rings around Massimo Oddo and his angled drive flashed across the face of goal with Crespo failing to get on the end of it by a matter of inches.

(11) ⑩However, against the run of play, it was Milan who broke the deadlock with-who else? Ronaldo gathered the ball from Gennaro Gattuso in midfield, took on Maxwell and smashed a left-foot strike past Julio Cesar into the far bottom corner of the net.

(12) Dacourt also suffered an injury, so this required a defensive and midfield reshuffle. Ibrahimovic sprung the offside trap and his low strike was well parried by Dida at the near post.

(13) Gattuso of all people nearly scored Milan's second, his angled drive flashing across the face of goal and going out by inches with Julio Cesar beaten.

(14) Roberto Mancini completed his substitutions with Julio Cruz coming on for Crespo and within 20 seconds he scored the equaliser! Ibrahimovic ran down the right flank and his low cross was only prodded by Dida into the path of Cruz from six yards.

(15) Cruz almost scored the goal of his career soon after. Ibrahimovic disposessed Ambrosini and put in another cross, this time from the left, and without the time to turn around Il Jardinero performed a backheel flick that was just over the bar!

(16) The Nerazzurri were in control of the play with Dejan Stankovic having a good chance, so Milan introduced Marcos Cafu for Oddo and a central Pirlo free kick was comfortably smothered.

(17) Ronaldo scuffed a volley wide and Alberto Gilardino came on for Seedorf in a 4-3-1-2 system. Jankulovski fired over frm a corner kick, but Inter took the lead for the first time 15 minutes from the end.

(18) This time Cruz was the provider to take advantage of a Jankulovski slip and cut back for Ibrahimovic to sidefoot home from nine yards.

(19) Paolo Maldini failed to get on the end of a dangerous cross and Inter held on under late pressure to win their second derby of the season.

Inter: Julio Cesar; Burdisso, Cordoba, Materazzi, Grosso (Maxwell 18); Zanetti, Dacourt (Samuel 46), Stankovic, Figo; Crespo (Cruz 54), Ibrahimovic

Milan:Dida;Oddo (Cafu 66), Bonera, Maldini, Jankulovski; Gattuso (Gourcuff 79), Pirlo, Ambrosini, Seedorf (Gilardino 68); Kakà; Ronaldo

Ref: Rizzoli

英文原稿分析:

主标题	比赛最终分数
副标题	三个进球球员
Para 1	超长导语,以本场比赛的特点开始报道:米兰同城德比第66场;罗纳尔多转会到AC米兰队后首次对战老东家;多名队员缺赛马尔蒂尼第600次出征联赛
Para 2	两队状态
Para 3-19	比赛过程

这是一篇严格按照时间顺序写成的报道,标题将比赛得分、进球手、进球时间简明呈现,正文从比赛背景、特点入手,从开赛一直写到比赛结束,行文如流水,再现了比赛过程。再来看中文的报道。

汉语编译稿:

米兰德比-伊布传射 罗尼反戈 国米2-1逆转告捷

2007年3月11日

(1)腾讯体育讯 北京时间3月11日晚22:00,国际米兰在意甲第28轮中迎来了同城死敌AC米兰,第266次米兰德比在梅亚查球场倾情上演。最终国际米兰2-1逆转告捷,赢得了第266次米兰德比。第40分钟罗纳尔多先拔头筹;下半场第54分钟,刚刚替补上场11秒的克鲁斯扫射得手将比分扳成1-1平;第75分钟伊布劲射锁定胜局。

(2)历史上双方总共交手265次,AC米兰以104胜72平89负略占上风;在联赛中双方遭遇167次,国际米兰以59胜52平56负,进242球、失229球稍稍领先。在本赛季双方首回合交锋中,国际米兰客场4-3力挫AC米兰,正是在这场关键胜利之后,蓝黑军团才真正走上正轨,而红黑军团则陷入了长达两个多月的低谷期。

(3)此役国际米兰阵中维埃拉、坎比亚索等多名中场主力缺阵,达科特、菲戈先发上场;萨内蒂继续出现在后腰位置上,鼻梁骨折的布尔迪索顶替停赛的麦孔出任右后卫;前锋线上,伊布配搭克雷斯波。

(4)AC米兰方面,安切洛蒂排出了4-4-1-1阵型,马尔蒂尼第600次出征联赛,他与博内拉共同负责保护禁区;在中场,西多夫、安布罗西尼、皮尔洛、加图索从左到右一字排开,卡卡出任前腰;前国米射手罗纳尔多一人顶在最前沿。

(5)开球以前,双方在中圈附近默哀一分钟,以悼念3月3日刚刚去世的国米名宿本尼托-洛伦奇。国际米兰首先开球,①第1分钟博内拉解围失误,克雷斯波20码外远射,迪达轻松将球没收;2分钟后斯坦科维奇做球,克雷斯波禁区边缘劲射高出;第7分钟斯坦科维奇远射偏出右侧立柱;②第13分钟AC米兰连续获得进攻机会,马特拉齐禁区弧顶处放倒罗纳尔多,③皮尔洛21米处直接任意球攻门紧贴右立柱飞出底线。

(6)第17分钟麦克斯维尔替下格罗索;④2分钟后卡卡右路连续突破两名后卫后传中,

罗纳尔多、奥多连续射门先后被国际米兰后卫挡出；第 22 分钟 AC 米兰开出右侧角球，马特拉齐解围，皮尔洛禁区弧顶附近弧线球攻门，塞萨尔单掌将球托出底线；⑤第 23 分钟扬库罗夫斯基忙中出错将球横传给克雷斯波，阿根廷中锋左脚兜射后角稍稍偏出；⑥第 30 分钟伊布反越位直插禁区，博内拉将瑞典人放倒，主裁不仅没有判罚点球，反而向伊布出示黄牌。

(7)⑦第 33 分钟卡卡直塞，罗纳尔多本已攻入一球，可惜外星人越位在先；2 分钟国际米兰在阵地战中寻找战机，萨内蒂直塞，伊布左肋部得球后果断斜射，奥多将球挡出；⑧第 37 分钟布尔迪索 45 度角传中，克雷斯波前点高高跃起头球后蹭攻门，皮球稍稍偏出右立柱，精彩的配合！⑨紧接着菲戈在左路连续突破两名后卫后横向杀入禁区，葡萄牙老将右脚弧线球打远角失之毫厘，克雷斯波门前包抄到位，可惜球速太快，阿根廷人未能抢点成功。

(8)⑩第 40 分钟 AC 米兰在颇为不利的情况下取得领先，当时加图索将球分到右侧，罗纳尔多横向盘带过程中禁区外左脚低射，皮球直飞国米球门右下死角，塞萨尔鞭长莫及！第 43 分钟皮尔洛左路传中，科尔多巴头球解围；上半场最后时刻达科特受伤；补时 1 分钟之后，主裁判吹响了半场结束的哨音。

(9)易地再战，萨穆埃尔替下受伤的达科特，布尔迪索顶到后腰的位置上。第 49 分钟萨内蒂直塞，伊布右肋部得球，他未能在第一时间停好球，随后瑞典人的小角度打门被迪达挡出；2 分钟后菲戈左边路似传似射的打门直飞后角，迪达将球没收；第 52 分钟 AC 米兰快速反击，卡卡直塞，加图索右肋部推射远角，皮球偏出右立柱；第 54 分钟克鲁斯替下克雷斯波。

(10)刚刚上场 11 秒克鲁斯便将比分扳平，当时伊布右路高速下底传中，迪达扑了一下，皮球漏到后点，克鲁斯在两名后卫之间觅得良机，他的右脚扫射应声入网，1-1！(点击进入观看进球视频)第 56 分钟 AC 米兰后场传球失误，麦克斯维尔左路传中，克鲁斯背对球门情况下颇具想象力的脚后跟攻门美妙绝伦，可惜皮球鬼使神差地高出了横梁。

(11)第 63 分钟卡福替下奥多；1 分钟后布尔迪索在大禁区前沿放倒卡卡，皮尔洛直接任意球攻门角度太正，塞萨尔轻松将球擒获；第 64 分钟伊布本已攻入一球，可惜科尔多巴侵犯门将在先；第 69 分钟罗纳尔多禁区外凌空抽射未中目标；紧接着吉拉迪诺替下西多夫，安切洛蒂放手进攻。

(12)第 72 分钟扬库罗夫斯基直接任意球攻门被人墙挡出；第 75 分钟国际米兰将比分反超，当时克鲁斯在右路抢下马尔蒂尼的脚下球后冷静传中，伊布禁区内中路冷静施射得手，2-1！(点击进入观看进球视频)第 79 分钟安切洛蒂用古尔库夫替下加图索；第 87 分钟伊布沿右肋部突入禁区后右脚劲射，迪达反应灵敏，将球挡出；全场比赛结束，国际米兰主场 2-1 逆转告捷！

双方出场阵容：

国际米兰(4-3-1-2)：12 号-朱利奥-塞萨尔；16 号-布尔迪索，2 号-科尔多巴，23 号-马特拉齐，11 号-格罗索(17′，6 号-麦克斯维尔)；5 号-斯坦科维奇，15 号-达科特(46′，25 号-萨穆埃尔)，4 号-萨内蒂；7 号-菲戈；8 号-伊布拉希莫维奇，18 号-克雷斯波(54′，9 号-克鲁斯)

AC 米兰(4-4-1-1)：1 号-迪达；44 号-奥多(63′，2 号-卡福)，25 号-博内拉，3 号-马尔蒂尼，18 号-扬库罗夫斯基；8 号-加图索(79′，20 号-古尔库夫)，21 号-皮尔洛，23 号-安布罗西尼，10 号-西多夫(69′，11 号-吉拉迪诺)；22 号-卡卡；99 号-罗纳尔多

汉语编译稿分析

逐段分析汉语编译稿,我们可以看到汉语编译稿的内容安排如下:

主标题　比赛得分和进球手

Para 1　比赛时间、背景、得分和三粒进球等主要新闻事实

Para 2　两队交手历史和目前的状态

Para 3-4　两队上场队员和阵型

Para 5-12　比赛过程

总体来看,汉语编译稿的容量大于英文原稿。先来看标题,汉语编译稿标题"米兰德比-伊布传射 罗尼反戈 国米 2-1 逆转告捷"用了四个四字词,较英文标题 ***Inter 2 - 1 Milan***"国际米兰 2 : 1 战胜 AC 米兰"容量增大数倍。"米兰德比"表明比赛为米兰同城两队对抗;"伊布传射"指决定胜负的一球出自伊布;"罗尼反戈"指这是罗纳尔多被皇马卖给 AC 米兰后,对战见证自己成长老东家的第一场球赛,"逆转告捷"突出国际米兰先失一球,后来居上。这样的标题就是一枚新闻胶囊,浓缩整场比赛,凸显中文容量大、多用四字词的特点。再看导语,先用两句话交代准确时间、比赛背景(意甲中米兰德比的第 266 次)、比赛结果和比赛地点;随后一句交代三个射中球门得分的球手,最后看正文,首先,总体介绍双方出场队员和阵型,然后用八个段落,按照时间顺序,描写比赛。文中加下划线部分,是分别标有从 1 到 10 的十个句子,标号相同的中英文句子是在描写同一个时刻。可见,中英文报道均是按照同样的标准再现比赛,只是中文报道更加详细,时间线索清楚,有叙有议。

通过对比分析和总结以上英文原稿和汉语编译稿,我们可以看出,以体育赛事类为重点的新闻在英-汉编译时需要注意以下一些要点:

1.编译后的新闻可以运用"时间结构",但在开篇几段,安排全局性总结。
2.编译后的新闻标题可以着眼全面性,既包含比分,又要突出特点。
3.编译后的导语要对整场比赛做出概括性总结,将重要信息交代清楚。
4.编译后的新闻正文要按照比赛进程展开,精确到分钟,记录比赛的主要进攻节点,遣词造句要具有动感,并进行适应评价。

需要指出的是,随着比赛直播的大量运用和新闻报道的加速,这类比赛的过程报道大都无须经过编译的环节,体育记者看着比赛直播直接写比赛过程,报道与赛事几乎同步,记者和编辑处理的信息是比赛视频,而不是文字了。

三、人、事并重报道赛事

有些报道,明星表现和比赛过程同为报道重点,报道既写明星又再现比赛。我们以《林书豪绝杀猛龙》的新闻为例来看这样的新闻如何进行编译。

例 6：

英文原稿：

Jeremy Lin Hits Game-Winning 3 As Knicks Top Raptors

Jonathon M.Seidl | Feb.15,2012

(1) **TORONTO(AP)**— Even after his amazing week, this one took Linsanity to a whole new level. Against Toronto on Tuesday, it was Lin for the win!

(2) Knicks sensation Jeremy Lin made a tiebreaking 3-pointer with less than a second to play to cap his finishing flurry of six straight points and New York rallied to beat the Raptors 90-87, extending its winning streak to six games.

(3) "I'm just glad it went like this so we can calm the Linsanity down," cracked Knicks coach Mike D'Antoni.

(4) No chance of that. Lin scored 27 points and added a career-high 11 assists in his first game since being named Eastern Conference player of the week.

(5) "He continues to impress every night," New York's Jared Jeffries said. "Every game he plays better, he does more and more to help us win basketball games. You can't ask any more of a kid coming into this situation."

(6) While he's the one standing in the spotlight, Lin said sharing success with his teammates is as big a reward.

(7) "It's not because of me, it's because we're coming together as a team," Lin said. "We started making these steps earlier but we were still losing close games and so obviously it wasn't fun. But when you win, that solves a lot of problems. We've been winning and we've been playing together."

(8) Making just his fifth career start, Lin had no hesitation in taking the decisive shot.

(9) "I'm thankful that the coach and my teammates trust me with the ball at the end of the game," he said. "I like having it at the end of the game. I'm just very thankful."

(10) The season-high crowd of 20,092 roared as Lin shot over Jose Calderon and drained a pull-up jumper from the top with half a second to play, giving the Knicks their first lead since the opening quarter.

(11) D'Antoni declined to call timeout before Lin's winning shot, saying it would only give the Raptors time to draw up their defense. Even so, D'Antoni was impressed with the calm and confidence Lin showed in letting the clock run down.

(12) "You just watch and you're in awe," D'Antoni said. "He held it until five tenths of a second left. He was pretty confident that was going in, no rebounds, no nothing. That ball was being buried."

(13) Toronto's Rasual Butler airballed his attempt at the buzzer as the Knicks swarmed their newest hero at center court.

(14) "The kid made a great shot," Raptors coach Dwane Casey said. "(Calderon) had to give him space or he was going to give up a driving path and (Lin) made a tough shot."

(15) But Casey was left steamed at his team's failure to hold a lead, especially after the Raptors made nine turnovers in the final quarter.

(16) "It should not have come to (Lin's) play," Casey said. "We had some many boneheaded plays to get to that play and to make that play relevant. We should have taken care of business before that."

(17) Amare Stoudemire returned from a four-game absence with 21 points and Tyson Chandler had 13 for New York.

(18) Calderon scored 25 points, Linas Kleiza had 15 points and 11 rebounds, and DeMar DeRozan scored 14 for the Raptors.

(19) Up 75-66 to start the fourth, Toronto widened its lead with a three-point play by Barbosa before the Knicks stormed back with a 10-0 run, cutting it to 78-76 and forcing the Raptors to call timeout with 6 : 22 remaining.

(20) Kleiza stopped the run with a driving layup, Amir Johnson added a hook shot and, after Lin made one of two from the line, Barbosa's layup made it 84-77 with 4 : 49 to go.

(21) Toronto led 87-82 with less than two minutes to go when Iman Shumpert stole the ball from Calderon and drove in for an uncontested dunk. After a missed shot, Lin completed a three-point play, tying it at 87 with 1 : 05 left.

(22) Barbosa missed a 3 for Toronto and, at the other end, Shumpert missed a jumper but Chandler grabbed the rebound. Lin took the ball near midcourt and let the clock run down to 5 seconds before driving and pulling up against Calderon to launch the decisive shot, touching off the latest instance of Linsanity.

(23) "(Calderon) was trying to push me left," Lin said. "He was giving me a little bit of space. I just tried to take it down as low as I could. I figured it's probably not going to be possible to get to the basket with the help that they had."

(24) Calderon was surprised to see Lin pull up for the game-winner.

(25) "I thought he was going to drive," Calderon said. "That's why I tried to give him his left hand but he made a great shot."

(26) Calderon was held scoreless in the final quarter, with D'Antoni crediting Shumpert for keeping the Toronto guard in check.

(27) "He did a great job," D'Antoni said. "Shump got on Calderon and changed up everything."

(28) The Raptors had a photo of Lin on their team website in the hours before the game, and his visit generated major interest among Toronto's Asian community, estimated at over 280,000 people, or more than 11 percent of the local population. The Chinese Canadian Youth Athletics Association and the Taiwanese Canadian Association of Toronto both sent groups of almost 300 fans as Toronto sold out for the second time in 13 home games. One group of fans in the upper deck wore white T-shirts spelling out his name.

(29) Not all the fans were so positive: Lin was booed several times throughout the game.

(30) Local media also took note; some 75 reporters and 16 cameras packed a Tuesday

morning press conference to hear Lin speak, with dozens more turned away to prevent overcrowding. More than 25 Chinese Canadian journalists were due to cover the game, including one who presented Lin with a book of "Year of the Dragon" stamps from Canada Post and asked him to record a message in Mandarin, which he did.

(31) Even D'Antoni was shocked by the size of the throng upon walking in Tuesday morning for his turn at the microphone.

(32) "Are we in the playoffs now?" D'Antoni joked as he made his way to the front of the room.

(33) It was Calderon, coming off a career-high 30 points in Sunday's loss to the Lakers, who was hot early, scoring 12 points in the first as the Raptors led 28-21 after one. Lin missed his first shot and didn't score until a driving layup with 3:46 left in the first. He had four points and four assists in the opening quarter.

(34) Lin turned the ball over on three straight possessions early in the second and Toronto took advantage with a 6-0 run, widening its lead to 13 points. He also missed a running bank shot as the half ended as the Raptors took a 47-36 lead into the break.

(35) Stoudemire scored seven points and Lin had six points and four assists as the Knicks scored 30 points in the third, but still trailed 75-66 heading into the fourth.

Twitter Reaction To Lin's Game-Winner

(36) Jeremy Lin's game-winning 3-pointer was the shot heard around Twitter on Tuesday night. Here are some posts:

(37) "Floyd Mayweather I Hope You Watched Jeremy Hit The Gamewinning 3 Pointer With .005 Seconds Left. Our Guy Can BALL PLAIN AND SIMPLE. RECOGNIZE." —director Spike Lee

(38) "Chuck Norris may wear Tebow pajamas but I'm pretty sure he has a Jeremy Lin night light to scare the boogeyman away. Wow! What a run!!!" —Heat forward Shane Battier

(39) "Its crazy! I'm watching Linsanity hoping every shot goes in. Hope I never grow up." —Suns guard Steve Nash

(40) "OK, I GIVE IN!!!!!!!!!!!! Its Legit!!!!! WOW!!!!!!!!" —TNT NBA analyst Reggie Miller

(41) "@JLin7's shot was great...His celebration ill say was fair at best LOL #Linsanity" —Warriors forward David Lee

(42) "I wish I was Jeremy Lin." —CNN host Piers Morgan

(43) "Vatican has been looking for that second miracle to make John Paul a saint...cld it be Linsanity" —talk show host Bill Maher

英文原稿分析：

逐段分析英文原稿，我们可以看到英文原稿的内容安排如下：

标题	强调林书豪投中决胜三分，尼克斯队战胜猛龙队
Lead	延缓式导语，突出林书豪表现出色
Para 3-14	球队教练、队友和林书豪自己对林比赛表现和获胜三分的评价

Para 15-18 比赛中其他球员的表现
Para 19-27 比赛关键的第四节详情
Para 28-32 背景:林书豪在当地受追捧
Para 33-35 当天比赛前几节的情况
Para 36-43 推特上对林书豪获胜三分的评价

这是一篇典型的英语赛事类报道。英文原稿的报道中心是人——林书豪,主要内容是各方对林书豪的评价,相对于比赛过程,具有第一重要性。在结构上,可以说采用了"倒金字塔结构"。首先,导语采用延缓式导语,在第一段用几个短句烘托强调林书豪的表现达到全新高度,接着在第二段概括了主要的新闻事实,扼要提到了新闻的 Who,What,When 等要素。在接下来的段落,作者按照重要性程度的高低,对林书豪获得的三分经过、自我评价、他人评价和其他球员表现等依次进行展开。例如,对林的抢眼表现,从林书豪的球队教练、队友、自身、对手和推特上的业内和媒体评论员等角度进行评价,分别安排在 Para 3、Para 5、Para 7、Para 9、Para 12、Para 14、Para 16、Para 36-43,按从重要到次要的顺序排列;此外,Para28-32 与林书豪有关,但与比赛表现关系不大,所以记者将其安排在比较靠后交代。整条新闻的结构安排从内容的重要性上体现出明显的递减趋势。

汉语编译稿:

林书豪 0.5 秒三分绝杀猛龙

2012 年 2 月 15 日

(1)北京时间 2 月 15 日,林书豪投中压哨三分,包办最后 6 分,尼克斯完成两位数的逆转,以 90-87 击败猛龙。

(2)尼克斯(14-15)取得了六连胜,林书豪全场 20 投 9 中,得了 27 分 11 次助攻,助攻数创下个人新高。他包办了最后 6 分,第四节贡献 12 分,成为绝对的功臣。

(3)"小霸王"阿玛雷-斯塔德迈尔复出,得了 21 分 6 个篮板,但全场被盖帽 7 次。泰森-钱德勒得了 13 分 9 个篮板,兰德里-菲尔德斯 8 分、7 个篮板和 7 次助攻。

(4)猛龙(9-21)功亏一篑,何塞-卡尔德隆拿下了 25 分 9 次助攻和 7 个篮板,德玛尔-德罗赞 14 分,阿米尔-约翰逊 10 分,里纳斯-克雷扎 15 分 11 个篮板,莱昂德罗-巴博萨 13 分。

(5)斯塔德迈尔上周刚刚离开尼克斯,名字甚至还不为很多人所知的替补球员林书豪挺身而出;斯塔德迈尔今天复出,林书豪已经成为人人皆知的"林旋风"。

(6)无论是教练还是队友,都认为林书豪给他们带来了激情。今天有大将复出,尼克斯开局却很不顺利。

(7)首节中段,卡尔德隆两度三分命中后,猛龙以 22-13 领先。本节还有 3 分 46 秒时,林书豪突破上篮得手,本节首次得分。戴维斯还以一球后,林书豪再度突破成功,山姆珀特接着两罚两中,尼克斯将比分追成 19-24。巴博萨投中压哨球后,猛龙首节以 28-21 领先。

(8)林书豪已经成为众矢之的,遭到了对手的严防,要想切入篮下很不容易,他的命中率也因此下降。第二节还有 5 分 23 秒时,他总算再度投篮得手,尼克斯以 30-41 落后。此后 3 分钟尼克斯一分未得,猛龙连得 6 分后将优势扩大到了 17 分。尼克斯还得靠林书豪,他的一记三分结束了猛龙的攻势,斯塔德迈尔和菲尔德斯此后罚球命中,尼克斯以一波 6-0 结束本节,上半场以 36-47 落后。

(9)林书豪上半场得了 9 分 6 次助攻,但失误也达到 5 次,9 投 4 中。

(10)斯塔德迈尔表现平平,丝毫没有当家球星的风范,倒是林书豪关键时刻敢于出手。第三节开始后不久,林书豪外线接球,一个假动作将对手晃飞,然后前进一步再出手,踩着三分线命中,尼克斯将比分追成 38-49。猛龙将优势扩大到两位数,钱德勒连续篮下得分,而林书豪在突破之后,将球塞到斯塔德迈尔手中,他总算上篮得手并造成犯规。尼克斯几度将差距缩小到个位数,但猛龙状态惊人,卡尔德隆在 24 秒将至时被逼出手,竟然命中超远三分。尼克斯前三节以 66-75 落后。林书豪前三节已经有 15 分 10 次助攻进账。

(11)第四节还有 9 分 50 秒时,林书豪突破上篮得手,尼克斯只以 72-78 落后。此后他们有多次缩小差距良机,但连续投篮不中。本节将过半时,斯塔德迈尔连续两次命中,尼克斯将比分追成 76-78,可惜猛龙也连得 4 分,又将比分拉开。林书豪关键时刻两罚仅一中,而钱德勒两罚全失,错失缩小差距的良机。

(12)猛龙又将优势扩大到 9 分后,尼克斯大举反扑。比赛还有 1 分 05 秒时,林书豪接到回传球后,长驱直入杀到篮下,在身体失去平衡的情况下出手命中并造成犯规。连投带罚拿下 3 分后,将比分追成了 87-87。

(13)猛龙投篮不中后,尼克斯也投篮失手,但纽约得到了进攻篮板,林书豪控制进攻时间,终场前 0.5 秒,在受干扰的情况下出手命中三分,尼克斯神奇地以 90-87 反超。

(14)猛龙最后一击未果,尼克斯涉险过关。

(15)值得一提的是在 2 月 14 日当天,林书豪来到亚裔小区和球迷进行互动。林书豪在赛后受访时也表示,亚裔小区的支持热情往往超过他的预期,球迷的狂热与热情,不仅本地可见,在其他城市以及亚洲等地区都可以见到,是很令人感到愉快的。(来源:新浪体育)

汉语编译稿点评:

逐段分析汉语编译稿,我们可以看到它是这样安排内容的:

标题	突出林书豪获胜三分
Para 1	导语:概括主要新闻事实
Para 2-4	赛中主要球员表现统计详情
Para 5	承上启下段,对比林书豪与斯塔德迈尔,烘托林书豪进步神速
Para 6-14	比赛详细过程
Para15	背景:林书豪与当地亚裔互动

显然,这篇汉语编译稿虽然也将林书豪作为中心人物来报道,但是在内容上,增加了第二个报道重点——比赛过程,它和林书豪的表现共同成为重点报道内容,其中比赛过程共计用九个段落,占据一半多的篇幅。编译稿在结构上,采用"漏斗形结构",即先按照重要性递减的"倒金字塔"顺序安排前五段,围绕比赛中的主要事实来写,后半部分则按照时间顺序排列 6-14 段,围绕林书豪的表现,重现比赛过程。这样的安排,结构清晰,符合中国人的思维方式。例如,第 2-4 段,集中写主要球员的表现和统计数据,更富于全局性观念,内容更加集中,相比于西方记者依据重要性分散介绍相关信息,显得更加有条理。

英文原稿中大量的直接引语,特别是推特上的评价内容,大多为烘托气氛的感叹式语言，内容虽多，但均属同一个意思，所以中文编辑在处理这段内容时，仅仅第五段用一句话总结，这种做法值得肯定。

这种编译处理方法，出现报道双主体，既写人又写事，结构上类似一只漏斗，我们将它称为“漏斗形报道”。

从这组以人和比赛两者为中心的赛事消息，可以总结以下编译要点：

1.比赛类新闻的报道重点，英语报道往往围绕热点人物安排内容，辅以大量各方面的评价；而中文编译稿，既可以以人为中心，也可以注重比赛进程，明星表现与比赛内容并举。

2.在结构上，既可以采用倒金字塔结构，也可以采用时间结构，或者两者结合成漏斗结构。

3.在文体风格上，强调娱乐化，可以使用感情色彩强烈的语言，或带有个人特点的文字，体育报道讲究不拘一格，特点鲜明。

4.精彩引语要保留。

第四节　场外体育新闻的编译

体育新闻除了聚焦场内比赛，还关注很多公众无法捕捉到的场外软新闻，特别是较隐秘的体育“社会”新闻和较轻松的体育“娱乐”新闻，尤其是体育明星的“八卦”新闻。我们将这些新闻统称为场外新闻。

场外新闻是体育报道的一大类别，它主要围绕体育人物的言行和转会去留进行报道，有人称之为花絮，有些报道可以直接归于软性娱乐新闻。

体育世界，明星云集。在不同国际赛事的新闻中，都有对各自领域著名人物的消息报道。许多体育项目因为成功的人物报道而受到广泛关注。比如，1903 年开始的环法自行车赛，20 世纪 90 年代在世界上已经有了极其广泛的影响，但在中国关注的人寥寥无几。1996 年，美国著名车手阿姆斯特朗虽然身患癌症，但凭借坚忍不拔的意志战胜病魔，重返赛场，并取得了环法大赛的三连冠。他的故事在中国的电视屏幕上一再播放，中国观众也通过阿姆斯特朗知道了环法自行车赛。体育明星报道带动整个项目的发展和繁荣的例子不止于此。远有篮球巨星迈克尔·乔丹与 NBA，近有丁俊晖与台球，每个在中国广为人所知的赛事都有不止一个标志性人物。这些标志性人物，是场外体育新闻的富矿。

我们看到，中国国内体育报道比较重视比赛报道，而英语体育新闻更多地报道体育参与者，有大量的报道围绕球星和教练的去留、个人生活、言谈举止等进行。例如，美国有专门的网站以 NBA 传言（NBA RUMOR）为名，报道篮球大联盟的各队球员特别是著名球星的可能动向。

一、简短消息

我们先用一则以赛后言论为题的简短消息为例，一探这类新闻的编译要点。

例 7

英文原稿：

JESÉ WAS FURIOUS ABOUT KOLASINAC ACTION

"I don't even want to look at him"

March 20,2014

(1) The atmosphere was tense in the moments following the incident that led to Jesé Rodriguez sustaining a serious injury.Despite the element of bad luck involved in the action,Real Madrid are deeply unhappy with Kolasinac.

(2)They have accepted his apology and the fact that it was a footballing incident,but they feel the blow he launched at the number 20 'Los Blancos' player was unnecessary and disproportionate."It's not a normal action for minute two of a game",the team complained.

(3)Florentino Pérez was particularly angry with the Schalke 04 player. Many others on the team also felt the same. Without being an aggressive tackle, they believe Kolasinac went in too hard.

(4)Jesé Rodriguez himself was also furious afterwards in the changing room."I don't even want to look at him"the player repeated,with tears in his eyes when he realised the seriousness of the injury.He was referring to the possibility that the Schalke 04 player might come into the Real Madrid changing room to check on how the young star was doing.

(5)Jesé had not had the chance to watch the action back at that point,but he already had the feeling that Kolasinac's tackle was unnecessary. It is unsurprising the player felt that way in the heat of the moment.Perhaps he has changed his mind in the cold light of day...or not.The fact is that the Schalke 04 player is persona non grata at Real.

英文原稿分析：

逐段分析英文原稿，我们可以看到英文原稿的内容安排如下：

标题　受伤球员的感受

Lead　概括主要事实：皇马对于肇事者科拉希纳茨在防守赫塞时的动作不满

Para 2　皇马接受道歉，但认为防守动作没有必要

Para 3　皇马主席的反应

Para 4　受伤球员赫塞的反应和感受

Para 5　评论：科拉希纳茨在皇马队不受欢迎

这是一篇赛后从更衣室采访得来的简讯，是比赛新闻的后续报道，多见于专业体育新闻网站如虎扑网、懂球帝等上。报道内容是皇马球员赫塞在欧冠赛中对阵沙尔克 04 队比赛中受伤后，皇马球队上下对肇事者表达不满。新闻事实简单，结构顺序清晰，事实排列从外围到核心，先讲队友意见，再讲球队老板的反应，最后落脚到受伤球员的话语。语言平白，几个信息源属于同一方，遣词造句属于客观陈述，使用了几处引语，其中最为重要的是作为标题的那句话。

汉语编译稿一：

皇马接受沙尔克后卫道歉，赫塞：不想看见他

2014 年 3 月 21 日

(1)尽管皇马妖人赫塞遭遇膝盖重伤是一次足球场中普通的重伤事件，但皇马方面对于肇事者——沙尔克 04 的左后卫科拉希纳茨在防守赫塞时的动作感到不满，赫塞也非常沮丧地表示不想再看到科拉希纳茨。

(2)遭遇十字韧带断裂的赫塞将长期缺阵，皇马方面虽然已经接受了来自科拉希纳茨的道歉，但在他们看来，科拉希纳茨对于赫塞的防守是不必要的："比赛才开始 2 分钟，科拉希纳茨的防守动作并不正常。"

(3)皇马主席弗洛伦蒂诺对于科拉希纳茨的防守动作感到尤为不满，皇马俱乐部内的不少成员也是如此，他们认为科拉希纳茨的那次铲抢太过于凶狠。

(4)赫塞也对于这名沙尔克左后卫的防守动作感到非常不满，他甚至反复抱怨"我见都不想见他"。赫塞的意思是，即使科拉希纳茨在赛后来到皇马更衣室慰问他的伤情，他也不愿意再看到这位肇事者。

汉语编译稿一分析：

逐段分析中文编译稿一，我们可以看到稿件的内容安排如下：

标题	受伤球员和球队的反应
Lead	概括主要事实：皇马对于肇事者科拉希纳茨在防守赫塞时的动作表示不满
Para 2	皇马接受道歉，但认为防守动作没有必要
Para 3	皇马主席的反应
Para 4	受伤球员赫塞的不满和抱怨

显而易见，编译稿和原稿从内容到结构都惊人一致。编译稿对原稿内容照单全收，未作删减，而是做了加法：增补受伤队员赫塞"皇马妖人"的绰号，指明弗洛伦蒂诺皇马主席的身份，说明伤情是十字韧带断裂。不足之处是，编译稿语言上没有摆脱英语的思维，有些许翻译腔。相比之下，下面的编译稿在语言上稍胜一筹。

汉语编译稿二：

赫塞：不想见到伤我的人

2014 年 3 月 20 日

(1)由于赫塞在欧冠次回合对阵沙尔克 04 的比赛中与后卫科拉希纳茨碰撞导致十字韧带受伤，如今皇马上下都对这位球员非常不满。

(2)尽管皇马已经接受了这名球员的道歉，也明白这是足球比赛中难以避免的事故，但球队中的大部分人仍然认为他对赫塞的犯规太重，"比赛才刚刚开始 2 分钟，这显然不是一个常规动作。"

(3)皇马主席弗洛伦蒂诺以及其他球员也都表达了对这位沙尔克 04 球员的愤怒之情，他们认为他下脚太重且毫无必要。

(4)当赫塞意识到自己的伤势有多么严重后，他自己也感到非常悲伤和愤怒，他说："我甚至不想见到那个人。”

(5)事实上,目前科拉西纳茨在皇马已经非常不受欢迎。

汉语编译稿分析:

与编译稿一一致的是,编译稿二在内容上对原稿提及的信息照单全收,结构与原稿一致。但是在语言上,编译稿二更加通顺简洁,体现了语言转换中,中文应有的逻辑顺序,可圈可点。标题与原文保持一致,口语化,更为精练。导语中补充了受伤是哪场比赛,信息更加完整。

从这组体育人物言论等单一事实的简短消息编译稿分析中,我们可以总结以下编译要点:

1.因为源信息比较少,编译的策略多用翻译的方法,但需补充必要的信息。

2.在结构上,可以与原稿一致。

3.在文体风格上,强调事实陈述,语言上要注意避免翻译腔。

二、体育世界的商业新闻

美国的NBA、欧洲的足球,这些赛事让球迷们乐此不疲,新闻话题也不止于比赛。热点球星、豪门俱乐部的动向甚至教练的合同,都是新闻关注的焦点。下面以一则著名篮球教练范甘迪续签合同的报道为例,分析场外新闻中类似新闻的编译方式。

例8

英文原稿:

Van Gundy's Contract Extended For One Year

May 18, 2005

(1)**HOUSTON (AP)** — Houston coach Jeff Van Gundy agreed Wednesday to a one-year contract extension with the Rockets that runs through the 2007-08 season.

(2)Van Gundy has two years remaining on his original four-year deal, which he signed in June 2003 and paid him $18 million. Terms of the extension weren't immediately available.

(3)"Once you get good people, you want to keep them," Rockets general manager Carroll Dawson said. "He's one of the ones you want to keep. He got us back on the path we want to go."

(4)Van Gundy has led the Rockets to two straight playoff appearances, turning around a once-proud franchise that had missed the postseason for four consecutive seasons.

(5)He might have done his best coaching job last season, helping the Rockets recover from a 6-11 start en route to a 51-31 finish and the No.5 seed in the West despite three midseason trades that dramatically changed the makeup of the team. The Rockets lost to the Dallas Mavericks in the first round of the playoffs.

(6)"We actually got better with each trade ...that was tremendous," Dawson said. "Usually that's terrible for a team. It was just an outstanding coaching job by Jeff and his staff."

(7)Van Gundy, 43, came to Houston in 2003 after coaching the New York Knicks for seven years. He has a career record of 344-240, including nine straight winning seasons as an NBA head coach.

(8) His two-year winning percentage of .585—96-68—is the best in Rockets franchise history. And Van Gundy has been able to do that despite almost constant roster turnover—only center Yao Ming and reserve forward Scott Padgett remain from his first season in Houston.

(9) "When I arrived in Houston nearly two years ago the goal was to return this team back to championship form," Van Gundy said. "While we're not there yet, I think we have made some significant progress over the course of the last two seasons and it's nice to know that our owner feels the same way."

(10) Earlier this month, the NBA fined Van Gundy $100,000—the largest assessed against a coach—after he said that an official who was not working the playoffs told him that Yao was being targeted following complaints by Mark Cuban, the owner of the Mavericks.

(11) Van Gundy later clarified his comments, saying when he referred to an NBA official, he was not talking about a game official and was intentionally vague when people inferred he meant a referee. The NBA said it was satisfied with Van Gundy's explanation and he would not be disciplined further.

英文原稿分析：

逐段分析英文原稿，我们可以看到原稿的内容安排如下：

标题	概括主要新闻事实：范甘迪合同延长一年
Lead	概括主要事实
Para 2	范甘迪此前与休斯敦火箭队的合同内容
Para 3-6	合同延长的原因
Para 7-9	范甘迪执教的表现数据和自我评价
Para 10-11	背景：范甘迪因不当言论受罚

这篇报道围绕主要新闻事实——合同延长的"why"要素展开，采用典型的"倒金字塔结构"。英文原稿首先在导语段落概括了主要新闻事实，简要提及了新闻的"Who""What""When"等要素。在接下来的段落，作者按照重要性程度的高低，对Who和Why等主要要素进行了展开。例如，得以延长的合同是本新闻的事实基础，所以作者将其安排在紧接着导语的段落；因为雇佣方是合同签署的一方，所以把火箭队总经理的评价放在第3段；而执教成绩对于合同延长起着关键性的作用，所以作者将其安排在第3-9段；而背景——范甘迪因不当言论受罚，对理解本条新闻的作用相对不怎么重要，所以被安排在新闻的最后。整条新闻的结构安排从内容的重要性上体现出明显的递减趋势。按照西方这种"倒金字塔结构"来安排内容，英文稿段落短、节奏感强，符合西方读者的接受习惯。

汉语编译稿一：

连续两个赛季进入季后赛 火箭延长范甘迪合同

(1) **新华网5月19日消息** 据法新社报道，NBA休斯顿火箭队与教练杰夫·范甘迪的合同延长一年，直到2007/2008赛季。

(2)执教火箭队的两个赛季里,范甘迪的成绩为96胜68负,连续两个赛季将火箭队带入了季后赛。

(3)本赛季,火箭队常规赛的成绩为51胜31负。这是球队首次组成了麦迪和姚明的超级搭档。在季后赛首轮比赛中,火箭队与小牛队打满了7场,最终以3-4告负。

(4)两周前,范甘迪指责裁判不公,激怒了专员戴维·斯特恩,被罚款10万美元。但是,斯特恩的这一举动并没有减弱火箭队老板莱斯里·亚历山大对于范甘迪的信任程度。

汉语编译稿一分析:

逐段分析汉语编译稿一,我们可以看到它是这样安排内容的:

标题　既强调了合同延长这一主要新闻事实,也强调了原因

Para 1　导语:概括主要新闻事实

Para 2-3　范甘迪的执教成绩,解释合同延长原因

Para 4　其他与范甘迪相关的情况

汉语编译稿一的内容简洁、重点突出。这样的内容安排,与新华社在处理其他类别新闻时有异曲同工之处。汉语编译稿一采用"倒金字塔结构"结构,但略有改动,更符合中国人的思维方式。在处理编译稿时,编辑选取英文原稿的第4、5、8段,将它们放到了一起,符合中国人的整体思维规律。另外,在引语的处理上,沿用新华社的一贯做法,将相关内容统统删去,在文风上也保持了一致性。

汉语编译稿二:

火箭与范甘迪续约一年 执教成绩在教练中排第五

2005年5月19日

(1)**本报讯**　季后赛首轮被淘汰、不理智言论为自己带来的10万美元罚单和差一点更严重的执教危机……这一切似乎并没有影响火箭俱乐部对主教练杰夫·范甘迪的信任,北京时间昨天,火箭队宣布将范帅的执教合同延长一年,至2007/2008赛季。

(2)"我认为球队本赛季的表现非常不错,我也认为在联盟中找到一个好教练是非常困难的事,而杰夫已经证明了他是一个好教练。"火箭老板亚历山大说。范甘迪此前的四年合约从2003年的6月开始,在已经过去的两个赛季,他都成功地把火箭带入了季后赛,两年来58.5%的胜率也是火箭队历史上的主帅最好的执教成绩,同时本赛季51胜31负的常规赛战绩也是球队自1996/1997赛季以来的最好表现,而且范甘迪目前344胜240负的执教成绩在现役的NBA30位主教练中也排到了第5位,这一切都成为了火箭队想更长时间留住范甘迪的原因。

(3)"当你得到了一个优秀的人才,你一定会想要留住他,杰夫正是我们想要的那个人。"与老板亚历山大一样,火箭队总经理道森同样给予了范甘迪极高的评价:"我们的目标就是要重夺总冠军,杰夫过去两年的出色工作正把我们一步一步引向那条路,前途现在看起来一片光明。"

(4)面对俱乐部高层的称赞,范甘迪本人并没有正面回应,只是通过俱乐部发表了一份声明。范甘迪在声明中说,"两年前我初到休斯敦的时候就明白我们的目标是重夺总冠军,虽然现在这一目标还没有实现,但过去的两年已经取得了很大的进步,我很高兴俱乐部也和

我有相同的想法。”

(5)现年43岁的范甘迪在来火箭之前曾在尼克斯有过7年的执教经历,他与火箭的4年合约价值1800万美元,不过昨天,火箭俱乐部没有透露新延长的一年合同的年薪数字。

汉语编译稿二分析:

这是搜狐体育刊载的新闻,逐段分析汉语编译稿二,我们可以看到它是这样安排内容的:

标题	既强调了合同延长这一主要新闻事实,也强调了原因
Lead	概括主要新闻事实以及背景
Para 2-3	原因:雇主满意和范甘迪的执教成绩
Para 4	范甘迪的自我评价
Para 5	背景:范甘迪与火箭队之前的合同内容

搜狐体育的编译稿较新华社的稿件内容更加充实。这样的内容安排,与其网络媒体的身份相适应。汉语编译稿二采用了“倒金字塔结构”结构,更符合中国人的思维方式。在处理编译稿二时,编辑同样选取了英文原稿的第4、5、8段,将它们放到了第二段,符合中国人整体的思维规律。另外,在引语的处理上,保留了相关内容,还增加了火箭队老板的评价,信源更为多样,更有说服力。

通过对比分析和总结以上英文原稿和汉语编译稿,我们可以看出,在场外体育新闻英-汉编译中,有以下一些要点:

1. 编译后的新闻可以采用“倒金字塔结构”,但这一结构要按中国人习惯的方式进行一些调整。
2. 编译后的新闻标题要突出事件本身,同时可以强调原因等某个重要新闻要素。
3. 编译后的导语概括交代主要事实,是否有评价取决于媒体类别。
4. 编译后的新闻正文围绕重要新闻要素展开。
5. 引语是体育新闻的重要组成部分。

三、兴奋剂丑闻

体育是游戏,也是商业;其中蕴含的利益与荣耀,让人兴奋,引人拼搏,也会令参与者铤而走险。多少运动员因为荣誉,或者因为金钱,走上了不道德的比赛之路。兴奋剂,如同萦绕体育比赛的黑暗幽灵,提醒世人,人性中的贪婪和不义,在利益面前,总要跃跃欲试。前文提到的美国自行车手阿姆斯特朗,被剥夺了九项环法自行车赛总冠军,因为他被查出在参加环法自行车赛事时服用了兴奋剂。兴奋剂的诱惑,甚至让一些国家不惜利用举国体制,在运动员中大规模使用。下面这条新闻,是2014年巴西世界杯报道中的一条相关消息。

例 9

英文原稿：

Maradona Slams FIFA Over Costa Rica Doping Scrutiny

June 21, 2014

(1) **Recife, Brazil (AFP)** — Football legend Diego Maradona hit out at FIFA after claiming seven of Costa Rica's players were subjected to post-match doping controls over fears sponsors would not pay up if bigger teams like Italy failed to get out of the group stage at the World Cup finals.

(2) Costa Rica, who stunned south American champions Uruguay 3-1 last week, qualified for the last 16 of the World Cup on Friday with a superb 1-0 win over four-time champions Italy in Recife.

(3) In accordance with FIFA regulations, two players from each side underwent doping controls following the clash at Arena Pernambuco.

(4) However five other Costa Rica players, unnamed in a report Saturday on www.gazzetta.it, were also called to give samples.

(5) Maradona, who was sent home from the 1994 World Cup in the United States after testing positive for a cocktail of banned products including ephedrine, said FIFA's decision amounted to a "lack of respect for the rules".

(6) The Argentinian also suggested the central Americans had come under extra scrutiny because sponsors would not "pay as promised" if more established teams like Italy failed to go through.

(7) "Why test seven players from Costa Rica and not seven from Italy ?" said Maradona.

(8) According to Gazzetta's report, FIFA explained that, as well as the two players from each side normally scheduled for post-match doping controls, five Costa Rican players were added to the list because they were not available for pre-tournament testing beforehand.

(9) But Maradona said that explanation was unsatisfactory: "This is only happening because some people are annoyed Costa Rica, and not the big teams, are going through (to the next round), and so the sponsors won't pay what they'd promised (to pay)".

(10)“It's against the rules. Two players from each team are supposed to undergo doping controls. I know what I'm talking about, because it happened to me.”

(11)“But seven players? I've never seen something like that.”

英文原稿分析：

逐段分析英文原稿，我们可以看到它的内容安排如下：

标题	概括马拉多纳抨击国际足联这一主要新闻事实
Lead	概括主要事实：国际足联要求哥斯达黎加队多人赛后兴奋剂检查，遭马拉多纳批评
Para 2-4	哥斯达黎加队战胜意大利队，赛后有7人被要求接受兴奋剂检查
Para 5-11	马拉多纳的说法

这篇报道围绕主要新闻事实——马拉多纳批评国际足联这一新闻要素展开，采用了“倒金字塔结构”。英文原稿首先在导语段落概括了主要新闻事实，扼要提及了新闻的“Who”“What”“Why”等要素。在接下来的段落，作者按照重要性程度的高低，对“Why”和“What”等要素进行了展开。英文稿段落短、节奏感强，符合西方读者的接受习惯。

汉语编译稿：

哥斯达黎加遭苛刻检查7人尿检 马拉多纳大骂FIFA

2014年6月22日

(1)**中新网6月22日电**　哥斯达黎加在1-0击败意大利后，遭到国际足联要求7名队员参加赛后尿检的“特别关照”。阿根廷球王马拉多纳抨击道，国际足联如此的做法明显违反了规则，而目的只是为了钱。

(2)来自中美洲的小国哥斯达黎加被分到了世界杯的“死亡之组”，与英格兰、乌拉圭和意大利同在一个小组。然而他们在首轮3-1爆冷大胜乌拉圭，又在昨天继续爆冷1-0战胜意大利，力压三大世界杯冠军球队率先出线。

(3)根据国际足联的规定，在这场大冷门赛后，两队也应该各有2名球员接受赛后尿检。然而据意大利媒体报道，另外5名哥斯达黎加球员也被要求进行尿检。

(4)1994年美国世界杯，马拉多纳正是因药检呈阳性而被禁赛。他说，国际足联针对哥斯达黎加的这项决定是“对规则的不敬”。

(5)他认为，哥斯达黎加遭到如此苛刻的检查，是因为如果更多像意大利这样的豪门球队不能从小组出线的话，赞助商将不会付给国际足联承诺的赞助费。

(6)“为什么要检查7名哥斯达黎加球员，而不是7名意大利球员?”马拉多纳反问道。“发生这种事儿就是因为，哥斯达黎加赢球了，有的人很恼火！如果豪门球队小组不能出线，赞助商之前承诺的钱都泡汤了!”

(7)“这违反了规则，规则是每支球队2名球员。这事我有发言权，因为也在我身上发生过。但7名球员参加尿检，我真是见所未见!”马拉多纳说。

汉语编译稿分析：

逐段分析汉语编译稿，我们可以看到它是这样安排内容的：

标题	概括马拉多纳抨击国际足联这一主要新闻事实
Lead	概括主要事实:FIFA 要求哥斯达黎加多人赛后兴奋剂检查,遭马拉多纳批评
Para 2-3	哥斯达黎加队战胜意大利队,赛后有 7 人被要求接受兴奋剂检查
Para 4-7	马拉多纳的说法

中新社的编译稿与法新社的原稿比较,结构顺序一致,内容更加简洁。之所以结构和内容这样安排,原因是原稿的信息量并不多,采用照单全收的翻译方法,是可行的对策。

总的来说,与兴奋剂相关的新闻,是体育新闻中的硬新闻,其编译处理的方法,与其他硬新闻的方法相同:找出主要新闻事实,按照倒金字塔的结构,分别讲清新闻要素。

四、体育新闻编译常用的新闻源

只有及时掌握体育资讯,特别是网络资讯,才能在体育新闻的报道中占得先机。世界各地的专业体育媒体网站是国际体育新闻稿的主要来源。只有了解熟悉各家媒体网站的更新时间,编译者才能在第一时间获得第一手的新闻资讯,保证新闻译稿的及时性。譬如,美国媒体网站对事件进行深度报道的稿件更新时间一般为北京时间 15 时左右。常用的体育网站如下:

三大通讯社的报道较为全面迅速,稿件大都成为各大媒体的新闻源:

http://www.ap.org

http://www.afp.org

http://www.reuters.com/

篮球网站:

http://sports-ak.espn.go.com/nba/index

http://sports.yahoo.com/nba

http://www.nba.com

http://sportsline.com/nba

足球网站:

http://skysports.planetfootball.com/

http://www.e-soccer.com/news/footballgeneral_news_f.html

综合体育:

http://www.formula1.com/

http://www.fft.fr/rolandgarros/

http://www.usopen.org/home/default.sps

http://www.wimbledon.org/en_GB/index.html

http://www.australianopen.com/

需要提醒的是,在编译体育新闻,选取新闻源时,要了解自己所服务媒体是否与外国媒体有合作关系。这恐怕是当前编译体育新闻中普遍存在的职业道德硬伤。一来中国政府对媒体使用外电报道有严格的规定;二来未经许可编译外电报道,涉嫌侵犯对方版权。本章所涉及的一切编译方法,均以已取得合法许可为前提。

复习思考题:

1. 体育新闻有哪些要素?请从近期媒体的报道中各找一则英语体育新闻和一则汉语体育新闻,并分析这两则新闻是否交代清楚体育新闻的要素。

2. 请分析所找的中英文体育新闻稿中各要素的排列顺序。中英文体育新闻稿件在排列各要素时有什么异同?

3. 体育新闻标题编译通常采用哪几种方法?查找近期国际体育新闻编译稿,分析其标题的编写原则。

4. 在体育新闻的英-汉编译中,导语部分编译需要注意什么?

5. 体育赛事新闻通常采用什么结构?

6. 在体育赛事新闻的英-汉编译中,标题、导语分别需要注意什么?

7. 网络体育场外新闻的编译稿特点体现在哪几方面?

8. 在体育新闻场外新闻的英-汉编译中,正文编译需要注意什么?

致　谢

本书的写作，受到了许多书的启发也得到了许多人的帮助，在这里我要对他们一一表示感谢。

首先感谢我的老领导、原国际传播学院院长蔡帼芬教授和我的导师和领导、原国际传播学院副院长徐琴媛教授，是她们将《国际新闻编译》课程的授课任务交给我，并带我进入该课程的精品课程建设团队，从而给了我广阔的天地。在本书的写作过程中，她们给了我很多建议和指导。没有她们的信任和支持，就没有这本书。

其次感谢外国语学院院长李佐文教授和英语系系主任洪丽教授。本书的写作跨度为十年，是他们的督促和支持，才有本书的最终出版，否则，本书可能永远只是一本内部教材。

再次，感谢和我一起并肩作战的同事李新宇。在漫长的写作过程中，是她和我一起讨论材料和写作思路，同我一起分享材料和授课心得，并分担了我不熟悉的体育新闻编译的写作任务。难以想象，离开她的支持，我可以自己一人完成这本书的编写。

另外，还要感谢我的学生。他们的需求和疑惑是本书写作的动力；他们发现的材料中的问题，促进了材料的改善；甚至是他们在编译练习中犯的错误，都为本书的写作提供了线索。他们是本书的出发点和归宿，我希望这本书可以给他们带来一些他们想要的东西。

还要感谢我的同学、新华社图片部的记者陈铎。他为本书的写作提供了很多有用的材料和建议。他是一位真正热爱新闻和新闻编译的业内人士，他的热情和执着极大地感染了我，使我坚信理想的价值和一本好书的意义。

还有一些人，通过他们的书和著作给了我很多启发，特别是前新华社社长马胜荣及夫人薛群所著的《描述世界——国际新闻的采访与写作》，以及已故的中国传媒大学刘洪潮教授主编的《怎样做新闻翻译》《怎样做国际新闻编辑》等书。他们和他们书里新闻前辈总结的实践经验是无价之宝，对本书的写作也大有裨益，故而本书也较多地引用了他们书里的内容，在这里我要衷心地感谢他们。他们的书像是暗夜里指路的明灯，给了一个摸索的人方向。

还有其他对本书的写作提供支持的人，我就不一一列举了。感谢你们，为本书的出版出谋划策、添砖加瓦！这本书，是我对你们的帮助交出的答卷。

尚京华

2016 年 10 月

图书在版编目(CIP)数据

国际新闻编译/尚京华,李新宇编著. -- 北京:中国传媒大学出版社,2016.10
(2024.12 重印)

ISBN 978-7-5657-1253-1

Ⅰ. ①国… Ⅱ. ①尚… ②李… Ⅲ. ①国际新闻—编译
Ⅳ. ①G212.2

中国版本图书馆 CIP 数据核字(2015)第 002284 号

国际新闻编译

GUOJI XINWEN BIANYI

编　　著	尚京华　李新宇		
责任编辑	欧丽娜		
责任印制	李志鹏		
封面设计	风得信设计·阿东		
出版发行	中国传媒大学出版社		
社　　址	北京市朝阳区定福庄东街 1 号	**邮　　编**	100024
电　　话	86-10-65450528　65450532	**传　　真**	65779405
网　　址	http://cucp.cuc.edu.cn		
经　　销	全国新华书店		
印　　刷	唐山玺诚印务有限公司		
开　　本	787mm×1092mm　1/16		
印　　张	16		
字　　数	430 千字		
版　　次	2016 年 10 月第 1 版		
印　　次	2024 年 12 月第 3 次印刷		
书　　号	ISBN 978-7-5657-1253-1/G·1253	**定　　价**	48.00 元

本社法律顾问:北京嘉润律师事务所　郭建平